江西理工大学清江学术文库出版基金资助

多视角诠释跨文化适应能力及其提升策略研究

雷淑华　欧阳偶春　著

中南大学出版社
www.csupress.com.cn

图书在版编目（CIP）数据

多视角诠释跨文化适应能力及其提升策略研究／雷淑华，欧阳偶春著. —长沙：中南大学出版社，2020. 12

　ISBN 978-7-5487-4038-4

　Ⅰ. ①多… Ⅱ. ①雷… ②欧… Ⅲ. ①文化交流－研究 Ⅳ. ①G115

中国版本图书馆 CIP 数据核字（2020）第 261934 号

多视角诠释跨文化适应能力及其提升策略研究

DUOSHIJIAO QUANSHI KUAWENHUA SHIYING NENGLI JIQI TISHENG CELÜE YANJIU

雷淑华　欧阳偶春　著

□责任编辑	谢金伶	
□责任印制	易红卫	
□出版发行	中南大学出版社	
	社址：长沙市麓山南路	邮编：410083
	发行科电话：0731-88876770	传真：0731-88710482
□印　　装	长沙市宏发印刷有限公司	

□开　本	710 mm×1000 mm 1/16	□印张 12	□字数 209 千字
□版　次	2020 年 12 月第 1 版	□2020 年 12 月第 1 次印刷	
□书　号	ISBN 978-7-5487-4038-4		
□定　价	78.00 元		

前　言

　　20世纪八九十年代以来，随着经济全球化进程的加快，世界各地的物质、信息及人才交流日益频繁，人们生活在一个越来越开放的世界，国家之间、民族之间以及各个地区之间、组织之间，甚至个人之间的政治、经济、文化、教育等交往日益频繁。跨文化交流与交际的频繁为旅居者带来了新奇的文化体验，然而各个国家和地区的文化存在一定的差异性，导致不同文化背景的人们所持有的价值观、思维方式不同，行为方式上也存在较大差异。此外，这种文化差异也为旅居者带来了一定的压力。旅居者在跨文化学习、工作与生活中的习惯和思维模式等均会发生重大变化，使旅居者在跨文化交流与交际中体会到了不同文化之间的碰撞与融合，在这一过程中难免会引发冲突，并因此引发跨文化适应不良。旅居者跨文化适应不良，不仅会对旅居者个人的情绪产生较大影响，易使旅居者产生种种心理问题，也会对旅居者所在的组织和国家产生不利影响。

　　本书从旅居者的角度出发，通过对驻外商务人士、中国留学生、来华留学生、跨国管理人员、外派对外汉语教师的跨文化适应进行研究，对不同文化旅居者跨文化适应的共性与差异进行了分析。本书第一章从整体上对经济全球化趋势的形成与影响，以及经济全球化带来的文化全球化与文化冲突进行了分析，从而对跨文化适应的背景进行了阐述。除此之外，第一章还从现实意义、理论意义和文化意义三个方面对本书的研究目的和意义，以及所采用的研究方法进行了详细说明。本书第二章从跨文化交流与交际的概念入手，对文化、交流与交际等术语进行了论述，并从跨文化交际学的建立和发展方面阐述了经济全球化背景下跨文化交流与交际的研究情况，对影响跨文化交流与交际的思维和心理因素进行了分析，同时重点对跨文化交流与交际中遇到的障碍与冲突进行了详细讲解，为下文研究旅居者的跨文化适应奠定了基础。

第三章从适应的概念与特点入手，对适应的概念、内涵、要素、特点、标准进行了阐述，并对文化适应与跨文化适应的概念、跨文化适应理论及跨文化适应的类型，以及跨文化适应能力进行了详细说明。第四章从人生观与价值观、语言符号系统、非语言符号系统三个方面对跨文化适应能力的影响因素进行了论述。第五章主要对驻外商务人士的跨文化适应能力进行了分析，从驻外商务人士跨文化适应能力研究的背景与意义、驻外商务人士在跨文化交流与交际中存在的适应问题、影响驻外商务人士跨文化适应的主要因素，以及驻外商务人士的跨文化适应能力内容、驻外商务人士跨文化适应能力的培养与提升等方面进行了详细阐述。第六章从中国留学生的历史与衍变、中国留学生的跨文化适应方式与影响因素、中国留学生的跨文化适应能力提升与策略研究三个方面对中国留学生的跨文化适应进行了分析与研究。第七章从来华留学生的发展历程及其特点、来华留学生的适应状况与特点、来华留学生的交际圈与适应三个方面对来华留学生的跨文化适应状况进行了说明，并对来华留学生的跨文化适应能力的优化提出了详细策略。第八章从跨文化管理制度的建立与影响、跨文化管理中沟通的影响因素与原则、跨文化管理中的人员整合与培训三个方面对跨国管理人员的跨文化适应能力的培养和提升进行了分析。第九章从教学活动中跨文化交流与交际的能力、教学活动中跨文化交流与交际障碍、教学活动中跨文化交流与交际的课程实践三个方面对外派对外汉语教师的跨文化适应进行了研究，并从多个方面对外派对外汉语教师的跨文化适应能力的培养与提升策略进行了阐释。最后，结语中对本书中的研究结果进行了总结。

本书由江西理工大学雷淑华和欧阳偶春共同撰写，其中雷淑华撰写本书的第一章、第二章、第三章、第六章、第九章和结语部分共约 11 万字；欧阳偶春撰写本书的前言、第四章、第五章、第七章和第八章共约 11 万字。本书语言平实、质朴，观点清晰明了，适用于驻外商务人士、留学生、跨国管理人员、外派对外汉语教师等旅居者，以及对跨文化适应感兴趣的读者阅读。

目 录

Contents

第一章 绪 论

第一节 研究背景

第二次世界大战以来，随着科技的进步，社会政治、经济、文化呈现出迅猛发展的态势。世界各个国家之间相互渗透、融合加速，相互依赖程度越来越高。尤其是"冷战"结束后，西方发达国家在资金、技术和市场上高度融合，发达国家与发展中国家、发展中国家内部的经济利益也错综交织、相互影响，呈现出经济全球化发展的态势。

一、经济全球化趋势不可阻挡

"经济全球化"一词出现于20世纪80年代，20世纪90年代这一概念得到了国际社会的广泛认可。所谓经济全球化，是指商品、劳务、技术、资金等生产要素在全球范围内流动和配置，从而使各国经济的相互依赖程度日益加深。第二次世界大战以来，科技进步极大地促进了全球生产力的发展，为经济全球化奠定了坚实的基础。尤其是20世纪70年代以来，信息技术革命不仅加快了信息的传递速度，也极大地降低了信息的传递成本，有效打破了不同国家和地域之间的空间、地理界线，将全世界用信息技术连接起来，推动了经济全球化的发展。经济全球化为跨国公司提供了扩张的机会，跨国公司在全球范围内建立了适宜企业发展的组织形式，极大地推动了生产要素在全球范围内的合理流动，加速了全球化进程。除此之外，20世纪90年代，中国等一批传统的计划经济国家向市场化经济改革迈进。发达国家也在这一时期加强了市场机制的自发调节作用。20 世纪 90 年代中期，随着世界贸易组织（WTO）的形成，国际交流与合作更加开放，为经济全球化的发展提供了适宜的体制环境和政策条件。

自 20 世纪 90 年代以来，经济全球化以科技革命和信息技术为先导，实现了生产全球化、贸易全球化及资本全球化[①]，涵盖了生产、贸易、金融及投资等各个领域。具体表现在国际分工从垂直分工向水平分工发展，世界各国之间的贸易量急剧增加、多边贸易开始形成并迅速发展、国际资本流动达到空前的发展规模、跨国公司在国际贸易和世界经济中所起的作用越来越重要，与此同时，国际组织、区域组织对经济的干预越来越强。这些都推动了经济全球化的飞速发展。2008 年 9 月，金融危机爆发，波及了多个国家和地区，从另一个方面证明了经济全球化的趋势不可阻挡。

中国自改革开放以来，受经济全球化的影响，获得了大量贸易机会，通过积极吸引和利用外资，将世界先进的管理理论和管理经验引进我国，实现了管理创新；加速了我国的工业化进程，为我国产业结构的调整提供了必要条件；促进了我国在国际分工中的深入参与，推动了我国的进出口贸易和高新技术产业的发展，实现了经济的跨越式发展。经济全球化在推动世界经济快速发展的同时，也改变了传统的国家与国家、国家与地区之间的关系，使全球各个国家与地区之间的关系更加密切。可以说，经济全球化加速了政治、科技、文化、思想等全球化进程。当前，经济全球化已经渗透到人类社会的每一个角落，影响着各行各业的发展。

二、文化全球化与文化冲突和适应

全球化趋势虽然发端于经济领域，但随着经济全球化的深入，全球各个国家与民族之间的联系越来越紧密，各个国家、民族之间的文化交流也越来越频繁，推动着文化全球化的发展。尤其是自 20 世纪 90 年代以来，经济全球化的深入发展，不仅促进了全球各国之间的经济交流，也影响着全球各国之间的文化交流。文化全球化主要表现在两个方面：一方面，消费文化随着经济全球化迅速在全球普及开来。在现代社会中，消费成为社会的主要特征，也成为推动经济全球化的主要动力，文化借助商品进行传播，在世界范围内形成了消费文化。消费文化以其通俗性和普及性的特点，迅速渗透到了

---

① 杨道衡.当前我国上市公司财务综合分析研究——基于国际化视角 [M].长春：东北师范大学出版社，2018: 30.

世界各个角落。另一方面，信息技术的发展推动了信息时代的到来。在信息时代，一条信息借助网络工具，瞬间即可传遍整个地球。当前，学术界对"文化全球化"的内涵并没有统一和明确的规定，甚至关于文化全球化是否存在也尚有诸多争论。目前，我国学者对文化全球化主要持有文化同质说、文化共享说、新文化模式形成说等多种观点。无论文化全球化的发展趋势如何，经济全球化时代，人类文化的发展与交流空间增加是不争的事实。

人类文化是在漫长的历史发展中形成的，文化具有多样性的特征，不同国家和民族之间的文化具有较大的差异性。当前，世界上有 200 多个国家，2 500 多个民族，6 000 多种文字。在经济全球化时代，文化多样性是世界文化发展的标志和体现。

经济全球化的发展，促进了国家与国家、国家与企业组织、企业组织与企业组织之间的联系与交流，推动了国家间政治、经济、教育、文化等的往来，然而由于文化的多样性特征，不同民族与国家之间的文化具有一定的差异性，而这种差异性在国际交流与合作中易引发各种障碍与冲突。1993 年，美国哈佛大学教授塞缪尔·亨廷顿发表了一篇惊世骇俗的论文《文明的冲突》，其提出的"文化冲突"的概念迅速成为在全世界兴起的"文明冲突论文化思潮"的代名词，并被中外学者广泛讨论。经济全球化在促进全球经济贸易发展的同时，也使人们更加重视文化的冲突。经济全球化时代，人与人、国家与国家之间联系的深度和广度空前扩大，不可避免地会造成地域文化间的冲突。这是经济全球化的必然结果。地域文化间的冲突并非现代社会所独有的特征，伴随着人类的发展，不同地域文化间的冲突从未停止，而是以不同的形式出现。从人类历史进程来看，人类历史上的文化冲突主要可分为三个阶段。第一个阶段为武力征服阶段，历史上，传统的地域文化间的冲突多以战争的形式出现，以一种文化对另一种文化的征服为特征，不同地域间通过军事手段相互竞争和对抗，在军事斗争中实现本土文化的发展，并试图以强制的方式实现本土文化对异质文化的统治。第二个阶段为以经济为主的阶段，这一阶段经济交往成为文化冲突的主要表现形式，这一时期的文化冲突的内容和范围发生了巨大变化。第三个阶段为以文化交流为主要方式的阶段，其特征是以不同文化形式之间的交流互动中的冲突与差异性来体现不同地域文化之间的冲突。

经济全球化时代的文化冲突呈现主体多样化、冲突内容逐渐深化和丰富化、文化冲突持久化等趋势。首先，文化冲突主体多样化，即随着经济全球化的发展，越来越多的个人和群体有机会进行交流与合作，从而导致文化冲突涉及的主体呈现出广泛和多样化的趋势。例如，国际商务合作中的文化冲突、留学生教育教学中的文化冲突等。其次，文化冲突的内容逐渐深化和丰富，即随着经济全球化的发展，文化冲突涉及的内容越来越深化和丰富，既包括生活习惯、礼仪风俗、思维方式、价值观等表层现象，也包括不同地域文化的本质等深层内容。再次，文化冲突持久化，即文化冲突将长期存在。然而，文化冲突在导致跨文化交流与交际障碍时，也使世界文化的多样性在经济全球化背景下更加明显，使人们越来越重视不同地域文化之间的差异性。

经济全球化在带来全球经济大融合的同时，也加速了世界各国之间的文化交流与交际。由于文化的多样性和文化冲突的客观性，经济全球化背景下，人们在参与政治、经济、教育、文化等活动时，不可避免地会接触到异质文化，甚至在异质文化环境下生活、学习、工作。由于不同国家和地区之间的文化之间存在较大差异，随着国际交流活动的日益增多，不同文化之间冲突和障碍的出现会越来越频繁，对世界范围内的交流和交际产生了较大的负面影响。在此期间，人们从母国文化环境跨越到异质文化环境中，必然会经历一个从文化不适应—文化冲突与适应—文化融入的过程。在这一过程中，文化冲突与适应阶段是决定人们适应新的文化环境的重要因素。如果跨文化适应不良，引发文化休克等文化冲突，不仅会引发跨文化交流与交际障碍，还会导致跨文化旅居者的种种心理问题，甚至造成商务活动失败、学习效率低下等不良后果。因此，在经济全球化时代提高个体的跨文化适应能力十分必要。

第二节　研究目的和意义

经济全球化背景下，跨文化适应人群主要包括长期移民和难民，以及留学生、海外学者、军事人员、商务人士、外派教师等在内的短期旅居者。根据中国国家移民管理局于 2020 年 1 月公布的数据，2019 年我国出入境人员达 6.7 亿人次。本书主要从旅居者中的驻外商务人士、中国留学生、来华留学生、跨国经营人员、外派教师人员的视角出发，关注这些人群的跨文化适应状况，以达到分析和探索这些人群跨文化适应能力的培养和提升策略的目的。

一、本研究的现实意义

跨国公司是国际商务活动中最重要的主体之一,跨国公司在全球范围内国际商务活动的开展离不开驻外商务人士的参与。世界银行《2017 年移民和汇款概括》显示,2017 年全球的海外务工人数约为 2.66 亿,这从侧面反映出驻外商务人群数量的庞大。改革开放以来,中国参与国际商务活动的深度和广度不断拓展,其中跨国公司,尤其是民营跨国公司在其中起着重要作用。虽然中国跨国公司参与国际商务活动的时间较西方发达国家稍晚,但受益于经济全球化的深入发展,近年来我国跨国公司发展迅速,大量商务人士被外派到世界各个区域,为中国经济、中国跨国公司及东道国之间的经济发展起着重要的推动作用。驻外商务人士在东道国开展工作时,由于文化背景不同,难免遭遇跨文化冲突,如果驻外商务人士不能快速适应在东道国的生活和工作,将直接影响驻外商务人士外派任务的完成度,甚至影响跨国公司及国家的利益。因此,对驻外商务人士跨文化适应研究具有重要的现实意义。

驻外商务人士是跨国经营人员中的一个重要群体,除驻外商务人士外,跨国经营人员还包括跨国公司的管理者、员工等多个群体。这部分人群的跨文化适应,不仅涉及在异国他乡的跨文化适应,还包括在跨国公司内部与不同民族和地域文化背景的员工进行交际时的适应问题。改革开放以来,中国的对外经济贸易得到了迅速发展,截至 2019 年年底,我国已连续多年成为世界最大贸易出口国和进口国。这从侧面反映出我国跨国经营群体的庞大,而这一群体的跨文化适应不仅直接与经营者个人、跨国公司的利益密切相关,也与我国的经济发展直接相关,因此这部分群体的跨文化适应研究也具有较强的现实意义。

改革开放以来,中国教育,尤其是中国高等教育取得了长足进步与丰硕成果。自 1985 年我国出台自费留学生政策以来,中国出国留学生群体的规模不断扩大。《2019 中国留学白皮书》显示,截至 2017 年年底,中国出国留学生人数已达 60.84 万人,连续多年保持世界最大留学生生源国地位。由此可见,中国出国留学生群体已发展至一定规模。留学生在国外学习的经历,不仅有助于留学生个人知识积累、学术目标达成等全方位的成长,还有利于留学生个人对异国文化的了解,培养个体的国际化意识和眼光。对我国来说,留学生是先进思想与知识的学习者、传播者和实践者,在我国政治、经济、科技和文化等各个领域的发展中起着重要作用。然而，由于语言水平及社会文化的差异，中国出国留学生在留学期间面临着较大的跨文化适应挑战，解决好留学生在教育适应中的问题不仅对留学生本人及其亲属有重要意义，对我国留学教育的健康发展也有很大的促进作用。

除中国留学生外，自 20 世纪 80 年代以来，来华留学生的规模也在不断扩大，尤其是进入 21 世纪以来，来华留学生的来源国不断扩大、生源质量不断提高，留学形式呈现出多样化发展趋势。来华留学生教育近年来得到了较大发展，然而在关注来华留学生教学的同时，还应关注来华留学生求学过程中遇到的教育、情感、健康等各方面的问题，尤其是来华留学生面临跨文化适应的挑战。来华留学生的跨文化适应状况不仅关系到来华留学生的个人学业与心理健康，甚至还会影响他们回国后对中国教育、社会、文化等方面的评价，直接关系到中国在国际社会中的形象。因此，近年来，来华留学生的跨文化适应得到了较多学者的关注与研究。随着我国来华留学生教育的蓬勃发展，来华留学生的跨文化适应问题的研究具有较强的现实意义。

语言是文化的重要组成部分，随着中国综合国力的发展，中国的国际地位不断提高，大量外国人通过学习汉语来了解中国，了解中国文化。当前，随着经济全球化趋势的蔓延，世界各国文化逐渐呈现出交流与交锋、合作与较量的新格局。中国作为世界第二大经济实体，十分重视自身文化的传承、传播与创新。对外汉语教学作为传播中国语言的重要手段，在当前的世界经济、文化新格局中起着传播中国文化的重要作用。对外汉语教师是对外汉语教学的主体，可分为国内对外汉语教师和外派对外汉语教师两部分。国内对外汉语教师主要面向来华留学生群体，外派对外汉语教师则承担着到异国文化环境中传播汉语和中国文化的重要职责。外派对外汉语教师的跨文化适应直接关系着其教学任务的完成度，以及中国形象和中国语言、文化的传播。因此，对外派对外汉语教师的跨文化研究也具有较强的现实意义。

二、本研究的理论意义

当前，中外学者对各个群体的跨文化研究已经产生了大量的研究成果，然而这些研究多以西方国家的资料为基础，专注中国本土的跨文化适应理论较少。一方面，由于各国文化的差异，有时西方研究成果与文献未必能够充分解释中国旅居者在跨文化适应中的种种问题；另一方面，中国学术界对跨文化适应的研究多集中于某个旅居者群体，很少对旅居者群体的跨文化适应进行多角度研究。从理论上看，无论是哪一个旅居者群体在跨文化适应中均遵循着一定的共性规律。关于这方面的理论研究主要有利兹格德提出的U-曲线模式、奥博格提出的"文化休克"理论、约翰·贝利提出的文化适应理论等。然而在共性之外，由于各个旅居者群体的个性不同，还存在着一些独特的跨文化适应特点，另外不同旅居者的跨文化适应能力的培养策略也不尽相同。本书从跨文化适应的共性理论出发，从多视角对各个旅居者群体的跨文化适应情况进行了研究，并提出了各个旅居者群体的跨文化适应能力培养策略。

三、本研究的文化意义

中国历史悠久，在长达五千多年的文明史中创造了辉煌灿烂的文化，形成了中国独特的文化精神和文化气质，以及中国人民独特的生活观念和行为准则的价值标准。我国学者从多个角度对中国传统文化的特质进行了总结分析，其中上海师范大学教育学院教授燕国材从五个方面对中国传统文化进行了总结：以人为本，强调伦理道德的作用；以家庭为基础，带有强烈的宗法色彩；以小农经济为主，形成了一套封闭的独立文化系统；与政治制度紧密结合，注重和谐与中庸，反对分别与对抗；以儒家文化为核心，不断吸引各种异质文化。[①] 长久以来，中国的独特文化特质对中国人的思维方式和行为处事产生着深刻影响。因此，让中国人打破固有的思维模式，超越单一的文化价值标准，以一种平等的心态去理解异域文化中的思维方式和行为处事存在一定的困难，在国际活动中，与拥有不同民族文化背景的人进行跨文化交流与交际时，难免会产生跨文化交际障碍，甚至引发文化冲突。长远来看，这不利于中国各个旅居者群体在国际事务中的参与和异域文化的交流。

从文化的传承与传播上来看，人类文明的发展史就是一部各个民族文化不断交融、互补的历史。从研究文化的多样性来看，文化之间不存在优劣之分，每一种文化都有其优势与劣势。当前，在全球化背景下，中国文化面临着新传承与传播环境，研究不同旅居者在异域文化及中国文化环境中的跨文化适应问题，有助于我们以"他者"的眼光看待中国文化，正视中华文化的优势与劣势，更有助于推动中华文化不断吸收其他文化中的优势，取长补

---

① 杨军红.来华留学生跨文化适应问题研究 [M].上海：上海社会科学院出版社，2009: 5.

短，在全球多元文化中确立自己的位置，并在全球化不断发展的新时代，与其他多元文化共同建立世界文化秩序。

第三节　研究方法

根据研究需要，本书主要采用了文献研究法、概念分析法、案例分析法、科学思维方法等多种方法。

其一，文献研究法。文献研究法是根据一定的研究目的或课题，通过查阅文献来获得资料，从而全面、正确地了解、掌握所要研究问题的一种方法。本书在研究过程中查阅了大量有关跨文化交流与交际、跨文化适应，以及各个旅居者群体跨文化适应的著作和论文，通过阅读和参考这些优秀的著作和论文，从中了解国内外对跨文化适应的研究状况，并从中区分出不同旅居者间跨文化适应的共性与个性，对分析和总结如何培养和提高不同旅居者群体跨文化适应能力的策略奠定了理论基础。

其二，概念分析法。概念分析法即对一些专业术语所表示的概念的内涵与外延进行研究。本书立足跨文化适应，其中涉及跨文化交流与交际、文化休克、跨文化冲突、适应、文化适应等多个术语。而在分析各个旅居者群体的跨文化适应时也涉及大量术语，这些术语是分析和研究跨文化适应时无法绕开的概念，因此概念分析法是本书采用的方法之一。

其三，案例分析法。案例分析法即在分析某一事物时，通过案例佐证的方法进行分析。跨文化适应包括良性适应和不良适应，无论是哪一种适应均涉及大量实例。本书限于篇幅并未大篇幅引用案例，但仍在涉及具体问题时使用案例进行说明。

其四，科学思维方法。除以上三种方法外，本书在分析和研究中还使用了归纳演绎、类比推理、抽象概括、思辨想象、分析综合等方法。笔者通过收集大量有关跨文化适应资料，并对有关资料进行分析与研究，在本书框架体系内对资料进行提炼、总结分析，并得出相应的结论，实现研究目的。

第二章 跨文化交流与交际

第一节 跨文化交流与交际的概念与理论基础

"跨文化交流"英语为"intercultural communication"或"cross-cultural communication",又称跨文化交际,通常是指具有不同文化背景的人相聚在一起,通过交流和沟通,分享各自的思想、感情和信息。[①] 自20世纪四五十年代以来,随着经济全球化时代的到来,跨文化交流与交际变得越来越频繁。尤其是近年来,跨文化交流学或跨文化交际学已发展成为一门融人类学、语言学、心理学、传播学以及社会学等为一体的综合性学科。[②]

一、文化的概念与特征

"文化"一词在中西方均经历了漫长的发展与变化,从词意上看,"文化"一词在中西方词源中有着不同的含义。在中国典籍中,"文化"一词出现较早。早在《周礼》中,即出现了"观乎人文以化成天下"的表述。汉语中的"文化"一词具有"文理、化育"之意,之后逐渐衍变为文德教化。而在西方,"文化"一词源于拉丁语"cultura",意为耕种、礼神,后发展为教化、培育、发展等词义。由此可见,在中西方语境中,"文化"一词的含义自源初开始即有所不同。自"文化"一词诞生后,中西方学者从不同学科或

---

① 刘荣,廖思湄.跨文化交际[M].重庆:重庆大学出版社,2015:1.
② 同①。

角度出发，对文化的概念进行阐释，当前，关于文化的概念有近 200 种。从中西方学者对"文化"概念的阐释中可以看出，"文化"的概念经历了一个逐渐演变的过程。

历史上，首次对"文化"一词进行阐述的为英国人类学家爱德华·泰勒。1871 年，英国人类学家爱德华·泰勒在其《原始文化》一书中指出："文化或文明在其最广泛的人种学意义上，指的是一个整体，它包括作为社会成员的人们所获取的知识、信仰、艺术、道德、法律、习俗以及其他能力和习惯等。"[①] 1905 年，A·W·斯莫尔从心理学角度对"文化"一词进行了阐释，他指出："文化是指某一特定时期的人们试图达到他们的目的而使用的技术、机械、智力和精神才能的总和。文化包括人类为达到个人或社会目的所采用的方法手段。"[②]

1981 年，拉里·A·萨姆瓦在其出版的《跨文化传播》中指出"文化是指一个人类群体在生息繁衍的过程中通过个体和群体的努力而获得的在知识、经验、信念、行动、态度、意义、社会层级、宗教、时间概念、社会角色、空间关系、宇宙概念和生产物等方面的积淀"[③]。1987 年，英国人类学家马林诺夫斯基指出："文化是包括一套工具及一套风俗——人体的或心灵的特性，它们都是直接或间接地满足人类的需要。"[④]

2000 年，罗恩·斯科隆（Rom Scollon）在其《跨文化交际：语篇分析法》中从人类学的角度对文化的概念进行了阐释，他指出："文化是指任何可将一个民族与其他群体区分的习俗、世界观、语言、亲缘系统、社会组织或其他被认为是理所当然的习惯。"[⑤] 在西方学者的种种观点中，爱德华·泰勒的观点被公认为对文化概念的影响最大。

在我国国内学者对"文化"一词的阐释中，代表性的观点为 1986 年庞朴在其著作中将文化分为物质层面、制度层面与心理层面三个层次，并指出："文化的物质层面是最表层的，而文化的审美趣味、价值观念、道德规范、宗教信仰、思维方式等心理层面则是属于最深层的，介于物质层面和

---

① 刘荣，廖思湄.跨文化交际[M].重庆：重庆大学出版社，2015：2.

② 王培英.跨文化交流[M].北京：旅游教育出版社，2007：2.

③ 杨洋.跨文化交际能力的界定与评价[D].北京：北京语言大学，2009：11.

④ 马林诺夫斯基.文化论[M].费孝通，等译.北京：中国民间文艺出版社，1987：14.

⑤ 贾玉新.导读[M]//.SCOLLON R, SCOLLON S W. 跨文化交际：语篇分析法.北京：外语教学与研究出版社，2000：126.

心理层面的是种种制度和理论体系。"① 这一文化概念具有一定的概括性。此外，我国学者司马云杰指出："文化乃是人类创造的不同形态的物质所构成的复合体。"王宁在其著作《中国文化概论》中指出："文化是人类在长期的历史发展中共同创造并赖以生存的物质与精神存在的总和，是以人和人的精神活动为中心的概念，注重不同民族经历中传承累积凝聚的、共有的、成体系的人文精神。"②

当前，尽管中西方学者对文化的概念并没有达成一致，然而从这些不同的概念中可以总结出文化的特征。文化包括传承与传递性、后天习得性、普适性、民族性、动态性等特征。

第一，文化的传承与传递性，主要表现在文化的形成方面。文化不是一朝一夕形成的，而是在人类发展与进化过程中，在数千年的物质生活和精神生活积淀过程中，衍生或创造出来的。文化的积淀可以通过文字、图画、仪式等方式进行传承与传递。文化的传承与传递过程，也是文化的再创造过程，在文化的传承与传递过程中，文化可能存在两种发展方向。一方面，文化可以通过跨文化交流或交际进行传播、融合或演变；另一方面，文化也可能出于某种原因无法进行传承或传递，导致最终消失。

第二，文化具有后天习得性。文化具有传承和传递性，这种特点决定了文化不是与生俱来的，而是通过后天学习获得的。人类在社会生活中，通过学习周围人的行为方式，不自觉地受到周围人思想和行为习惯的影响，成为所在社会环境中的一员，从而使个体形成了某种特定的信念、社会规范与价值观，具有了某种文化属性。一般来说，个体在社会中的信念和言行均受到特定文化的制约，一旦打破这种文化制约，将面临着各种惩罚。文化的后天习得性，还体现在个体在跨文化适应中的表现上。人类个体可以从一种文化体系进入另一种文化体系，从而实现跨文化适应。

第三，文化具有普适性特点。文化的普适性主要表现在两个方面。一方面，从文化的外在形态来看，任何一种文化都包含多种不同种类的文化，如建筑文化、园林文化、嫁娶文化、茶文化、酒文化、戏曲文化等。从文化的外在形态来看，这些文化的表现方式各不相同，却都体现了文化的一个侧面。这就表明，不同文化形态的内在存在一定的一致性和趋同性。另一方面，从文化的变迁上看，无论哪一个民族的文化都经历了文化的未成型至形成、文化的不完美到完美的变迁过程。

---

① 王培英. 跨文化交流 [M]. 北京：旅游教育出版社，2007：2.

② 同①。

第四，文化具有民族性的特点。文化并不是社会个体创造出来的，而是由一个社会群体共同创造的社会性产物，因此文化必须被这一群体中的每一个成员所接受并认同，才可以称之为文化。从这一角度看，文化具有内部一致性的特点，每个民族都秉持着一种共同的价值观，而这种价值观可以在一定程度上通过减弱个体之间的差异性来增加同一个群体中的民族认同感。例如，"红色文化"在中国有着十分丰富而独特的含义，而西方民族所说的"红色"则是警告、危险、血腥与杀戮之意。除此之外，文化的民族性并不意味着同一个民族内部的文化是绝对和谐统一的，与之相反，同一个民族内部的文化既存在和谐统一的一面，也存在一定的差异性与不和谐的特点。

第五，文化具有动态性的特点。文化的动态性主要表现在两个方面。一方面，同一民族文化本身具有动态性的特点。文化并不是一成不变的，而是随着社会政治、经济等各方面的因素变化而不断发生变化的。例如，在中国封建社会，人们遵守"君君臣臣父父子子"及"君为臣纲、夫为妻纲、父为子纲"的文化习俗，而现代社会中，"男女平等""人人平等"的文化价值观取代了原有的"君为臣纲、夫为妻纲、父为子纲"的文化习俗，成为民族文化的一部分。另一方面，不同民族之间的文化，随着跨文化交流与交际活动的频繁与深入，可以进行融合与交流。

综上所述，"文化"一词具有多义性的特点，由于存在着多样性与复杂性，很难对文化进行准确、清晰的定义。但是，我们可以通过文化的传承与传递性、后天习得性、普适性、民族性及动态性等特点对文化进行较全面的了解。

二、交流与交际的概念与特征

"交际"一词来源于拉丁语"communicare"，该词具有"通信"的意思。"交际"一词具有多义性，当前学者对交际的定义多达200种，本书认同李建军在《跨文化交际》一书中对交际的概念阐释，即交际是指交际者借助一定的声音、图文或其他动作、姿势等意义符号媒介，并依据一定的规则在相互之间传递和交换信息、交流思想和情感的过程。[1] 交际是一个由信息传递方、接收方、信息本身、传播渠道、噪音等多种因素构成的人与人之间相互作用的过程。[2]

---

[1] 李建军，李桂苍.跨文化交际[M].武汉：武汉大学出版社，2011：12.
[2] 严明.跨文化交际理论研究[M].哈尔滨：黑龙江大学出版社，2009：7.

　　交际过程由行为源、编码、信息、渠道、接收者、译码、反应、反馈八个要素构成。其中，交际的行为源，又称为信息的传递者，是交际过程中传递信息的一方；编码是指信息传递者组织信息的内心活动；信息，是指交际活动中编码的结果，经由信息制造者和传递者说出，被人接收后即成为信息；渠道是指信息传递的手段或媒介；接收者，是指获取信息并对信息做出反应的一方；译码是指信息接收者对所接收到的信息进行的意义解析的心理过程；反应，是指信息接收者对信息传递者所传递的信息进行解析后，决定怎么处理的一种反应；反馈，是指信息接收者完全接收或部分接收信息后，所做出的相应的反馈信息。

　　交际具有动态性、不可逆转性、符号性、系统性、自省性、交互性、共享性等多个特征。

　　第一，交际具有动态性。交际活动并不是一个静止不变的过程，而是一个连续变化的过程，交际的过程和结果，由交际双方的话语和行为所决定。此外，交际过程还受到各个交际因素的影响，随着交际因素的变化而处于不断变化之中。

　　第二，交际具有不可逆转性。交际过程，是一个不断向前发展的过程，交际的信息因为被信息传递者表达与信息接收者接收到而被赋予了某种意义，交际双方的情感也因交际信息的变化而发生变化，一旦交际的行为发生，就无法逆转，因此交际具有不可逆转性的特点。

　　第三，交际具有符号性。符号是交际过程中的载体和媒体，是交际活动中人们思想和观念的载体。交际符号可分为语言符号和非语言符号两种类型，可以是一个具有某种含义的词语，也可以是一种具体的行为或物体。交际符号的使用具有主观性的特点，不同文化中的交际符号具有不同的含义，例如，汉语用"小轿车"一词表示交通工具，而英语则用"car"一词表示相同的含义。

　　第四，交际具有系统性。交际行为的发生与交际的构成因素有关，与交际发生的场景、场所、场合、时间与交际的参与人数等因素有着直接关系。任何交际行为都发生在一定的场景中，不同的场景和语境，决定了交际的原则、语言、行为及交际符号所代表的意义。例如，商务会议中一般要求交际的参与者着正装出席，并使用通用语围绕一定的议题进行交际，而交际行为也应遵从商务原则。家族聚会则要求交际的参与者之间具有某种家庭联系，所使用的语言既可以为通用语，也可以为家庭中人所熟知的方言土语，着装则以舒适的便装为主，交际行为以遵从家庭规则为主。交际的时间也会为交际活动带来一定影响，如在不同的交际时间限制内，人们的交际活动的深入程度也不尽相同。另外，交际活动还受到交际人数的影响。例如，当交际活动仅限于两三人，以及交际活动参与人数达两三百甚至两三千人时，交际方所使用的语言符号、交际状态等均会有所差异。因此，交际不是一个单独的、孤立的行为，而是发生在一系列情景中，具有系统性。

第五，交际具有自省性。个体在交际活动中扮演着多种不同的角色。个体既是交际活动中信息的传递者，也是信息的接收者，还是交际活动的观察者，通过观察、评价交际活动中他人的行为，从而对个体在交际活动中的行为进行调整。

第六，交际具有交互性。交际的交互性特征主要体现在交际活动中，个体既是信息的发送者，也是信息的接收者，并随着交际活动的深入而不断转变和调整交际的角色。

第七，交际具有共享性。交际活动中，信息的传递者和接收者所传递的信息受到文化取向、社会地位及交际场合等多种因素的影响，而在一个成功的交际活动中，信息的传递者和接收者之间对信息的理解需保持一定程度上的一致性，因此从这一角度看，交际具有共享性的特点。

交际行为可划分为人际交流、组织交流、大众传播和群体交流四个层面。所谓人际交流，即指个人与个人之间的信息交流活动。本书所指的交际活动，即指人际交流活动。

文化与交际之间的关系十分密切，两者之间存在着相互影响的关系。一方面，文化对交际具有一定的影响性。文化中的价值观、伦理道德等对交际行为存在着一定的指导和规范作用。例如，在西方国家，在交际活动中询问女士的年龄及他人的收入都是一种不礼貌的行为；而在中国，女士的年龄和他人的收入往往成为某种特定场合下交际的中心，如春节期间的家庭交际活动等。一般来说，文化对交际活动中的交谈模式和交际风格有着重要影响。另一方面，交际活动也对文化产生着一定的反作用，如交际活动的开展与深入，在一定程度上影响着特定文化中的语言或交际符号的发展。例如，现代汉语中，外来词就是中华民族在特定历史条件下进行的交际活动的文化遗留与反馈。此外，交际还可以对个体的人生观、价值观和世界观产生影响，有助于个体价值观、人生观和世界观的形成，通过影响个体来影响文化。

三、跨文化交际学的建立及发展

跨文化交际学或跨文化交流学是一门新兴的交叉学科。"跨文化交际"一词最初是由美国文化人类学家、心理学家爱德华·霍尔于 1959 年在其出版的经典著作《无声的语言》中提出的，随后这一概念受到世界各国学者的关注。

关于跨文化交际的定义，当前国内外学者看法不一。例如，2007 年汀·图梅指出跨文化交际是"有至少两个来自不同文化群体的参与的、在互动的情境中对共享的意义进行协商的、对具有象征意义的符号进行交流的过程[①]"。此外，汀·图梅还指出跨文化交际的五个核心假设：①跨文化交际包含不同程度的文化群体成员之间的差别，当这些成员的文化群体性因素有意或无意地对交际过程产生影响时，跨文化交际就发生了。②跨文化交际包含交际过程中对言语和非言语信息的即时编码解码，跨文化交际的双方都同时是信息的编码者和解码者。③跨文化交际包含善意的冲突，因为来自不同文化的成员在各自的文化中学习到的交际模式不同。④跨文化交际总是在特定语境下发生，在互动的场景或语境中，各种思维和行为模式总是在不断地被诠释。⑤跨文化交际总是在既有系统中发生，这些既有系统由其内部因素组成相对独立的有机整体，同时相互影响。[②] 我国学者对跨文化交际的研究多集中在文化差异与文化冲突等方面。例如，胡文仲在其所作的《跨文化交际学概论》中指出："具有不同文化背景的人从事交际的过程就是跨文化交际。"[③] 关世杰在其《跨文化交流学》中指出："跨文化交际是指一种文化背景的人、群体与另一种文化背景的人、群体所进行的交流。"[④] 林大津与谢朝群在《跨文化交际学：理论与实践》中指出："跨文化交际专门研究文化接触、碰撞、摩擦、冲突、渗透及有效交际的策略。"因此，他们认为，跨文化交际学是"专门研究跨文化交际中的矛盾与问题，并探索如何提升跨文化交际能力的学科"[⑤]。

跨文化交际学最初产生于 20 世纪 50 年代。第二次世界大战后，美国成

---

① 潘亚玲.跨文化能力内涵与培养：以高校外语专业大学生为例 [M].北京：对外经济贸易大学出版社，2016：29.

② 同①。

③ 胡文仲.跨文化交际学概论 [M].北京：外语教学与研究出版社，2005：1.

④ 关世杰.跨文化交流学 [M].北京：北京大学出版社，2005：49.

⑤ 林大津，谢朝群.跨文化交际学：理论与实践 [M].福州：福建人民出版社，2005：15-16.

为一个超级大国，其国际交流的范围和频度呈直线上升趋势，由文化差异导致的交际障碍问题十分突出，为了弥补文化交际弱势，1946年，美国成立了对外事务学院，专门对驻外官员进行培训。1958年，美国学者威廉·莱德勒和尤金·佰迪克发表了《丑陋的美国人》一书，对美国失败的外交行为进行讽刺，这一著作唤起了人们的跨文化意识。1959年，爱德华·霍尔发表了《无声的语言》一书，正式提出了"跨文化交际学"一词，开启了跨文化交际学研究的先河。进入20世纪60年代后，美国民权运动的兴起与发展，进一步促进了跨文化交际学的发展。20世纪六七十年代，拉丁美洲等地区的大批移民进入美国，极大地提升了跨文化交际研究的迫切性，吸引了越来越多的学者加入跨文化交际研究中。这一时期，跨文化交际学者们提出了多个文化理论性成果。这一时期的跨文化交际学的代表性成果有奥利弗等于1962年出版的《文化与交际》一书、1966年爱德华·霍尔出版的《隐藏的维度》一书。1966年，美国匹兹堡大学开设了跨文化交际学课程，成为世界上第一家开设跨文化交际课程的大学。

进入20世纪70年代后，跨文化交际学逐渐发展成为一门融合传播学、社会学、心理学、文化人类学、语言学、民俗学、历史学、国际关系学等学科理论的交叉学科。与跨文化交际学相关的协会和期刊也相继诞生。1970年，国际交流协会（ICA）正式成立，并建立了跨文化交流部（简称ICD）；1974年，跨文化教育训练与研究协会在美国成立；1975年，美国交流协会（简称NCA）成立了跨文化部。当前，国际交流协会与美国交流协会已成为跨文化交流学者们的重要聚集地。1972年，第一届跨文化交际学国际会议在日本东京举行，标志着跨文化交际学发展到了一个新的高度。1977年，跨文化交际学最主要的期刊《跨文化关系国际杂志》诞生，有力地推动了跨文化交际的研究与实践。这一时期，跨文化交际领域的学术著作和教科书也大量出版，如爱德华·霍尔于1976年出版的《超越文化》等。除此之外，这一时期许多院校陆续开设了大量跨文化交流课程。据有关部门统计，1977年美国境内450个教育机构开设了跨文化交流课程，一些高等学校还设立了跨文化交流学的硕士与博士学位教学点。[1]

进入20世纪80年代，跨文化交际学的研究进入了纵深发展阶段。与20世纪70年代相比，跨文化交际学的研究轮廓逐渐清晰化。这一时期，跨文化交际学的代表性学术著作有1983年古迪昆斯特出版的《跨文化交际理

① 阮桂君.跨文化交际与实践[M].武汉：武汉大学出版社，2017：17.

论建构》、1984 年古迪昆斯特与金荣渊合著的《跨文化研究模式》、1983 年爱德华·霍尔出版的《生命之舞：时间的另一个维度》、1989 年古迪昆斯特等人出版的《国际跨文化交际手册》、1990 年爱德华·霍尔出版的《理解文化差异——德国人，法国人和美国人》等。

　　进入 20 世纪 90 年代后，跨文化交际学成为一门成熟学科。1980 年，许国璋在《现代外语》上发表了 *Culturally-loaded Words and English Language Teaching* 一文，标志着跨文化交际学在中国正式诞生。[①] 之后，何道宽和胡文仲分别于 1983 年和 1985 年发表了《介绍一门新兴学科——跨文化的交际》和《不同文化之间的交际与外语教学》两篇论文。这几篇文章率先将跨文化交际作为一门学科向国内学者进行了介绍，与此同时，对外语教学中的跨文化差异及语言与文化的关系进行了论述。随着跨文化交际学科的发展，我国学者胡文仲和王福祥、吴汉樱分别于 1994 年出版了《文化与交际》《文化与语言》等著作，推动了我国跨文化交际学科的发展。1995 年 8 月，全国第一届跨文化交际学术研讨会在哈尔滨工业大学召开，掀起了我国学者对跨文化交际学科的研究高潮。进入 21 世纪后，跨文化交际学的研究更加深入，据有关数据统计，截至 2015 年上半年，我国发表的以"跨文化交际"为主题的论文篇数已超过 3 万篇。[②] 此外，这一时期有关跨文化交际的专著持续增加，专著方向逐渐朝着横向和纵向深入方向发展。

第二节　跨文化交流与交际的思维差异

　　跨文化交流与交际受到多种因素的影响，其中最主要的包括文化因素、心理因素、社会环境因素等。思维差异既属于文化因素范畴，也属于心理因素范畴，是影响跨文化交流与交际的最重要因素之一，因此本书重点对其进行分析与阐释。

一、跨文化交际的影响因素

　　在这部分中，本书主要对跨文化交际的文化因素和社会环境因素进行分析与阐释。

---

① 阮桂君.跨文化交际 [M].武汉：湖北教育出版社，2011：9.
② 阮桂君.跨文化交际与实践 [M].武汉：武汉大学出版社，2017：23.

（一）文化因素

文化是影响跨文化交际最重要的因素之一，个体生活在一定的社会文化中，交际同样离不开个人赖以生存的文化，而文化在交际过程中存在一定的制约作用。文化在跨文化交际中的影响主要体现在空间环境、时间观念、民族性格和价值观念四个方面。

其一，空间环境对民族文化的形成起着决定性的作用。这里所指的空间环境包括自然地理环境和建筑空间环境两个方面。自然地理环境在很大程度上决定着人们的生存方式、生产方式，对人们的行为模式、社会规范有着重要影响。[①] 例如，亚洲大陆与欧洲大陆所处的地理环境有很大区别。亚洲大陆的绝大部分位于北半球和东半球，是世界七大洲中面积最大、人口最多、人口密度最大的洲。中国位于亚洲大陆的东部，中国疆域的东部临太平洋，西部为喜马拉雅山脉，西南部离印度洋不远，并且南部多湿热不易开发，北部早在两千多年前就修筑了万里长城作为屏障。数千年来，中华民族生活在这样一个相对封闭的环境中，形成了以小农经济为主的特有的中华民族文化。而欧洲是世界上较小的大陆，除东部、东南部与亚洲毗邻外，北部、南部、西部三面临海，犹如一个大的半岛，因此在历史上形成了岛国文化。希腊是欧洲的一个岛国，由于境内土地资源较少，人们只能通过征服大海来拓展生存空间，并由此产生了一系列社会行为规范和社会价值观，在历史上形成了特殊的航海文化。除了自然地理环境，建筑空间环境对文化的影响也十分重要。例如，中国的建筑中最典型的即为四合院，体现了中国文化中崇尚圆满、和谐的观念。与中国不同，西方国家中对个人的私密领域十分重视。西方国家许多人喜欢在城市郊区建立别墅，就是保护私密空间的一种方式。

其二，时间观念对民族文化的形成起着重要作用。世界上不同的民族出于历史、环境、社会结构等原因，其对时间的观念也不相同，这一点又在一定程度上影响了民族文化的形成。例如，中国有五千年的文明史，中国传统文化中形成了以过去为导向、尊重传统、以史为鉴的时间观念，这一时间观念反馈到文化中，则产生了许多以过去时间为导向的成语和俗语，如"前车之覆，后车之鉴""前事不忘，后事之师"等。此外，中国还形成了尊老敬老的文化。美国则是一个年轻的国家，历史较短，形成了重视未来、崇尚年轻、注重效率、讲究快节奏的文化。

---

① 张雪莉，韩清，李松岩.跨文化交际与第二语言教学理论与实践研究 [M].长春：吉林大学出版社，2013: 50.

其三，民族性格是民族文化的外在表现。受中国传统文化的影响，中国人的民族性格表现出中庸恭谦、内敛含蓄、勤俭耐劳、安贫乐道、崇尚权威等特点，注重人与人之间的和谐、人与自然之间的和谐等精神。美国人民则更加注重自我奋斗、相互独立、尊重隐私、勇于创新，相比人与人之间的关系，他们更关注世界的本体。中美这两种不同的民族性格又对个体对事物的认知、情感等产生了一定的影响，进而使人们形成了不同的文化性格。

其四，价值观念是民族文化中的核心所在。文化价值观念在一定程度上影响着个体行为的规则、思维方式、认知与推理的模式，以及处世的哲学和评价的依据、道德标准等。价值观念是在特定的民族文化影响下形成的，具有相对稳定性和持久性的特点，然而在一定的政治、经济等条件下，文化价值观念也会产生一定的变化。以中国和西方的价值观念为例，中国文化崇尚性本善的观念，受儒家文化的影响，崇尚"相安无事""知足常乐"的稳定心理，注重群体归属感，崇尚群体取向。而西方国家则崇尚性本恶的观念，热衷冒险和探索，敢于突破常规，崇尚求变心理，相比群体取向更崇拜个人主义。

（二）社会环境因素

个体是生活在社会环境中的个体，因此社会环境是影响交际的重要因素。社会环境中的人际关系与角色关系在跨文化交际中均有重要影响。社会人际关系，即人与人之间的关系，是指人们通过交际活动所产生的心理接触，即心理距离。[①] 社会人际关系是通过交际来实现和完成的，交际方式则因文化的不同而有所区别。社会中的人际关系十分复杂多样，不同国家与民族的政治、经济、文化构成不同，社会结构也存在较大差异。社会结构在一定程度上影响着社会中的人际关系的取向。人际关系取向不同，人们的交际行为也会受到一定影响。当前，国内外学者根据不同的角度和标准，将人际关系划分为不同类型。例如，长期型与短期型，可选择型与不可选择型，血缘型与地缘型、业缘型，等等。从跨文化交际的角度看，人际关系取向则可分为情感型、工具型、混合型三种类型。[②] 其中，情感型的人际关系取向多存在于亲朋好友之间，并在此基础上进行延伸和发展。在这种取向的人际交

---

① 张雪莉，韩清，李松岩.跨文化交际与第二语言教学理论与实践研究[M].长春：吉林大学出版社，2013: 61.

② 张雪莉，韩清，李松岩.跨文化交际与第二语言教学理论与实践研究[M].长春：吉林大学出版社，2013: 62.

往中，人们相互依存，相互满足各种需求，同时建立起较为长期和稳定的情感关系，如夫妻关系、母女关系、姐妹关系等。工具型人际关系取向则是指人们在交往过程中，为了达到某种目的，或获取某种利益而建立起来的一种关系。工具型人际关系只是人们为了实现目的的一种手段而已，这种人际关系取向多表现出非情感化、短暂、不牢固、不稳定的特点。而混合型人际关系则介于情感型和工具型关系之间，兼具二者特点。一般来说，混合型人际关系的交际双方彼此之间存在一定程度的情感关系，然而其情感深度达不到亲朋好友的程度，多为邻居、同学、同事、客户等。这种人际关系是社会中一种最普遍、最典型而且最有效的人际关系类型。从以上三种类型的人际关系取向出发审视社会关系，可以看出，中国社会中的人际关系类型偏向情感型和混合型人际关系；而西方国家，尤其是英美等国的人际关系类型则以工具型为主。不同国家或民族的人际关系特点在跨文化交际中，易对双方的交际行为和交际目的产生影响。

角色关系是指个体在的社会中所扮演的角色。个体在社会中处于繁杂的角色关系网络中，并被要求在交际中扮演各种社会角色。社会角色不同，相应的行为规范也有所区别。不同社会角色所属的社会关系不同，一般来说，可分为权势性社会关系和一致性社会关系。所谓权势性社会关系是指上下关系、尊卑关系等；一致性社会关系，则是指人与人之间处于平等关系。不同角色关系在社会中的行为规范不同，因此角色关系在交际过程中可以为交际者理解彼此的信息提供参照体系。不同文化背景的人们在交际时，应先了解对方的角色关系，并借此预测对方的行为。在跨文化交际过程中，角色关系对交际的影响因文化而异。即便是相同的角色关系，在不同的文化体系中的行为规范也并不相同。例如，中国人的社会关系中，通常体现出一种"权势"关系，这是由中国传统文化中尊重权威的社会规范所决定的。具体的表现则是以对方的社会关系角色来称呼对方，如学生及家长对老师的称呼、晚辈对长辈的称呼等。而在西方国家，人们在社交中常将不平等的社会关系转化为一致性的关系。例如，在西方国家中无论是谁都可以直呼其名。

二、跨文化交际中的思维差异

所谓思维是大脑通过概念、判断、推理等形式对信息进行加工来反映客观世界的过程。[①] 思维方式是主体在反映客体的思维过程中，定型化了的思

---

① 何明霞.文化维度理论视角下的文化差异性研究[D].哈尔滨：黑龙江大学，2011：36.

维形式、思维方法和思维程序的综合和统一。① 思维与语言有着直接的内在联系，不同文化在思维方式上的差异会对交际行为产生直接影响。思维方式不同，人们在跨文化交际中的交际行为、交际风格、编码风格、句法与词法等方面也存在着相当的差异。跨文化交际中的思维差异既可以从文化因素视角进行分析，也可以从心理因素视角进行分析。

（一）从文化因素看思维差异

从文化因素视角看，跨文化交际的思维差异主要体现在两个方面，即思维的直接性与间接性、归纳思维与演绎思维。第一，跨文化交际中的思维差异体现在直接表达与间接表达方面。爱德华·霍尔于 1976 年出版了《超越文化》一书，其中提出了文化的高低语境。按照这一理论，处于高语境文化中的社会，在信息传递与解释中对语境有较高程度的依赖，而处于低语境文化中的社会，在信息传递与解释中对语境的依赖程度较低，更偏重对语言本身的依赖。例如，中国文化为高语境文化，美国文化则为低语境文化。在跨文化交际中，高语境文化和低语境文化的思维差异十分明显。一般来说，高语境文化的人们在交际中偏向间接表达观点，其言语表达相对委婉和巧妙，尤其是当双方的意见不一致时，人们更偏向迂回地表达观点。低语境文化的人们在交际中表达自己的观点时则正好相反，倾向直接表达自己的观点，而较少注重语境。中西方思维差异中的直接表达与间接表达既体现在书面表达中，也体现在面对面的口头表达中。在书面表达中，如中国诗词多倾向通过具体的意象来表达细微的情感。在口头表达中，高语境文化在表达批评或拒绝时，通常采取迂回、委婉的方式。例如，中国文化中，在拒绝别人时通常不直截了当地拒绝别人，而是通过"再考虑""向上级汇报""再斟酌"等语言表达真实的拒绝意图。而在低语境文化中，人们在表达批评或拒绝时通常本着对事不对人的态度，直接言明意图。在跨文化交际中，这些常造成高低语境文化间的误解，成为双方交际过程中的障碍。此外，跨文化交际中，思维差异的直接表达与间接表达在具体的商务洽谈中还表现在低语境文化的人们更偏重对商务合同条款或文字表达的准确性，以避免商务合作中的冲突和矛盾；而高语境文化的人们更偏重商务合作关系的达成，对于合同细节则倾向通过进一步交流来确定。当前，随着中西方商务谈判增多，中国对于商务合同条款的准确性也越来越重视。

---

① 荣开明. 现代思维方式探略 [M]. 武汉：华中理工大学出版社，1989: 30.

第二，跨文化交际中的思维差异体现在归纳思维与演绎思维方面。归纳思维是指从部分到整体、从特殊到一般、从个别到普遍的认识思维方法；而演绎思维是指从普遍性的理论知识出发，认识个别的、特殊的现象的思维。中国文化的思维方式多为归纳思维，例如，在商务信函中，一般先从简单的事例或现象入手，并对其背后的原因进行分析论证，最后形成总结。而西方文化中的思维方式多为演绎思维，即在商务信函开头便提出观点，然后逐层展开深入分析。中西方文化中的这种思维差异常在跨文化交际中影响双方的交流、表达与理解。

（二）从心理因素看思维差异

从心理角度看，人的思维可以分为形象思维、逻辑思维、抽象思维、具象思维、整体思维、分析思维等多种类型。跨文化交际的思维差异主要体现在形象思维与逻辑思维、整体思维与分析思维、具象思维与抽象思维等方面。

首先，跨文化交际中的形象思维与逻辑思维差异。所谓形象思维是指以形象的观点作为依据，利用具体的形象素材来集中地再现客观存在，以反映其本质和规律。[①] 中国人的思维方式大多为形象思维，其特点是在认识世界的过程中，更加注重直观经验，以自身的感觉、知觉和表象为依据，进行类比和分析，更加强调事物之间的相似性和相关性。例如，中国文字中的象形文字，以及中国文学中大量使用象征、类比、比兴等修辞手法。另外，这种形象思维广泛存在汉语词汇中，如"薪水""水土""南辕北辙""龙飞凤舞""狼吞虎咽"等词语均反映了汉语表达中形象思维的普遍性。除此之外，形象思维表现在行为上即注重事物和行为的具体协调，在处理和判断事件时重视直觉，不走极端，以和为本，重视感觉与体会。逻辑思维则是指人们在思维过程中借助概念、判断、推理等思维形式反映客观现实的过程。与中国人更注重形象思维不同，欧美等西方国家的人们更注重逻辑思维。这体现在语言表达上，即英美等国家所使用的英语句式整齐，行文呆板。

其次，跨文化交际中的整体思维与分析思维差异。所谓整体思维是指思维的对象、成果及运用思维成果对思维对象加以改造的过程，都呈现出整体

---

① 王琳 . 汉英思维的差异与跨文化交际 [J]. 山西高等学校社会科学学报，2006(6): 40-42.

特征。① 中国人注重整体思维，通常从整体和全面的视角把握对象，强调事物的整体定位，以及整体与部分之间的和谐统一。例如，中国古代先哲与思想家并不注重自然界的具体现象和事物的变化，而是从整体上对世界的存在进行阐释，例如，儒家所提倡的"天人合一""大象无形""仁者无敌"等思想中，并没有对天人怎么合一、仁的本意究竟是什么等进行阐释。另外，中国人的整体思维还表现在多个方面，如中国古人在进行自我介绍时，通常先介绍自己的家族姓氏，然后是家庭辈分，最后才是个人的名字，相比个人来说，更加突出家族整体。又如，中国传统医学理论认为人体的各个器官是有机地联系在一起的，并采用阴阳五行对人体各个器官之间的联系进行解释，这也从侧面表现了中国人的整体思维观念。再如，从中国绘画与书法文化来看，在欣赏一幅中国书法或绘画时，人们首先从整体意境入手，对作品进行赏析，而书画作品中的一笔一画所在的位置及具体的表现形式都是为整体意境服务的。欧美等西方国家更注重分析思维。所谓分析思维，即将复杂的现象和事物分解为各个部分，从部分的角度分析问题。② 亚里士多德就是以理性分析的方法创立了形式逻辑的三段论；西方哲学家培根提出的逻辑思维方法、笛卡尔提出的分析和综合的理性方法等都是从分析思维出发创立的。又如，西方人在进行自我介绍时，先提自己的名字，再提家庭姓氏。再如，西方绘画艺术中使用焦点透视的方法，尤其是西方写实艺术中，严格按照物理、光学原理、科学准确地再现三维空间的客观世界，并在艺术创作中将运用和体现透视、解剖、光彩原理的准确程度视为衡量艺术质量的重要尺度。

最后，跨文化交际中的具象思维与抽象思维差异。所谓具象思维是指以具体的形象表达抽象的内容，其特点是通过具体事物的类比联想，将事物相关的属性联系起来，从而形成一个完整的认识。中国人的思维方式属于具象思维。例如，从文字属性上看，汉字属于典型的表意文字，通过音、形、义表达意思，这与中国人注重具象思维直接相关。又如，从语言上看，汉语注重语义，在说理时更倾向形象化和隐喻性特点，通过多种明示或暗示的论证，揭示文章主旨。所谓抽象思维，是指人们在认识活动中运用概念、判断、推理等思维形式，对客观现实进行间接的、概括的反映过程，属于理性认识阶段。欧美等西方国家的人偏重抽象思维，其特征主要表现在三个方

---

① 张雪莉，韩清，李松岩.跨文化交际与第二语言教学理论与实践研究[M].长春：吉林大学出版社，2013: 55.

② 张治英，邓颖.论跨文化交际中英汉民族的思维差异[J].湖南第一师范学院学报，2010, 10(1): 104-106.

面：一是以第二信号（语言、文字、数字、符号）作为思想或思维的工具；二是以各种概念、判断和推理作为思维形式；三是以分析、综合、抽象、概括、比较、分类、系统化作为思维的基本过程。[①] 例如，在文字方面，欧美等西方语言文字属于表音文字系统，拼音字母与语言中的声音单位相联系，以形标音，属于一维线性文字，而这种语言文字的特点与西方人偏重抽象思维直接相关。又如，从语言上看，英语等西方语言更注重抽象化和逻辑性，通常通过陈述分析法，以冷静的逻辑论证主题，层层递进，说服力较强。

第三节　跨文化交流与交际的心理因素

所谓心理因素是指运动、变化着的心理过程，是个体行为发展变化的内因。[②] 跨文化交流与交际中的心理因素可分为积极心理因素和消极心理因素两种类型。

一、积极心理因素对跨文化交流与交际的影响

所谓积极心理因素是指影响跨文化交际心理因素的积极方面。积极心理因素有利于跨文化交流和交际。跨文化交流和交际的积极心理因素主要表现在三个方面。

首先，积极心理因素中的平等意识。跨文化交流中涉及不同文化背景和不同民族、国家及地区之间的交流与交际，而在交流和交际过程中，人们所具有的平等意识的心理因素十分重要。所谓平等意识主要包括两个方面，一方面指文化上的平等意识。世界上不同民族、国家和地区由于受政治、经济、历史、地理等多种因素的影响，形成了丰富多彩的文化。不同民族和国家的文化有的拥有数千年的发展和衍变史，有的文化形成时间尚短，在内容和形式上均呈现出多样化的发展特点，即为文化的多样性。文化的多样性是人类社会的基本特征，也是人类文明进步的重要动力。在经济全球化的发展背景下，世界经济发展的不平衡导致东西方文化在交流、交际和传播过程中呈现出不平衡的现象即强势文化与弱势文化的区别。在这种背景下，强势文

---

① 张雪莉，韩清，李松岩 . 跨文化交际与第二语言教学理论与实践研究 [M]. 长春：吉林大学出版社，2013: 59.

② 阮桂君 . 跨文化交际与实践 [M]. 武汉：武汉大学出版社，2017: 98.

化交际主体和弱势文化交际主体在跨文化交流和交际中应秉承平等意识进行交流和交际，强势文化主体不骄不躁，弱势文化主体不卑不亢，只有这样，才能在跨文化交流与交际中达到良好交流的目的。另一方面，指人权平等意识。在跨文化交流和交际中，跨文化交际主体还应具有人权平等意识，以一种人格和人权平等的心理来与对方进行交流与对话，这样才能创造良好的交流和交际环境，才有利于交流与交际成功达成。

　　其次，积极心理因素中的宽容意识。宽容是一个心理学术语，是指当一个人面对自己不喜欢、反对、受威胁的某事或对某事持否定态度时产生的一种有意识的、有目的性的自抑行为，这种行为有利于促进人们在交流与交际中达成和谐目的。[①] 文化多样性是一种客观存在的事实，而每一种文化都是世界多元文化中的一部分，共同构成了丰富多彩的世界文化。不同文化的价值观不同，因此世界文化的价值观呈现出多元化的特征。跨文化交流与交际中的主体属于不同文化体系，拥有不同价值观、审美情趣、思维方式、生活方式、行为方式和宗教信仰等，这些在跨文化交流与交际中均在一定程度上起着一定的阻碍作用。因此，在跨文化交流与交际中，人们应当保持一定的文化宽容意识，对不同的价值观、审美情趣、思维方式、生活方式、行为方式和宗教信仰等秉持一种客观和公平的态度，对交流和交际中因不同文化价值观等导致的失礼和失言持宽容态度，这样才能促进双方交流和交际的成功。而从文化的多样性和文化价值观的多元化角度来看，宽容意识不仅是成功交际的前提，也是克服"井蛙之见"、走向他者的世界，保护文化多样性的重要途径。

　　再次，积极心理因素中的顺应意识。这里说的顺应意识，是指语言顺应意识。比利时著名语言学家、国际语用学会秘书长维索尔伦于 1999 年在其著作中提出了语言的顺应理论，按照这一理论，语言形式的选择过程即语言的顺应过程。语言顺应包括对象、层次、阶段、领悟程度和策略五个方面。[②] 按照语言顺应意识，跨文化交际双方在进行语言交流与交际过程中，应注重交际双方的对象、层次、阶段、领悟程度和策略等方面的内容，只有注重语言顺应心理，语言的交际功能才能得以正常发挥。例如，在跨文化旅游中，有些导游常常不考虑对象，而使用千篇一律的景点解说词，其结果可

---

① 滕建姣，李丽平.从文化心态论培养文化宽容的途径 [J].湖南科技学院学报，2006(4)：165.

② 张雪莉，韩清，李松岩.跨文化交际与第二语言教学理论与实践研究 [M].长春：吉林大学出版社，2013：61.

能为导游口干舌燥，然而因文化语境不同，外国游客没有领悟到景点的特点，无法达到预期的交际效果。在跨文化交流和交际中，只有让自己的话语顺应语境，所用语言符合社交场合、社会环境和语言社团的交际规范，才能克服种种文化隔阂，达到良好的交流和交际效果，从而获得跨文化交流和交际的成功。

二、消极心理因素对跨文化交流与交际的影响

消极心理因素，即在跨文化交流和交际中起消极作用的因素。在刻板印象、偏见、民族中心主义等消极心理因素的影响下，人们易在跨文化交流和交际中因产生不良心理暗示而导致交际失败。

其一，消极心理因素中的消极文化定势。所谓"定势"一词，最早于1922 年由美国新闻记者沃尔特·李普曼在其出版的《公众舆论》一书中提出。该书中指出，人类所处的环境过于复杂，不允许人们对世界上所有的事物和人逐一进行亲身体验和认识。为了节省时间，人们使用一个简化的认知方法将具有相同特征的一群人或任何民族、种族塑造成一定的形象，即定势是指不同社会群体在人们头脑中的形象[①]。"定势"一词用在跨文化交流与交际中，即称为文化定势或文化定型、刻板印象等。所谓文化定势是指人们在跨文化交际研究或跨文化实际交往中，对不同文化背景的民族和国家成员笼统的、简单的看法，是一种简单化的认知方式。[②] 例如，中国人含蓄谦虚、德国人严谨刻板、法国人浪漫热情、英国人保守、美国人奔放等，均属于在文化定势的作用下对不同国家和民族文化特征的客观描述。这种文化定势使人们在未与某种文化进行接触的情况下，就对该文化产生了一定的刻板印象。文化定势作为跨文化交流和交际中的一种简单化的认知方式，在跨文化交流和交际中既存在积极作用，也存在一定的消极作用。其中，积极作用表现在文化定势建立在相对准确的观察基础上，能够反映一定程度的真实性，有助于人们对陌生主流文化信息进行有效归类，使信息更加明晰、准确。

然而，文化定势也存在极强的消极作用，主要体现在四个方面。首先，文化定势过于夸大群体共性，而忽略具体的个体差异。这一特点在跨文化交流与交际中，易导致交际主体在交际前为交际对象贴上种种标签，难以用客

---

① 阮桂君.跨文化交际与实践 [M].武汉：武汉大学出版社，2017：99.

② 同①。

观、公正的态度发现个体的自我特点，造成文化交流与理解偏差。其次，文化定势还易造成以静止的眼光，而不是以发展的眼光看待异国文化，导致交际出现障碍。例如，东方文化尤其是中国文化与欧美等西方文化相比更加谦虚、含蓄，在交谈时，面对别人夸赞多以"哪里，哪里""过奖了""太客气了""这是我应该做的"等话语进行应对。然而，随着中西方文化交流和交际日益频繁，部分中国人已改变了这种思维方式，如果还以过去的文化定势看待中国人，那么在跨文化交流与交际中，则可能产生误解或阻碍。从这方面来看，文化定势可能成为跨文化交流与交际的阻碍。再次，文化定势容易造成"本群体中心主义"，从而导致歧视行为。文化定势是指一个群体对另一个群体成员的过于一般化、过于简单化的信念或态度，是一种简单化的认知方式。然而，当文化定势中加入感悟色彩后，就易发展成偏见，偏见则会导致文化歧视。例如，在世界历史上，就曾多次出现某一群体成员出于文化优势心理，而抬高本民族或本群体的文化，贬低其他民族或群体的文化，从而造成民族间的纠纷与仇恨的事件。最后，文化定势容易导致人们过于重视民族特色文化而忽视世界文化的共同特点。世界上存在着多种多样的文化，各种民族文化之间虽然存在着各种差异，但也存在着一定共性。在跨文化交流和交际中，如果忽视了各民族文化之间的共性，则易放大各民族文化之间的差异，不利于跨文化交流和交际的成功。

其二，消极心理因素中的偏见。所谓偏见，是以事先所做出的决定或先前的经验为基础的判断，一般来讲，它是对某一群体的否定态度，也可以说是一种以错误的概括为基础的反感心态。[①] 这种心态可能是针对一个民族的整体文化，也可能是针对一个特定民族文化中的特定群体。偏见是一种不健康的心理状态，能够对跨文化交流和交际产生较大的负面影响。偏见又可分为多种类型，包括宗教偏见、种族偏见、性别偏见等。一般偏见往往包含有不同程度的敌意，因此在跨文化社交时，常常通过打断他人的讲话等不礼貌或其他迂腐的方式来控制交际的方向、交际的主导权等，从而产生一系列不友好的想法、言语和行为，严重阻碍了跨文化交际的成功。另外，偏见对于受到偏见影响的对象十分不利，将偏见对象置于一个糟糕的境地，一旦在跨文化交流和交际中产生偏见，人们通常要么采取回避的态度，要么采取攻击的态度对待偏见对象，二者均不利于跨文化交流和交际的正常开展。例如，当中国留学生在国外学习上课时，大部分老师都十分友好，然而也不乏有些

---

① 　王雅琼 . 试析跨文化交际中的文化移情 [J]. 才智 .2015(6): 288.

老师因为对中国人或中国留学生有偏见，处处针对中国留学生。例如，一些西方国家的老师对中国人与宠物的关系有着深刻的偏见，认为中国人虐待宠物，因此在上课时对中国留学生大加讽刺，导致有的中国留学生备受持有偏见的老师的攻击。又如，跨国婚姻也可能因为一方对另一方文化存在偏见而导致婚姻失败，如电视剧《北京人在纽约》中，一位女士与英国丈夫离婚的原因在于，英国丈夫认为英国及英国文化在世界上占中心地位，而中国及中国文化在世界上可有可无，并且当这位女士使用中医原理为儿子治疗腿伤时，遭到丈夫的鄙视与攻击。例如，据有关数据统计，《纽约时报》在对中国留学生进行报道时，在报道主题的设置上存在严重偏失的情况，对中国留学生的学业报道只有十余篇，而关于"他杀""自杀""摩擦冲突"等情况的报道则占调查样本的59.6%。[①] 这样的报道显然不利于塑造中国留学生的客观形象，而导致这些报道主题设置产生严重偏失的背后则是偏见在作祟。这些报道极易引发外国人对中国人的偏见。从以上案例中可以看出，偏见对跨文化交际的成功与否有着严重影响。

其三，消极心理因素中的民族中心主义。所谓民族中心主义是指以某人的文化为中心，并以此作为评判其他文化的价值标准，或者指个人认为本族文化优于其他文化的程度。[②] 这种民族中心主义是一种对跨文化交际影响较大的心理因素。民族中心主义在跨文化交流和交际中的影响通常表现在三个方面，即对文化沟通的排斥心理，对自己文化自以为是的优越感，对种族间文化产生竞争、恐惧、气愤和憎恨等行为。这些均会影响跨文化交流与交际的成功。民族中心主义通常表现在赤裸裸的言论中，或暗含在言行举止中。民族中心主义的概念最初是由美国社会学家威廉·萨姆纳在《民俗论》一书中提出的。民族中心主义者在跨文化交流与交际中容易忽略本民族文化与其他民族文化之间的差异性，从而导致将本民族的文化和价值观置于其他民族的基础上，以本民族的文化价值观对其他民族进行评判，易对其他文化做出错误判断，同时产生难以消除的误会。民族中心主义易压制个人的跨文化交际潜力，剥夺跨文化交流与交际的意义。

---

① 张宇豪. 《纽约时报》中国留学生媒介形象研究 [D]. 重庆：西南大学，2019：42.
② 阮桂君. 跨文化交际与实践 [M]. 武汉：武汉大学出版社，2017：99.

第四节　跨文化交流与交际中的障碍与冲突

跨文化交流与交际的目的是达成交际，其中跨文化适应是跨文化交流与交际的核心问题。在跨文化交流和交际中，难免会遇到种种文化冲突，并出现文化休克现象。文化冲突和文化休克是跨文化交流与交际中的主要障碍。

一、文化冲突

"文化冲突"一词的定义，可从广义和狭义两个角度进行阐释。从广义上看，所谓文化冲突是指不同文化主体之间在政治法律思想、道德宗教、哲学、价值观以及社会心理、传统习惯、风俗等方面的对立和否定的关系，即社会主体在精神气质和观念方面的冲突。[1] 在跨文化交流与交际中，文化冲突与社会冲突、政治冲突相比，处于核心地位。从广义上看，文化冲突与社会冲突、政治冲突相比，其是后两者的显性体现，既受政治冲突和社会冲突的影响，在内容与形式上的变化也会引发政治冲突和社会冲突的内在变化。广义的文化冲突从实质上看，是文化主体之间价值观的冲突。文化冲突是一种状态，同时是一个过程，两种文化之间相互对立状态的开始，预示着文化冲突的开始；而两种文化之间相互排斥的终结，则标志着文化冲突过程的结束。另外，广义上的文化冲突又可表现为内部文化冲突和外部文化冲突等多种形式。激烈的文化冲突通常会引发社会动荡，甚至导致社会解体和瘫痪。

狭义的文化冲突则专指跨文化冲突，是指不同文化、亚文化之间的相互对立、排斥、矛盾和否定状态。跨文化冲突的结果可能是文化融合，也可能是文化取代或两种以上文化解除接触，宣告文化接触失败。[2] 本书所指的文化冲突主要指狭义的文化冲突，即跨文化冲突。

跨文化冲突是一种社会现象，具有客观性、对抗性、非线性、间接性、内在性、交融性等特点。第一，跨文化冲突具有客观性。跨文化冲突是在当前经济全球化背景下，不同民族、国家及地区之间经济、文化往来越来越频繁的情况下产生的。随着不同国家和民族之间的交流与合作，难免出现不同文化之间相互对立、排斥、矛盾和否定的状态，因此跨文化冲突在

---

① 阮桂君.跨文化交际与实践[M].武汉：武汉大学出版社，2017：115.
② 同①。

全球化的背景下是不可避免的。从这一视角看，跨文化冲突具有客观性的特点。第二，跨文化冲突具有对抗性。不同文化在交流与交际过程中，难免产生碰撞，而当一种文化在另一种文化环境中传播不同的价值观时，难免受到原有文化环境中价值导向的排斥，产生两种文化价值观的冲突，从而呈现出两种或多种文化的对抗现象。第三，跨文化冲突具有非线性。所谓非线性是指跨文化冲突常常表现出错综复杂的状态，因而具有非线性的特征。[①] 第四，跨文化冲突具有间接性的特点。跨文化冲突并非是显见的，而多体现在跨文化交流与交际双方的心理、情感和思想观念等精神领域，并反映到实际言行中，其多在精神层面发生，因此常在不知不觉中发生，具有间接性的特点。第五，跨文化冲突具有内在性。所谓内在性，即文化冲突多表现在思想观念的冲突上。例如，法国、希腊、英国、意大利等国家具有长达数千年的文明史，而美国与其相比则为一个新生的移民国家，由于国家的历史文明轨迹不同，欧洲国家与美国对待历史的态度也不相同。第六，跨文化冲突具有交融性。跨文化冲突的过程一般与文化交融相伴而行，因此从这一角度看，跨文化冲突具有交融性的特点。

跨文化冲突的原因多与跨文化交流与交际中的影响因素相关，而跨文化冲突具体表现在语言方面和观念方面。

语言方面的冲突又可分为语言概念的冲突与语言表达习惯的冲突。语言概念的冲突主要表现在与某种文化背景下特定的历史文化有关的词汇方面。以汉语为例，汉语中存在着大量的古诗词、成语、俗语、歇后语等，而这些语言在翻译时，无法在其他语言中找到相同的词汇，因此难以理解，成为跨文化交流与交际的障碍，易产生文化冲突。语言表达习惯上的冲突，则是指在语言表达中暗含着本民族特有的文化思维，这种特有的文化思维则导致语言表达习惯上呈现出某种特征。例如，中国传统文化中崇尚谦虚的品质，表现在语言表达习惯方面则不仅存在大量谦辞和敬辞，还形成了涉及他人时多加夸赞，涉及自己时多以自贬作为谦逊的语言表达。这与崇尚个人价值的欧美等西方价值观念不同，涉及跨文化交流与交际时，常因此而产生文化冲突。

观念上的冲突又可细分为价值观念的冲突、隐私观念的冲突、时间观念的冲突等。价值观念的冲突，如西方人十分珍视自由，认为"生命诚可贵，爱情价更高。若为自由故，二者皆可抛"。然而，中国人认为气节最重

---

① 王丽娟.非人力资源经理的人力资源管理[M].北京：中国经济出版社，2016：1050.

要，"宁为玉碎，不为瓦全"。另外，不同国家和民族的价值观念也有所不同。价值观念的冲突是跨文化冲突中最主要的表现形式，隐私观念的冲突是跨文化冲突的主要表现形式。中国人由于重视宗族和家庭，在古代历史上形成了一家一族的观念，常常一大家族共同居住在一起。除此之外，受地理环境与耕作方式的影响，中国社会形成了熟人社会的规则。人们聚在一起时常谈论自己或他人的隐私，这也形成了中国人对个人隐私重视程度不高的观念。西方人崇尚个人奋斗，十分注重隐私，对自己的收入、婚姻及信仰、疾病等隐私十分珍视，不愿交谈。这种由于隐私观念不同而导致的文化冲突在跨文化交流与交际中也较为常见。时间观念的冲突是导致文化交流和交际障碍、引发文化冲突的重要原因之一，也是文化冲突最突出的表现形式。不同国家和民族文化中对待时间的态度并不相同。例如，欧美等西方国家的人十分珍视时间，认为时间就是金钱，因此形成了欧美等西方文化中按时守时的习惯。这种文化观念使西方人养成了遇事提前预约的习惯，如拜访朋友会提前与朋友预约，并对拜访时间、地点及拜访目的进行说明。而中国人与西方人相比，在时间的使用上具有较大的随意性，大多以"一会儿""立刻""马上""稍等""改天"等具有模糊性的语言表达时间的概念，体现在具体的交流与交际活动中则为常常不打招呼随意串门、进行漫无边际的聊天等。不同国家和民族对待时间的观念不同，因此常常引发跨文化冲突。

二、文化休克的概念及特点

"文化休克"的英文为"culture shock"，又译为文化震荡、文化冲击、文化震惊等。"文化休克"这一概念最初于 1960 年由美国人类学家奥伯格提出。其认为"文化休克"即为由于失去了熟悉的社会交往符号而引起的焦虑。[1] 之后，许多学者从不同角度对这一概念进行了阐述。1963 年，威廉·斯莫利在奥伯格研究的基础上指出，"文化休克"所表现的症状是由于对一个新的文化环境不能适应而引发的情绪紊乱，病因是失去了原有社会生活与交流中非常熟悉的情景和意义。[2] 1969 年，奥伯格在其所作的《"文化休克"：对新文化环境的调整》一文中进一步指出，"文化休克"是移居到国外生活的人们的一种病症，所有病症一样，这种病也有它自己的发病原因、症状和

---

① 阮桂君.跨文化交际与实践 [M].武汉：武汉大学出版社，2017: 106.

② 同①。

治愈过程。[①] 由此可见，奥伯格认为，"文化休克"有其特殊原因，也能够被克服。此外，班尼特等学者在奥伯格的研究基础上，进一步指出，"文化休克"是变迁休克的一种类型，并不是某种特殊现象，而是人生自然经历的一部分。[②]

20 世纪 90 年代，"文化休克"的概念被引入中国，对于这一概念，我国学者的翻译并不一致，如我国学者关世杰在其 1995 年出版的《跨文化交流学》和胡文仲在其 1999 年出版的《跨文化交际学概论》中，将"culture shock"一词译为"文化休克"；而学者陈国明在其主编的《简明英汉传播学辞典》和《文化间传播学》两本书中，则将"culture shock"一词译为"文化震荡"。当前，我国学术界对"culture shock"一词究竟如何翻译方为精准仍有争议，本书采用大部分学者认同的"文化休克"译法。尽管翻译不同，但我国学者对"文化休克"一词的定义与阐释却有相似之处。例如，学者毕继万认为"文化休克"是初到异国，在异国文化环境中，对陌生环境产生的一种不知所措和惶恐不安的心情，并由此产生的一种抗拒新文化、留恋旧文化的病态的心理过程。陈国明则指出，"文化震荡"是跨文化适应过程的一个阶段，代表跨文化适应过程中明显与主要的部分。[③]

从国内外学者的分析与阐释中可以看出，文化休克是任何一种跨文化交流与交际中都无法避免的状态，文化休克本质上属于跨文化冲突，并非是一种精神疾病，这种跨文化冲突更侧重心理层面，而非人际冲突层面。

（一）文化休克的症状

文化休克的症状有多种，从情绪上看，大多表现出情绪低落、无助、焦虑、对异国文化的敌视；此外，还表现出畏缩、孤独、思乡、易怒、紧张、容忍度低、缺乏耐心等。文化休克虽然主要体现在心理层面，但也常在生理上表现出不适症状。其表现主要体现在以下几个方面。

第一，心理和行为上不知所措。在跨文化交流和交际中，旅居者从母国文化环境到异国文化环境后，在异国度过蜜月后，会突然发现自己在语言、住房、交通、购物等方面面临着诸多困难，对周围的人和事物感到茫然并失去方向，变得无所适从。例如，在语言交际中，旅居者原本对自己的

---

① 隋虹.跨文化交际：理论与实践[M].武汉：武汉大学出版社，2018：13.

② 阮桂君.跨文化交际与实践[M].武汉：武汉大学出版社，2017：106.

③ 同②。

异国语言很有自信，却发现自己的表达与行动常常引发误解，原本在母国文化中通行的行为准则和交际礼节不适用于异国文化，长期以来养成的行为举止和价值观念在异国文化环境中不再适用，就连最基本的饮食起居都存在种种困难，更别提在学习或工作上遇到的困难，因此旅居者常感到茫然与不知所措。

第二，心理上惶惑不安。旅居者由于远离母国文化环境，无法融入异国文化环境中，从而引发恐惧、失望、厌烦等情绪。在负面情绪的影响下，孤独感和压抑的情绪被不断放大，因此旅居者格外思念母国文化环境，而对异国文化环境产生排斥和敌视心理。同时，旅居者对自己的遭遇被无视而感到深深的无奈和委屈，产生惶惑不安的心理。

第三，心理上对异国文化的抗拒。所谓抗拒心理，即旅居者初到异国文化环境中时，产生的一种无意识的自我保护心理与行动，抗拒心理常常难以控制。在抗拒心理的影响下，旅居者常认为母国文化优于异国文化，而将异于母国文化的差异之处放大，并认为其是威胁自己安全与生存的文化，因此对其采取拒绝接受的态度。在行为上表现为想方设法将自己与异国文化环境分离开来，并在生活、学习、工作中刻意营造出一个母语文化的安全区。此外，抗拒行为还表现为敏感多疑、精神紧张，甚至引发过激行为。

第四，心理上的错乱感。当旅居者离开母国文化环境初到异国文化环境中时，面对在信仰、价值观及社会规范等方面与母国文化具有巨大差异的异国文化，在心理上易产生极大的错乱感。其具体表现为对自己的信仰和人生观感到怀疑，思维方式和行为方式与当地的主流社会不合拍，难以找到自己的角色定位，因而产生一种深深的错乱感。

第五，心理上的无能感。旅居者在母国文化环境中，无论是生活、学习，还是工作均有一种掌控感。然而，刚到异国文化环境中时，由于对当地的公共设施、交通设施，以及衣、食、住、行等基础设施等都不太了解，同时在异国文化环境中缺乏社会关系的支持，旅居者易产生处处受限、寸步难行、无能为力的感觉。而这种无能感又进一步加剧了旅居者的挫折感和孤独感，进一步加剧旅居者的焦虑、恐惧、沮丧、绝望等不良情绪，使其陷入文化休克状态。

（二）文化休克产生的原因

文化休克产生的原因是多方面的，具体可以从文化差异和社会心理学理论方面进行分析。

从文化差异看，文化差异既受社会地理环境的影响，也受社会价值观念、行为观念的影响。

首先，文化休克产生的地理环境原因。由于自然地理环境不同，人们由此产生的生活方式和行为规范等也不相同。例如，中国的自然地理环境与希腊的自然地理环境有着很大不同。中国陆地面积广阔，长期以来形成了重农抑商的文化习俗；而希腊国内多山，可耕种土地面积相对较少，长期以来形成了重视商业文化的社会氛围。这种由地理环境导致的文化差异使两国人民形成了不同的文化思维和处事方式。当旅居者从一个国家到另一个国家后，面对这种巨大的文化差异，难免产生文化休克。

其次，文化休克产生的价值观念原因。价值观念是文化的重要组成部分，也是产生文化休克的重要原因。例如，中国人崇尚集体主义，而欧美等西方国家的人们更注重个人主义。因此，当中国旅居者到西方后，在集体主义价值观念下的言行容易与西方主流价值观产生差异，难以融入当地主流文化，因此导致文化休克的产生。又如，在中国文化中，尊老敬老是一种社会美德；在西方国家，人们则十分忌讳被当作老人对待，认为年长或被称作老人则意味着失去活力与价值。因此，当中国旅居者初到西方国家，在公交车或地铁上为老人让座时，不仅不会得到老人的感激，反而会遭到老人的拒绝，甚至斥责。这使中国旅居者陷入价值观念混乱状态，从而引发文化休克。

再次，文化休克产生的行为观念原因。社会行为规范和行为观念是文化的重要组成部分，不同国家和地区的行为规范有着不小的差距。例如，中国人注重整体氛围，餐桌文化十分盛行。商务谈判时，习惯在办公室之外，利用商务谈判开始前、中途休息时以及用餐时间了解合作伙伴。然而，欧美的西方国家更注重办公室的商务谈判，对合作伙伴的了解也多限于工作场合。又如，同样是商务谈判，拉美地区的人们重视感情大于物质利益，他们认为和合作方搞好关系比达成合作更重要，双方的合作应建立在良好的关系基础上。

从社会心理学理论方面看，文化休克现象可以使用负面事件理论、社会支持减少论、价值分歧论进行分析。

所谓负面事件理论是近年来国外学者针对文化休克现象而提出的一种心理学理论。负面事件理论的基本观点是，生活中有负面影响的事件会引起各种心理或生理方面的疾病。负面影响越大，时间越长，所引发的疾病也越严重。值得注意的是，从跨文化交流与交际的视角来看，负面事件并非指负面性质的事件，正面性质的事件和负面性质的事件都可能导致正面和负面的双重影响，从而导致文化休克。一般来说，负面事件包括夫妻分离、工作调整、经济状况改变、生活环境改变、疾病影响等。例如，商务外派人员不仅面临着初到异国文化环境的适应问题，还面临着夫妻、子女分离及工作调整带来的挑战，同时承担着经济压力、市场竞争压力所带来的巨大的心理负荷。这些均会对跨文化人员产生较大影响，从而引发跨文化人员的情绪低谷，导致文化休克的产生。

社会支持减少论，最早是由美国心理学教授艾德里安·弗恩海姆与斯蒂芬·博赫纳在其1986年出版的《文化冲击：对陌生环境的心理反应》中提出的。所谓社会支持，是指一个人在困难时得到亲戚、朋友、同事、熟人、邻居等在物质、道义和感情方面的帮助。[1] 该理论认为，在跨文化交际时产生的文化休克现象中，社会支持与一个人的生理和心理健康有着一定的联系。如果社会支持充足，一个人的健康状况就比较良好；如果缺少足够的社会支持，甚至完全丧失社会支持，就可能引发各种疾病。[2] 对跨文化人员来说，大多数跨文化旅居者离开了自己的亲友、熟人、同学、老师、同事、朋友等构成的社会关系网，单独来到异国。他们在异国文化环境中的社会支持均相对较少，而国内的亲人和朋友因无法切身体会其处境而不能给予跨文化旅居者实质上的帮助和足够的精神慰藉，因此产生心理等各种疾病的概率较高，易引发文化休克。

价值分歧论是基于跨文化人员母国的价值观念与所在国家价值观念之间存在分歧这一事实上而产生的一种研究跨文化适应的理论。[3] 这种价值分歧论认为，跨文化人员母国价值观念与所在异国价值观念之间的分歧越大，跨文化人员越难以适应异国文化环境。我国学者认为价值分歧的主要因素在于，跨文化人员均固守本民族文化的疆域界限，认同本民族文化的价值观、道德伦理标准及语言文化，而对异国文化采取否定的态度，并有意识地与异国文化保持一定的距离。这种价值分歧导致跨文化人员来到异国文化环境中后，被自己不认同的异国文化价值观念所包围时易产生种种心理负面情绪，从而引发文化休克。

---

[1] 胡文仲.超越文化的屏障：胡文仲比较文化论集（修订版）[M].北京：外语教学与研究出版社，2004：150.

[2] 同[1]。

[3] 胡文仲.超越文化的屏障：胡文仲比较文化论集（修订版）[M].北京：外语教学与研究出版社，2004：151.

（三）文化休克的应对策略

文化休克是跨文化交流和交际中文化冲突的一种典型的、特殊的心理现象。文化休克带来的多为负面的、消极的影响，使跨文化交流和交际人员的心理平衡遭到破坏，陷入心理困境，不仅会引发一系列心理问题，还易引发生理上的不适与行为上的过激行为。然而近年来，越来越多的跨文化交际学者从动态的角度看待文化休克现象，提出文化休克并不是一个人适应新文化失败的证明，而是反映跨文化适应的动态过程，有其积极的作用。其积极作用主要表现在文化休克能够为跨文化人员提供异国文化学习的机会，并促使跨文化人员逐步了解、熟悉、理解甚至接受异国文化，从而在学习和适应异国文化过程中不断提高自己的能力，积累处理异国文化的经验与技能。因此，我们应正确看待文化休克，认识到文化休克是跨文化交流与交际过程中的一种客观存在，而且具有一定的普遍性。

尽管文化休克具有一定的正面影响，但文化休克所产生的种种负面影响也不应忽视。面对文化休克现象，我们应从以下几个途径入手积极应对，以提高跨文化适应能力：

首先，进行积极主动的沟通。之所以产生文化休克，是由于母国文化与异国文化之间存在差异性。这一点可以通过积极主动的沟通寻求理解，以达到跨越沟通障碍、有效交流与交际的目的。例如，英美两国同为西方国家，而且均使用英语作为通用语言，然而两者之间的文化背景仍然存在种种差异。例如，单词 bird，在英国文化环境中多用来形容年轻的女性，并且带有一定的贬义；在美国文化环境中则多指一种带有羽毛、会鸣叫的动物。又如，单词 geezer，在英国文化环境中为描述普通人的俚语；在美国文化环境中则带有一定的贬义，并且常用来形容年迈的老人。再如，lift 一词在英国文化环境中指电梯，在美国文化环境中则是搭便车的意思。又如，中国语言文化环境中，"老"为褒义词，由此产生了"老师""老板""老人"等一系列词语，而西方语言文化环境中，"老"带有一定的贬义含义。这些语言方面的差异若不留意就会产生误解，但是不同的文化双方经过一定的交流，了解对方文化环境后，这种误会则可避免。

其次，熟悉异国文化礼仪。熟悉异国文化礼仪是融入异国主流文化环境最直接、最基础、最有效的方法之一。因此，跨文化人员到达异国环境后，应尽快熟悉和了解异国文化礼仪。例如，同样是打招呼，但各国礼仪和方式是不同的。美国打招呼的方式为握手，两个人握住对方的左手或者右手，交握后简短上下摇动；菲律宾，同辈之间打招呼的方式为拥抱、贴脸颊，晚辈与长辈之间打招呼的方式则为晚辈用自己的额头碰对方的指关节；泰国打招呼的方式为双手合十，其中男士多将双手举至额间，女士则将双手放在胸前；日本打招呼的方式多以鞠躬为主；等等。了解问候、打招呼等基本礼仪，可以加快跨文化人员在异国环境的融入速度。

除了以上两种方法和途径外，还有一些其他克服文化休克的办法：尽快学习所在国家的语言，以便做到畅通交流，在前往异国前，即可提前了解该国的各种文化，同时充分了解文化休克，并时时关注自己的状态，避免陷入文化休克状态的时间过长；抵达异国后，立即着手建立一个由外籍管理者和当地居民组成的有利于生活、工作和学习的支持网络，并积极学习克服文化休克的经验和方法，坚定信心，面对任何困境时，都不妥协，保持与困难做抗争的决心和斗志，并注意规避通过酗酒、暴饮暴食等不良行为习惯排解不良情绪。在出现文化休克状态后，还可积极寻求专业人士帮助，早日走出文化休克困境。只要不断扩大自己的知识面，提高自身的文化层次，开阔视野，包容异国文化，就一定能够走出文化休克的困境，并最终克服文化休克。

第三章 适应与适应能力

第一节 适应的概念与特点

"适应"，既是一个生物学名词，也是一个心理学名词，除此之外，还是一个社会学名词。关于"适应"一词，不同学者从不同角度对该词的定义进行了阐释。

一、"适应"的概念和内涵

作为生物学名词，从进化论的观点看，"适应"是指动物或植物物种逐渐与其环境相适合的过程，是自然选择作用于遗传变量的结果。[①] 皮亚杰从生物学视角指出：智慧的本质从生物学来说就是一种"适应"，它既是一个过程，也可以是一种状态。[②]

作为一个心理学名词，心理上的"适应"是指遭受挫折后借助心理防御机制来使人减轻压力、恢复平衡的自我调节过程。[③] 心理学家南希·艾考夫指出，"适应"是个人与环境之间的和谐互动。[④] 他所说的环境既指物理环境，如空气、光线、声音等，也包括社会环境，如家庭、学校、同事等，而互动则是指相互关系及其影响。由此可以看出，南希·艾考夫所说的"适应"

---

① 孙淑女. 范式视阈下的跨文化适应理论 [D]. 杭州：浙江大学，2015：14.

② 王倩. 心理语言学与外语教学实践 [M]. 北京：九州出版社，2018：50.

③ 柳友荣，李群，王雪飞. 大学生活健康心理学 [M]. 合肥：安徽人民出版社，2011：25.

④ 刘桂芬. 大学生心理健康教程 [M]. 北京：中国传媒大学出版社，2007：50.

是个体与自然环境和社会环境之间的一种互动。另外一位心理学家沃尔曼则指出，"适应"是一种与环境融洽和谐的关系，包括满足一个人的绝大多数需要，并且拥有符合要求所必需的行为变化，以便一个人能与环境建立起一种融洽和谐的关系。① 日本心理学家户川行男对"适应"的概念进行了概括，其指出"适应"是一种关系或状态，是指主体与客体之间协调一致的状态；从心理学角度看，"适应"是在保持主客体条件一致的同时，与某个个人的发展保持一致的状态；这一临床心理学的"适应"状态，必须同时考虑与个人相关的、遵守个人发展规则的欲求，因此"适应"是一种以欲求为基础的目的性行动；这一行动并不是一蹴而就的，而是一个渐进的、发展的过程，改变主体条件，使其与所要求的客观内容相一致，就是"适应"的过程。②

　　作为一个社会学名词，社会"适应"通常是指对社会生活环境的"适应"，包括为了生存而使自己的行为符合社会要求的"适应"和努力改变环境以使自己能够获得更好发展的"适应"。③ 我国学者朱智贤认为"适应"来源于生物学的一个名词，用来表示能增加有机体生存机会的那些身体上和行为上的变化，如对光的变化的"适应"和人的社会行为的变化等。有机体的行为变化是在不断做运动的变化中达到平衡的，这种从不平衡到平衡再到不平衡又重新平衡的过程就是"适应"。④ 潘懋元认为，"适应"一词包括两个方面，一方面是受制约，另一方面是为之服务。除此之外，还有的学者指出，"适应"一词应包括四个方面的含义，即维持性"适应"，需要对存在再生复制的"适应"；动态性"适应"，即满足新的需要，对变化的"适应"；改造性"适应"，即对自己和环境加以调整、修正的"适应"；前瞻性"适应"，即对未来变迁的"适应"；等等。⑤

　　结合以上多种"适应"的概念，可以对"适应"的内涵进行总结，其内涵包括三个方面："适应"是主体对环境变化做出的一种反应，是一种重新建立平衡的动态过程，是一个积极能动的过程。

　　首先，"适应"是主体对环境变化做出的一种反应。"适应"是伴随着环

---

① 刘桂芬.大学生心理健康教程[M].北京：中国传媒大学出版社，2007：50.

② 徐光兴.跨文化适应的留学生活：中国留学生的心理健康与援助[M].上海：上海辞书出版社，2000：4.

③ 柳友荣，李群，王雪飞.大学生活健康心理学[M].合肥：安徽人民出版社，2011：25.

④ 同③。

⑤ 鲍成中.梦山书系教育生活史研究丛书适应与超越：教育家成长规律研究[M].福州：福建教育出版社，2016：59.

境的变化而产生的，在静止的环境中不存在"适应"的问题。无论是自然环境还是社会环境均处于不断变化之中，因此每个生物时刻都面临着"适应"的问题，从而产生不断"适应"新环境的需要。作为人类的个体更是如此，从这一意义上看，"适应"是个体的一种基本需求，也是个体应当具备的一种基本素质，是主体对环境变化做出的一种本能的反应。

其次，"适应"是一种重新建立平衡的动态过程。"适应"是从一个平衡到另一个平衡的过程，是为了达到或恢复主客体之间的平衡而建立的，从这个角度看，平衡是"适应"的基本目标。由于周围的环境是不断变化的，个体所面临的环境时刻处于变化之中，个体在"适应"环境的同时，也在不断地建立新的平衡，而每一种新的平衡都是短暂的、相对的，不平衡则是长期的、绝对的。个体在不断建立新的平衡中逐渐发展。因此，环境的不平衡和矛盾冲突正是个体不断发展的动力，从这一视角看，"适应"是一个动态的、不断重建新平衡的过程。

再次，"适应"是一个积极能动的过程。"适应"是伴随着环境的变化而不断建立新平衡的过程，其前提是环境的变化。然而，"适应"不是被动地受环境的影响而变化的，而是一个积极能动的过程。在自然界中，随着周围环境的变化，生物有机体为了与环境变化相协调并使其种类世代生存下去而存在两种变化，一种为顺应，另一种为"适应"。所谓顺应，是指生物通过单纯地改变自身形态，而使自身"融入"环境的过程，这一过程是遗传行为方式发生变化，是一个被动的过程。然而，"适应"不仅是指生物有机体为了适合环境的变化而产生的顺应，还包括生物有机体对环境进行积极改造，而使自身与环境保持更大的协调性。[①] 因此，从这一意义看，"适应"是一种积极能动的过程。

二、"适应"的要素

"适应"是一个不断变化的过程，既是人类生存的基础，也是人类持续发展的主要动力。人类个体的"适应"包括三个层次，即对自然环境的"适应"，对社会环境的"适应"，以及对个体同化心理机制的"适应"。这三种"适应"均包含以下五个要素。

第一，顺应。顺应是生物有机体随着自然环境、社会环境或个体生命成

---

① 徐光兴.跨文化适应的留学生活：中国留学生的心理健康与援助[M].上海：上海辞书出版社，2000：2.

长规律而被动顺应环境的过程。"适应"的最初表现就是顺应。例如，中国古老谚语"种瓜得瓜，种豆得豆"就是一种顺应自然规律的表现。又如，常年生活在寒冷地区的人与常年生活在热带高温地区的人在外貌上呈现出不同的特点，这种特点便是人类为了顺应所在地区的变化而进行了一代代遗传与衍变的结果。再如，生活在沿海地区或河流较多地区的人们擅长游泳和划船，而生活在草原地区的人们擅长骑马，这也是人们为了"适应"自然环境而学会的种种生活技能。

第二，约束。所谓约束是指生物有机体为了"适应"自然的变化与发展，在不断构建动态平衡的过程中受到自然与社会环境的约束。人类所生存的环境——地球，是宇宙中的一颗行星，其运动和发展过程受到宇宙运行规则的限制。例如，地球围绕太阳进行公转的同时，也进行着高速自转，而月亮作为地球的卫星也围绕地球进行公转。人类作为自然界生物有机体中的一员，在"适应"自然的过程中，也受到自然规律的约束。例如，地球上的万物均需要阳光、空气和水才能生存下去，自然界的四季轮回、山川河流的形成与变化有其自身发展规律，人类在主观能动地适应自然的过程中，必须受到自然规律的约束。除了受到自然环境的约束外，人类在发展过程中还会受到社会环境和文化环境的约束。

第三，需要。所谓需要即欲求，社会欲求是人类适应环境的主要目的。例如，生物有机体适应自然环境变化的根本目的就是生存。从人类个体需求看，人类具有吃、穿、行、住等作为生物有机体的基本需求；而作为社会个体来说，人类还拥有安全、爱、尊重及自我价值实现等需要。除此之外，从社会需要的角度来讲，个体的需要还与社会生产力水平息息相关，在不同社会生产力水平下，社会发展程度不同，人类个体的需要不同，其与环境的适应性也有所区别。例如，在社会生产力水平低下的原始社会，人们的需要即为基本的生存需要。随着社会生产力的不断发展和生产力水平的不断提高，人们除生存需要外，还产生了学习的需要、安全的需要、荣誉的需要，为了满足这些需要，人们必须适应不同环境的发展。

第四，传承。所谓传承，是指人类适应环境的能力，具有一定的传承性。从自然环境看，人类在适应自然环境的发展中逐渐成长，并创造了人类社会和灿烂多彩的文明。从生物学属性看，人类的遗传是适应自然的结果。例如，前面提到的常年生活在寒冷地区的人们与常年生活在炎热地区的人们在长相上的区别，即成千上万年以来人类适应自然过程中进行的外在形体的变化，而这一变化通过生物遗传延续下来。从历史发展的视角看，人类每向前迈出的一小步都是在人类适应环境的基础上，带着以往的传承向前迈进。例如，人类在适应环境的基础上创造了灿烂的文化和精神文明，而后人在适应、运用并传承这些文化与精神文明的基础上，又创造出了新时代的文化和文明，正是由于适应中传承的存在，人类才从低级动物不断进化为高级动物，从野蛮人发展为文明人。

第五，发展。生物有机体适应环境的过程，也是一个不断改造环境以适应自身发展的过程。在这一过程中，生物有机体不仅适应了环境的变化，也在创造生物有机体与环境的新的平衡中获得了发展。例如，人类社会在适应环境的发展过程中逐渐从低级阶段向高级阶段发展，从简单的、不成熟的社会向复杂的、成熟的社会发展。对人类个体来说，个体在适应环境的变化的同时，也在不断发展自身能力，与时俱进，以适应社会潮流的发展，否则就会因不适应社会环境变化而被社会所淘汰。

综上所述，适应包含顺应、约束、需要、传承和发展五个要素，这五个要素共同构成了适应的发展过程，缺一不可。

三、"适应"的特点

人类个体在不同的环境中所进行的适应具有不同特点，从生物学上看，适应的总特点包括自我调节与均势、同化与调整两个方面。从心理学上看，适应的总特点包括适应的自我调整性、适应的自我扬弃性和适应的自我超越性三个方面。

（一）从生物学角度看适应的特点

心理学家皮亚杰最初是研究动物学的，其在研究人类行为时常从生物行为的关系中考虑人为行为，并提出了生物学适应的特点。皮亚杰认为，生物有机体在适应环境发展的过程中，存在两个十分明显的特点，即自我调节与均势、同化与调整。

首先，适应的自我调节与均势特点。皮亚杰认为，一切活的有机体最重要的特点是具有自我调节性。[①] 例如，当人们不小心割破手指后，手指割破部位的组织细胞会通过自我调节对伤口进行修复。又如，当环境温度发生变化时，包括人类在内的生物有机体通过自身体温的调节来适应温度的变化。生物有机体的自我调节是相对的，仅限于活的有机体，当有机体死

———————
① 冯克诚.认知发现学习理论与论著选读[M].北京：人民武警出版社，2010：94.

亡后，其自我调节性也就随之消失，因此生物有机体的自我调节性特点是相对的，并不是绝对的。除此之外，皮亚杰将生物有机体及其所处环境的和谐状态称为均势，而均势是一种运动的状态，当处于这种状态时，生物有机体必须不断对实际存在的或即将发生的组织失调进行补偿与影响，以维持均势状态。[①]

第二，同化与调整。皮亚杰认为，生物有机体适应环境的过程，并不是在外界变化的压力下被动地、消极地随环境变化而变化的过程，活的生物有机体适应环境的过程，一方面是使环境与自身有机体组织相适应的过程，即将环境纳入有机体内的过程。例如，人类消化食物的过程即将外界食物纳入自身消化系统的过程。皮亚杰将这一过程称为"同化"。另一方面，对生物有机体来说，完全的"同化"往往是不存在的，除了同化之外，生物有机体在适应环境的过程中还需使自身行为更加适应环境，皮亚杰将这一过程称为"调整"。例如，仍以人类消化系统为例，人类消化系统在吸收食物时，只能吸收液体，因此对待固体食物，人类只能在吃食物时通过咀嚼使食物更加适应消化系统的环境。

（二）从心理学角度看适应的特点

首先，适应的自我调整性。所谓自我调整性是指社会主体主动改变自己原有的观念、做法与习惯，以适应客观现实的需要。[②] 无论是哪一类社会主体在面对社会环境的变化时，均需要对自我的心理进行调整以便适应社会的发展。例如，人类个体在受教育过程中，需要不断适应幼儿园、小学、中学、大学的外在环境，同时要不断调整心理，以达到适应外在环境变化的目的。例如，从中学到大学，外在的学习环境发生了巨大的变化，这种变化不仅表现在老师的教学与管理方法上，还表现在具体学校对学生素质的要求上。为了适应大学学习环境，个体首先要从心理上进行自我调整，从被动的学习方式向主动的学习方式转变，从单一技能的学习向多元化、综合性素质转变。在完成心理上的自我调整后，个体才能在言行上更适应大学环境的要求。又如，留学生初到一个陌生的国度留学时，面对陌生的民族文化和陌生的校园环境，必须从心理上进行调整，才能尽快适应异国民族文化和异国校园文化。作为个体，人类在面对新的、变化了的环

---

① 冯克诚.认知发现学习理论与论著选读[M].北京：人民武警出版社，2010：94.
② 戴晓东.跨文化交际理论[M].上海：上海外语教育出版社.2011：168.

境时，均会从心理出发，进行自我调整以便尽快融入新环境，这一特点即为适应的自我调整性特点。

其次，适应的自我扬弃性。所谓自我扬弃，是指主体对自己的长处、短处进行全面客观的评估后，保留优点、克服缺点的过程。[①] 适应是面对动态的、变化的环境，不断调整自身、改变环境以达到新的平衡的过程。在这一过程中，不仅要对自身进行调整，还应在调整的过程中对个体的行为进行扬弃。扬弃过程包括拥有自知之明、学会扬长避短、克服消极适应三个过程。例如，从中学到大学，学习环境发生了巨大变化。在此期间，学生要适应大学学习环境，除对自我心理和行为进行调整外，还需对自我行为进行扬弃，以更加适应新环境的发展。而适应新环境首先应有自知之明，只有这样才能克服缺点，弘扬优点，才能扬长避短，同时建立起对环境的自觉适应性。又如，留学生到国外留学时，面对异国民族文化和校园环境，只有清晰地认识自我所在的环境，并对处于新环境中的自我进行准确定位，明确自己的优势与劣势后，才能积极适应新环境。有的留学生外语基础较好，而专业相对不足，明确了这一点后，其在适应新环境的过程中，就会将更多的精力花在专业上而不是语言上。相反，如果某位留学生的外语基础不好，不能在异国校园中用该国语言准确地表达自我，那么，其首先应当尽快熟悉所在国家的语言，在语言上花费更多的精力。只有这样，才能克服消极适应，自觉地、能动地、创造性地适应环境的发展。

再次，适应的自我超越性。所谓自我超越，顾名思义即超越现有的自我，在适应新环境的同时，建立起新的平衡，实现自我发展。自我超越包括三个方面的含义，即超越个体的自我、超越以往的自我以及创造理想的自我。例如，大学留学生在适应异国文化和异国环境中，自身的心理和能力也在发生着巨大变化。大学留学生与高中留学生相比，自我意识迅速增长，尤其是经历了高考与留学申请后，大学生的个人意识往往得到某种程度的强化，而这种自我意识的强化，易导致大学生过于注重通过自我奋斗来达到自我实现。然而，在适应异国文化的过程中，留学生群体作为一个异国文化的外来者，也会深深意识到民族文化的独立性，从而产生超越个体自我，建立起社会自我，树立起为社会和民族文化创造价值的意识。在这一过程中自然实现了对过去自我的超越。除此之外，留学生在选择留学学校时，多选择那些有悠久发展史、专业出色、整体水平较高的院校，这些院校的学术氛围一

---

① 梁凤鸣，何玉洁.大学生思想品德修养[M].哈尔滨：哈尔滨工程大学出版社，1995：13.

般较为浓郁，校园学习氛围浓厚，在这种环境下，学生们大多会按照自己的理想设计，去开拓进取，努力拼搏，在实践中不断提高自己的适应能力，从而取得良好的学习成绩，并在这一过程中实现自我的理想价值，达到理想水准，创造出理想自我。

四、"适应"的标准

所谓适应的标准，即指人们在判断是否适应环境时而形成的一定的标准或达到的某种状态。人类始终在内在欲求与外在环境所造成的压力与刺激的作用下生活，而适应是调节这两个关系的过程，从心理学的角度来看，适应可以分为良好的适应、不理想的适应、不良适应、完全不适应四种类型，其中，良好的适应为适应的理想状态，其他三种均属于不适应。[①] 那么，适应与不适应如何判断呢？心理学家从不同角度给出了不同的判断标准。

1979 年美国心理学家西蒙，从心理学角度提出了"理想的适应标准"。该标准包括 7 个方面的内容，即从 7 个方面对适应的状态进行衡量。其一，心理的统一性，即在适应过程中，能够清除内心的矛盾，并与感情活动相协调，达到人格的统一；其二，自我的成熟，指个体的行为合理、有效且呈现出高效率的状态；其三，接受现实的程度，即具备一定的接受现实，尤其是接受挫折的能力，具备一定的耐性和放弃不可能实现愿望的能力，这样才能真正适应环境的发展；其四，在适应环境中还具备一定的表现情感和控制情绪的能力；其五，在适应环境中建设起相互信任的社会关系和人际关系；其六，在适应环境的过程中，应具备自我控制及处理各种生活问题的能力；其七，在适应环境的过程中，还应保持身心健康。

日本心理学家小林于 1984 年从量和质、心理功能、身体功能及社会规范的角度提出了适应环境的标准。首先，从量和质的标准来看，所谓量的标准是指以普通人所显示的能力、态度、行为为标准，过多或过少偏离这一标准均为不适应环境的征兆，然而，普通人适应环境的量的标准却未必为良好，小林对于在量上的偏差也未明确相关标准。而质的标准则以某种价值标准为参考，与价值标准相一致即为适应，与价值标准不一致即为不适应。在进行量和质的判断中，两者的标准均应考虑，互相参考。其次，从心理功能来看，心理上产生的认知较全面，情绪愉快，对事物的热情度较高，并且这种情况持续较长时间即为心理适应良好的表现。与之相反，如心理上产生

---

① 张劲梅.心理学视野下西南少数民族大学生的文化适应[M].昆明：云南人民出版社,2013: 4.

的认知不全面，在认知过程中，知觉、判断、思考能力低下，出现不安、苦恼或悲伤、愤怒等负面心理情绪，并且对于事物的关心、兴趣和热情程度下降，这种状态长期存在则可判断为心理的不适应状态。再次，从身体功能来看，心理适应与身体功能息息相关，如果心理适应良好，那么反映在身体功能上则为身体各方面的机能十分正常，总体上来看，身体十分健康。如果心理适应状态不佳，那么反映在身体功能上则表现为身体出现疲劳、发烧、痉挛、气喘、头疼、关节疼、食欲不振、精神恍惚等症状，因此身体功能及身体健康与否也是判断适应的标准之一。最后，从社会规范来看，社会规范是社会文化的重要构成部分，一个国家、民族和文化的价值观通常随着时代的变化而变化，各个民族和国家的社会规范也呈现出不同特点。因此，当个体适应社会规范时，则个体的行为处事和价值观普遍与社会规范相一致，而当个体的价值观及行为处事与社会规范不一致时，则表现为个体不适应社会环境的状态。

以上两种标准，从不同角度对适应的标准进行了归纳。面对各种群体的跨文化适应，还应从不同角度进行详细分析。

第二节　文化与适应的关系

"文化适应"一词最初是由人类学家赫斯科维兹于 1948 年提出的，之后，跨文化心理学家将这一概念引入对文化适应的研究上。

一、文化适应的概念

在了解文化适应之前，应先明确文化差异的概念。用一句话概括，文化差异即为不同社会或社会群体在伦理道德、社会规范、行为和思想等方面所表现的差异。当所属不同文化群体的个体相互接触时，文化差异会对所属文化群体的个体产生影响，而不同文化群体在这一过程中表现出从一种文化群体到另一种文化群体的跨越或融合，在这一过程中，个体在认知、情绪、行为等方面所产生的冲突体验，即为文化适应的过程。对于"文化适应"一词的概念，古今中外的学者分别从广义上和狭义上进行了阐述。

广义的文化适应又称为文化涵化、文化融合、文化移入，是指不同文化群体间的相互接触所导致群体及其成员心理上和文化上产生变化的现象和过程。① 广义的文化适应概念包括两个方面，一方面，文化适应产生的条件是不同文化间持续和直接的接触或相互交流；另一方面，文化适应的结果是接触的群体及其成员产生了文化现象或心理现象的某些改变。② 这种广义的文化适应概念建立在对文化变迁中个体和群体的现象进行研究的基础上，而学者研究方面不同，关注问题的角度和方向也不相同。从文化变迁视角对文化适应进行研究最初是由人类学家和社会学家发起的，早期人类学家和社会学家对于文化适应的观察，通常以较原始的文化群体在与较发达文化群体接触过程中，较原始文化群体发生的文化特征变化过程为对象。20 世纪初，美国人类生态学家罗伯特·帕克通过对移民融入主流文化的文化适应过程的观察，提出了文化适应的三阶段理论，即接触、融合、同化。帕克认为，当移民适应主流文化时，文化同化随之产生，并最终以族际通婚及两个群体合二为一作为结束。帕克从移民角度提出的文化适应和文化同化的过程具有进步性和无法逆转性。

之后，许多人类学家以帕克提出的文化适应的三阶段理论为基础进行研究并发展了该理论。一些人类学家认为，不同文化个体间不断的直接接触是文化适应的前提，而文化适应并不一定能达到文化同化。此后，跨文化心理学家约翰·贝利在人类学家的研究基础上进一步指出，文化适应是指两个或两个以上具有不同文化的群体及其成员在相互直接的、持续的接触中所产生的文化和心理双方面的变化过程，发生改变的可能是某一群体及其成员，也可能是接触双方。文化适应也包括群体层面和个体层面两个不同层面。所谓群体层面的文化适应是指社会结构、经济基础、政治组织及文化习俗等方面的改变；所谓个体层面的文化适应是指包括认同、价值观、态度和行为能力的改变在内的心理变化及对于新文化环境的适应。③ 综上所述，广义的文化适应既包括群体层面的文化适应，也包括个体层面的文化适应，指双方不同文化群体或个体之间通过大量、直接、持续的接触而导致双方或某一方文化和心理的双重变化。

除了广义的文化适应概念外，古今中外许多学者从不同角度、不同学术领域对文化适应进行了研究和阐述，这些文化适应概念可以称之为狭义的文化适应概念。

---

① 张劲梅. 心理学视野下西南少数民族大学生的文化适应 [M]. 昆明：云南人民出版社，2013: 5.

② 同①。

③ 单波. 跨文化传播的问题与可能性 [M]. 武汉：武汉大学出版社，2010: 54.

从人类学领域来看，学者对于文化适应的关注多集中于文化层面。例如，我国学者冯瑞从人类学角度指出文化适应为两个或两个以上的不同文化体系间发生持续接触导致一方或双方原有文化模式变化的现象。[①] 刘毅则指出，所谓文化适应是指两个先前独立存在的文化传统持续接触过程中，两者相互适应、借用，结果其中一方或双方原有的文化模式发生大规模变迁。而马季方则指出，文化适应是由两个不同社会群体之间的接触，通常是通过借用和传播，即通过外部力量引起的文化变迁，即文化涵化。[②] 例如，佛教从印度传入我国后，与中国传统文化相融合，吸收了中华传统文化中的仁、孝等文化理念，从而适应中国人的心理或习惯的过程，即为一种文化适应的过程。

从跨文化心理学视角来看，学者更关注个体在文化适应中的心理变化。1967年，心理学家格利文斯首次提出心理的文化适应这一概念，之后越来越多的心理学家从心理学角度对文化适应进行研究。有的心理学家指出，心理文化适应指在与其他文化进行接触，以及参与本文化群体或民族群体所处的文化适应过程中个体所经历的态度、信仰和行为的改变。这一概念将个体的心理文化适应与群体文化适应进行了区分，在一定程度上推动了文化适应的研究。之后，心理学家分别从文化适应的维度及过程等方面扩展了文化适应的概念。相比于人类学家，心理学家更强调文化差异对个体在心理和行为上产生的适应问题，即将文化变迁中的个体心理和行为上的变化以及应对和调适等作为重点。[③]

除了从人类学领域及心理学视角阐述文化适应的概念之外，许多学者还从文化学习与保持方面、行为和感情及认知方面、对新文化环境的适应方面等对文化适应的概念进行阐述，这里不再一一分析和列举。

二、跨文化适应的概念与跨文化适应理论

关于跨文化适应的定义，国内外学者从不同角度对其进行了不同阐述。例如，马登·门登霍尔指出，跨文化适应包括情感、行为和认知三个部分，

---

① 张劲梅.心理学视野下西南少数民族大学生的文化适应[M].昆明：云南人民出版社，2013：8.

② 马季方.文化人类学与涵化研究（上）[J].国外社会科学，1994(12)：11-17.

③ 张劲梅.心理学视野下西南少数民族大学生的文化适应[M].昆明：云南人民出版社，2013：9.

其中，情感是指心理幸福感，行为是指个体与当地文化间的相互作用情况，而认知则是指对当地文化的态度及对当地价值观的接受程度等。[1]科琳·沃德则指出，跨文化适应可分为心理适应和社会文化适应两个维度，并指出跨文化心理适应以情感反应为基础，既包括正面心理情绪，也包括负面心理情绪，而社会文化适应则指适应当地社会文化环境的能力，即是否能够与当地文化群体进行有效接触。按照科琳·沃德等人的研究来看，跨国移民的心理适应问题呈现出波动状态，而社会文化适应则通常会随着时间的推移而呈现出线性改善的状态。本书在文化适应的概念上认同阮桂君在《跨文化交际与实践》中所提出的跨文化适应概念，即指旅居者克服文化休克，在语言、生活、交际和思维等方面的习惯逐步由本文化转向目标文化的动态过程。就群体层面而言，跨文化适应是指不同文化背景的群体交往后的濡化过程，这个动态过程旨在增加相互之间的理解、拓展彼此的尊重，以及延伸互相接受的空间。[2]

针对跨文化适应问题，学者们提出了一系列的假说和理论，这些理论层面的研究为跨文化适应积累了大量理论成果。本书在这里主要对跨文化适应阶段理论、跨文化适应素质模型理论、跨文化适应过程理论进行分析和阐述。

（一）跨文化适应阶段理论

在跨文化适应阶段理论中，不同学者提出了多种阶段理论适应模型。较早运用阶段理论对跨文化适应进行分析的是噶勒诺恩夫妇，其在 1963 年就提出了 W 形曲线适应理论。之后，利斯加尔（Lysgard）对这一假说进行了调整。该理论以外派人员为研究对象，将跨文化适应分为三个阶段，第一阶段为蜜月期，即外派人员到了异国文化环境中对一切事物都感到新鲜的阶段，在 U 形曲线中处于顶端；第二阶段为文化休克期，即外派人员在适应新的文化环境过程中，遇到了各种问题且必须直面这些问题，这一时期处于 U 形曲线的底端；第三阶段即适应调节期，外派人员经过一段时间的接触，对于异国文化更加熟悉，并且知晓了如何在异国文化下更加得体地工作，此时重新回到了 U 形曲线的顶端。

维罗·奥伯格则提出了"文化冲击"模型，这一模式根据跨文化适应者

---

[1] 姜秀珍.中国跨国企业外派人员回任管理[M].上海：华东理工大学出版社，2011：44.

[2] 阮桂君.跨文化交际与实践[M].武汉：武汉大学出版社，2017：121.

的生理和心理感受，将他们所经历的文化冲击分为蜜月期、危机期、恢复期和适应期四个过程，较 U 形曲线理论模型，新增了"恢复期"。

之后，拉莱文与马拉·阿德尔曼提出了文化适应的五段论，包括蜜月阶段、文化休克阶段、初步适应阶段、孤独阶段和融合阶段。按照这一五段论，蜜月阶段指旅居者初次到达一个陌生的环境中，对于异国文化环境中的一切都感到新奇。这一阶段大概持续 1 ～ 2 个月，主要集中于与新的领导、同事、老师或同学等见面，落实住宿事宜，到商店购买日常生活用品，同时办理入住手续。在这一过程中，所接触的一切都令旅居者心情愉悦，并自觉忽略与本国文化产生冲突的地方。第二阶段，文化休克阶段。这一时期，旅居者的生活、工作和学习逐渐趋于稳定，并开始独立生活。此时，一开始没有预见到的一系列问题接踵而来，包括语言、居住、人际关系、购物等种种问题的出现，使旅居者经受着严重的心理危机。这一阶段一般会持续 1 ～ 2 个月的时间。第三阶段，初步适应阶段，即旅居者经过一段时间的适应，逐渐适应了异国文化与异国生活，并形成了大致固定的生活节奏，这一阶段一般持续 3 个月左右。第四阶段，孤独阶段。步入这一阶段时，旅居者在国外已生活了大半年时间，随着时间的推移，旅居者开始思念家乡，对于在异国文化中的适应情况产生灰心、沮丧心理，容易失去信心。第五阶段，融合阶段。这一时期，旅居者的生活和工作通常都已走上正轨，同时适应了异国语言、饮食、社会规范、价值观、风俗习惯等，呈现出融入异国文化的状态。

除了以上几种跨文化适应阶段理论外，门登霍尔等还从 U 形曲线理论出发，将跨文化适应分为蜜月期、文化震惊、适应调节和完全适应四个阶段。

（二）跨文化适应素质模型理论

跨文化适应素质模型理论，一般侧重于研究为达到文化适应，个体应具备的知识、能力、态度、价值观、特质及行为方式等能力。[①] 跨文化适应素质模型理论具体又可分为三种模型。

其一，个体特质模型。该模型从个体特质和能力入手，发掘商务外派人员、外派教师等的个体特质，从知识、能力、态度、价值观、特质及行为方式等方面对个体的能力进行考察。

其二，适应态度模型。该模型基于跨文化交际理论学家约翰·贝利所提出的观点：个体在经历文化冲突后，一般会形成四种典型的心理适应态度，

---

① 姜秀珍 . 中国跨国企业外派人员回任管理 [M]. 上海：华东理工大学出版社，2011：46.

即文化融合、文化抛弃、文化吸收和文化分离。适应态度模型既关注个体在跨文化适应过程中是否保持其母国文化中的身份和特征，同时也关注个体对待异国成员的态度，以及与异国成员的关系。该模型指出，如果个体认为母国文化与异国文化同样重要，那么其所持有的态度为文化整合态度；如果个体认为两者均无所谓或均不重要，那么其所持有的态度为文化抛弃态度；如果个体认为保持母国关系的重要性小于与异国文化之间的联系和一致关系，那么个体所持有的态度为文化吸收；相反，如果个体认为保持与母国的关系，以及维持母国主文化的身份和特征更加重要，那么个体所持有的态度为文化分离。这四种态度也直接决定了个体的跨文化适应程度。

其三，三维导向模型。该模型建立在文化适应的三维途径——自我导向、他人导向及知觉导向的基础上。在三个导向方面表现越佳的旅居者，一般跨文化适应越良好。这里的自我导向是指在异国文化中的自我保护、自我享受及心理健康程度。[①] 一般来说，自我导向较强的个体在异国文化中能够较顺利地找到母国文化中带给自己快乐的活动或替代活动，同时也能够较自信地处理在异国文化中遭遇的种种文化冲突。这些均有利于提升旅居者的跨文化适应性。而他人导向，则是指个体所具有的关心异国同事、老师、同学等人及愿意与异国同事、老师、同学等花时间沟通的程度与水平。[②] 他人导向强的个体更愿意与所在国家的人们进行交流，而这一点有利于提高个体的跨文化适应程度。知觉导向是指个体运用自己的知识和技能，分析和判断个体在适应异国文化过程中所产生的举止异常的原因，这种开放的态度和对事物的客观态度有利于提高个体的跨文化适应程度。

（三）跨文化适应过程理论

从跨文化适应的过程来看，学者提出了文化适应理论和疑虑消除理论。从前文中对于"适应"一词的定义分析可以看出，适应过程是一个动态的、长期的过程，学者杨芸金从这一过程出发，指出个体的跨文化适应过程也是一个动态的、长期积累的过程，其整个过程呈现为"压力—调整—前进"的循环过程。当个体在跨文化适应过程中感觉到压力时，个体就会对自己的行为和心态进行调整，使自己进入放松状态。[③] 之后，个体重新调整认知模式，

---

① 金哲. 新学科辞海 [M]. 成都：四川人民出版社，1994：2033.

② 庞树奇，范明林. 普通社会学理论 [M]. 上海：上海大学出版社，2011：117.

③ 姜秀珍. 中国跨国企业外派人员回任管理 [M]. 上海：华东理工大学出版社，2011：47.

尝试新一轮的前进。经过不断地重复"压力—调整—前进"这个过程，个体最终会达成文化适应的目标。

疑虑消除理论，又称"不确定减少理论"，是由查尔斯·伯杰和理查德·卡拉布里兹提出来的，他们认为个体为了适应异文化中全新的环境或不同的人际关系，会通过各种渠道和方式寻求信息、消除疑虑，减少不确定性和压力，此过程不断重复进行，最终帮助个体实现跨文化适应。[①] 伯杰指出在跨文化适应中存在三种消除疑虑的策略，即被动、主动和互动。其中，被动策略倾向于置身事外，做异国文化的观察者，同时通过书籍、电影、网络、广播等无互动的方式查询信息，学习异国语言和文化；主动策略则是通过与异国文化中的其他人或团体接触获知有关异国文化的信息；互动策略则是指与异国文化中的人进行面对面交流以达到较好的文化适应的目的。

三、跨文化适应的类型

当前，学术界对于跨文化适应人群的研究注重四个群体，即移民、难民、旅居者、少数族群等。其中，移民是指人口迁徙活动，本书所指的移民是指迁至国外某一地区永久定居的人。[②] 自 20 世纪上半叶以来，随着世界经济、文化交流日益广泛，移民现象也越来越普遍。美国作为一个移民国家，其移民来自世界 200 多个国家，所对应的为 200 多种文化习俗。因此，自 20 世纪上半叶以来，针对移民的跨文化适应研究越来越多。难民是移民中的一种，相比于普通移民，难民在面对文化变迁冲击的同时，还面临着基本的生存问题，由此而产生的心理或行为问题和改变较为突出。因此，许多学者在跨文化研究中将难民作为研究对象进行研究。旅居者是指短期居留在某个社会文化中的异文化群体成员。一般来说，旅居者包括商业人士、留学生、专业技术人员、传教士、军事人员、外交人员、旅行者等。近年来，随着经济全球化的发展，旅居者的数量越来越多，国内外学者们也开始重视旅居者的跨文化适应状态。除了以上几个群体外，少数族群也是学者的跨文化交流与交际研究的对象。大多数跨文化适应发生在国与国的文化之间，然而在一些多民族文化国家中，社会经济、政治、文化的发展在一定程度上促进了少数民族文化与国家主流文化之间的交流与交际，因此少数民族文化与国家主流文化的适应问题也得到了国内外学者的关注。

---

① 耐普，戴利.人际传播研究手册（第 4 版）[M].上海：复旦大学出版社，2015: 597.
② 刘志山.移民文化及其伦理价值 [M].北京：商务印书馆，2010: 1.

　　从跨文化适应人群来看，跨文化适应主要分为两大类型，一种类型为短期跨文化适应，另一种类型为长期跨文化适应。所谓短期跨文化适应，即指因学习或工作而暂时旅居于另一文化背景中的人对新文化环境的适应。[①] 短期跨文化适应人群即为前文中提到的旅居者，这些人在国外文化中居留的时间从几个月到几年不等。短期跨文化适应人群在异国文化环境中跨文化适应的目的是保证其在异国文化环境中的任务顺利完成。例如，留学者顺利完成学业，拿到相应的文凭；商业人士成功达到商业目标；海外学者顺利完成教学或交流任务等。对短期跨文化适应群体的研究主要集中于短期跨文化适应群体暂居异国期间对于文化休克的克服，以及在母国文化大环境中对异国文化环境的适应。长期跨文化适应则是指对永久居留环境的适应，主要包括的群体有永久移民和难民两个群体。与短期跨文化适应不同，长期跨文化适应一般长达数十年的时间。

　　短期跨文化适应与长期跨文化适应具有较大差别。其差别主要表现在三个方面。首先，短期跨文化适应与长期跨文化适应的目的不同。短期跨文化适应又称为工具性文化适应，其目的是保证个体在异国文化环境中完成学习、工作、教学等任务，在适应异国文化的过程中，不须达到文化认同，更不要求文化身份的改变。而长期跨文化适应的目的则是完全融入居住国的文化中，并成为居住国文化中的一员，从文化认同和文化身份上进行彻底改变。其次，短期跨文化适应与长期跨文化适应所经历的阶段不同。短期跨文化适应一般跨越文化休克，进入初步文化适应阶段即可。长期跨文化适应则不同，从文化适应阶段上来看，长期跨文化适应需要克服文化休克，初步达成文化适应，逐步摆脱母语文化的羁绊获得过渡文化人格，以及实现文化身份的彻底转变，完全融入移民文化之中。[②] 最后，从短期跨文化适应与长期跨文化适应的标准来看，两者也有很大区别。短期跨文化适应群体不需对自己有过高要求，其能力满足短期工作或学习目标即可，而对长期跨文化适应群体的认知能力、感情能力、行为能力的要求均较短期文化适应群体高。短期跨文化适应与长期跨文化适应除区别外也存在一定联系，即短期跨文化适应是长期跨文化适应的基础和必经阶段。

　　跨文化适应中，除了从类型上对跨文化适应群体进行划分外，还需注意不同年龄的群体在跨文化适应中的能力不同。跨文化适应能力主要与人的认知能力、交际能力及对外界的适应能力有关，而人的认知能力是随着个体年

---

① 阮桂君.跨文化交际与实践[M].武汉：武汉大学出版社，2017：121.
② 阮桂君.跨文化交际与实践[M].武汉：武汉大学出版社，2017：122.

龄的增长而发展的，青少年由于思维方式和价值观念等正处于发展过程中，认知能力和模式仍未定型，往往受外界环境的影响较大。成年人和老年人由于思维模式和价值观念已经形成，认知能力和模式已经定型，受外部环境的影响相对较小。从交际能力上来看，年龄和性别等因素在跨文化适应中的影响也相对较大。除此之外，对外界的适应能力也与年龄有关，青少年对于世界抱有强烈的好奇，相比于老年人更愿意去接触新鲜事物。因此，总体上来说，青少年的跨文化适应能力较成年人和老年人更高。

第四章 跨文化适应能力的影响因素

第一节 人生观与价值观对跨文化适应能力的影响

个体跨文化适应能力受到主客观因素的影响，其中受个体的人生观与价值观，以及语言符号系统、非语言符号系统的影响较大。本书即从这三个方面入手，对个体跨文化适应能力进行分析。

一、个体人生观、价值观与跨文化适应

人生观是指个人在其人生体验中对于人类生存的价值和意义的根本态度和根本看法。人生观是世界观的重要组成部分，主要包括人生的目的、人生的态度及人生的评价值三个方面。价值观是人生观的核心部分。[1] 价值观是指个体对客观事物的重要性和社会价值的一种判断和观点，是人们对客观事物的是非、善恶和重要性的看法与评价。[2] 个体的价值观多是在某种文化背景下形成的，受个体文化背景的影响较大。个体价值观在跨文化适应中起着重要的影响作用，影响着个体对其他个体和群体的看法，因此直接影响到人与人之间的关系。此外，个体价值观还影响着个体的决策、对个体所面临的形势与问题的看法、道德标准和对道德行为的判断、对个体目标及组织目标的选择等。个体的人生观和价值观均受到个体所处的文化环境的影响。

---

① 饶晓丽.英语教学与文化交流[M].长春：吉林大学出版社，2018：188.

② 赵莉琴.组织行为学理论与案例[M].北京：中国铁道出版社，2011：89.

世界文化具有多元性的特点，每一种文化都有其价值，由于跨文化交流具有双向性的特点，身处其中的个体均受到文化价值观的影响。文化价值观指某种文化环境下的人，关于物质文化、精神文化、制度文化、行为文化和心理文化等所表现价值和价值关系的整体的看法和观念，以及这一观念下的所属行为。[①] 文化价值观具有整体和个体之别，个体的文化价值观具有多样性，并且在一定程度上制约着整体的文化价值观。

中西方学者从不同角度对文化价值观进行了归纳与分析，其中影响力最大的为吉尔特·霍夫斯泰德对文化价值观的五个维度的分析。国内外许多学者纷纷从这一角度出发对世界上不同民族文化的价值观进行分析和比较。

由于人生观和价值观直接影响着个体的行为与判断，当个体在跨文化交际时，常因人生观和价值观的不同而产生跨文化交际障碍，甚至引发较严重的文化冲突。而个体在跨文化交际时的状态，直接影响着个体的跨文化适应状态，因此从这一意义上来看，个体人生观与价值观对个体跨文化适应能力有着极为重要的影响。

二、人生观与价值观对跨文化适应能力的影响

人生观与价值观的差异是跨文化交际与跨文化适应中的障碍的主要诱因，直接影响着个体跨文化适应能力。以中西方文化为例，跨文化适应者常因不同的人生观与价值观造成跨文化交际障碍，而导致其个体跨文化适应不良。

第一，人生观与价值观影响下的隐私观。中西方文化对个体的隐私持有不同观点，英美等西方发达国家的个体信奉个人主义，重视个人隐私，将很多事情都看成是个人的隐私，如果旁人触犯到个人隐私则常常引发西方个体的剧烈反应。而中国文化中对于个人隐私有着不一样的理解，认为所谓隐私即指见不得人、登不得大雅之堂的事情。因此，双方常因这一特点引发交际障碍，导致跨文化适应障碍。例如，一批中国交换生在美国学校学习时，学校为了促进中西方学生之间的交流，将中国学生和美国学生的宿舍安排在一起，每间宿舍各安排中美学生一人。一位美国学生搬到新宿舍后即出去聚会，同宿舍的中国交换生见这位美国学生很久没有回来，不免十分担心。凌晨时分，这位美国学生回到宿舍后，中国交换生出于关心，问道："你去哪里玩了？都已经这么晚了。"美国学生冷漠而大声地说："我到哪里去，完全

---

① 马晓莹. 跨文化交际理论与实践研究 [M]. 石家庄：河北科学技术出版社，2013：134.

与你无关。"听到这一回答后，中国交换生觉得十分委屈，她出于好意的关心，非但没有得到美国学生的感激，反而遭到了对方的大声反驳与责怪，这让她觉得美国人不好相处，为其跨文化适应不良埋下了隐患。美国学生觉得对方干涉自己的自由，个人隐私遭到了侵犯，因此也对中国交换生产生了误解与偏见。

第二，人生观与价值观影响下的自我表现。中国文化属于集体取向，而西方发达国家的文化则属于个人取向。这一价值观的不同常引发中西方之间的误会。例如，一家在中国设立的北美跨国公司中既有北美地区的员工，也有大量中国员工，然而北美员工和中国员工之间的交际氛围却并不融洽。周一例会时，北美员工常常踊跃发言，侃侃而谈，将上周工作的完成情况与下周的设想与安排和盘托出，引得老板频频点头。然而中国员工与北美员工的踊跃表现不同，主动发言的人较少，大多数人在老板点名时才发言，发言中常常将上周工作中的成绩归功于集体，很少对个人在其中的贡献进行单独阐述。对于中国员工这种谦虚的做法，跨国公司的北美管理者常常心存疑惑，总觉得某些中国员工缺乏工作能力。在中国员工看来，北美员工夸夸其谈式的自吹自擂特别招人厌烦。这种由于价值观不同而导致的不同行为，在同一家跨国公司内部并没有被谅解，反而引起了彼此间的猜忌和不满，导致这家跨国公司内部员工均有着不同程度的跨文化适应不良现象。可想而知，这家跨国公司内部并没有形成畅通有效的沟通机制，必然对公司的经营产生不良影响。

第三，人生观与价值观影响下的财富观。中国文化受儒家学说影响较深，因此主张重义轻利。数千年来，这一文化对中国人的人生观和价值观产生了潜移默化的影响，使中国人在意识中产生了强烈的重义轻利倾向，将孜孜追求物质财富的行为视为低俗的行为。然而欧美等西方文化中的财富观与此不同，尤其是北美地区的人们十分注重物质条件，崇尚物质享受，并将物质享受视为个人权利。这种人生观与价值观使北美地区的人们形成了以物质拥有程度评判人的标准。在北美人的观念中，如果一个人贫穷，拥有的物质财富较少，那么他既不能责怪命运，也不能责怪健康，而应从自身寻找原因。他们认为无论是运气还是健康都应该在自己的计划之中。这两种财富观在跨文化交际中也会产生沟通与理解障碍。例如，中国留学生小张与北美留学生托尼是大学同学，两人合租一间公寓，平时的相处较为融洽，然而托尼的一些行为常常让小张感到不适。一天，两人下课后，托尼急着出校园办事，然而由于带着许多书本十分不便，小张见状主动提出帮助托尼将书本带回公寓，托尼对此表达感谢后，将书本递给小张，并掏出一张小额钞票对小张说："拿去买杯可乐吧。"小张十分生气地拒绝了。之后，小张越想越生气，认为托尼小看他，瞧不起人。然而，托尼也十分不解，不明白为什么本来愉快的交流会变得尴尬，自己的行为在北美人看来十分正常，他不理解小张为什么会生气，因而认为小张喜怒无常。由于托尼是小张在北美留学的室友，类似的价值观冲突一再发生，小张平时认定的行为方式突然处处受到冲击，导致小张陷入文化休克，产生了与中国留学生合租、远离异国文化背景留学生的心理。

第四，人生观与价值观影响下的平等观。中国是一个文明古国，数千年来，中国文化中形成了社会等级制度，产生了复杂的称谓系统，尤其是在尊卑老幼方面有较明显的规定。例如，家庭亲属之间的称谓也可以用于非亲属之间，如叔叔、姑姑、阿姨、大妈、大爷等。除此之外，中国文化的价值观中人们对于领导、上级、教授、长辈的话十分重视，即使不同意对方的观点，一般也不会对其进行反驳。而西方人则不迷信权威，喜欢独立思考并表达自己的观点。另外，西方国家对于平等十分重视，认为每个人的价值都是不可低估的，因此人们在交际中也常常表现出这种人人平等的思想。例如，一位中国留学生在课余时间为了赚取学费而到一位北美老人家中帮忙做家务。这位老人年纪较大，因此这位中国留学生尊称她为太太。这位北美老人觉得这一称呼太过客气，让中国留学生叫她苏珊。然而中国留学生却认为，苏珊的年纪比自己的母亲还要大，直呼其名太不礼貌了，要是在中国这样必然会被骂，因此坚持称她为太太。苏珊只好同意，只是每次中国留学生叫她时，她都会显得坐立不安，十分别扭。又如，一位名叫杰克的欧洲员工在中国跨国企业上班，每次杰克找他的上级讨论或汇报工作时都会直呼其名，这不仅让跨国公司中其他中国员工十分吃惊，也使杰克的领导十分不悦，认为杰克十分自大、狂傲，不可一世，因此常常在工作时有意无意地将难度较高的工作分派给杰克。杰克察觉到领导对他有敌意，十分不解。另外，其他中国员工在与杰克相处时也常常表现出尴尬的样子。这让杰克感到十分不适，产生想家、不想工作等心理。两个例子中所产生的交际障碍就是由于中西方价值观中的平等观不一致所导致的。中国人在职场上十分注重等级，对于有头衔的人常常以头衔相称，而不称呼名字。对于中国管理者来说，突然被人直呼姓名会觉得十分吃惊，并产生不悦心理。杰克的做法只是按照西方的价值观，因此他不但不对自己的行为感到奇怪，反而对中国人不直接叫名字的做法感到诧异，他认为直呼其名才能显示出对对方的尊重。

第五，人生观与价值观影响下的竞争观。中国文化崇尚和谐，虽然在现代社会中人们出于不得已而接受了竞争的观念，然而骨子里还是不喜欢竞争和攀比。而西方发达国家，十分崇尚竞争，认为竞争是一种十分有效地激发人们潜力的方法。这两种不同的价值观常常在跨国企业经营中产生冲突。例如，一家北美在中国的跨国公司的经理为了提高企业的销售量，因此宣布在各个销售经理之间展开销售量竞赛，并在每月月初例会上公开宣布各个经理的销售量及其应得的提成。前三个月下来，公司的销售量果然上涨了不少，不过第四个月开始，公司的销售量持续下滑，甚至下滑到了较三个月前更低的程度。这使得来自北美地区的管理者大为不解。当他找各个销售部经理了解情况时，吃惊地发现，一部分销售经理已经找好了其他工作准备跳槽，其他销售经理也处于无心工作的状态。原来这家跨国公司的激励措施与中国人传统价值观中和气生财的理念不符，在例会上将销售经理的销售额与奖金公开后，破坏了他们之间的和谐关系，而这些销售经理认为没有必要为了提成造成不和，因此尽管明知社会上存在竞争，仍然抵触这种做法。而北美公司管理者今天你做得好，你就受到奖赏，明天你做得不好，你就得受冷落的做法，也让中国销售经理感到十分寒心，因此采用跳槽的方式来反抗。

　　第六，人生观与价值观影响下的自立观。在中国文化中，互相帮助是一种十分高尚的美德，得到社会提倡，因此形成了中国人互相帮助的价值观。然而，西方国家的人却认为必须保持自立才能争取自由，因此形成了自立价值观。这一价值观在特定环境中也会影响跨文化适应。中国留学生小张在英国留学时看到一位满头白发的老教授正独自颤颤巍巍地下楼，看起来十分危险，她急忙走过去主动搀扶老教授下楼。没想到老教授面带不悦地拒绝了。小张觉得莫名其妙，明明自己尊敬师长，怎么还惹恼了老教授呢？想来想去只能认为教授脾气古怪，不近人情。小张的表妹来到英国后因为一时找不到房子而借住在小张与英国留学生合租的公寓中。为了帮助表妹租房，小张连续好几天陪表妹出去找房，回来后还要完成沉重的课业。同屋的英国留学生看不下去，建议小张让表妹自己租房，小张尽快将课业赶上来。然而小张觉得帮助表妹租房是自己的责任，不能撒手不管。结果室友认为小张的表妹缺乏自立能力，小张则是造成表妹不能自立的罪魁祸首之一。

　　除以上几种人生观与价值观的冲突外，因个体人生观与价值观不同而导致的跨文化不适应现象还存在于多个方面。人生观和价值观带来的矛盾是客观存在的，几乎每一个跨文化旅居者都受到其影响。尽管如此，个体仍然可以从几个方面入手，克服人生观和价值观所带来的矛盾，提高跨文化适应能力。首先，个体应对人生观与价值观上的差异进行客观认识，并以包容的心态处理因此而产生的矛盾。其次，个体应对不同文化背景下形成的人生观和价值观保持尊重，不能一味从本民族文化出发对其他文化背景的人生观和价值观进行主观评价，并要求对方采用自己的价值观。最后，个体应从寻找不同文化背景下人生观与价值观的共性出发，进行交流与合作，并培养良好的跨文化适应能力。

第二节　语言符号系统对跨文化适应能力的影响

　　语言符号系统由语音、词汇、语法等构成，其在使用中还受到语境与语言风格的影响。语言是交流与交际的主要工具，交流与交际主要通过语言和动作完成发送与接收信息，从而实现编码与解码的转换，达到沟通与交流的目的。可以说，语言符号系统在跨文化适应中起着举足轻重的作用。

一、语言与文化的关系

　　语言是人类独有的一种交流和交际手段，其所使用的范围和所表达的内容是其他交际工具不可比拟的。[①]

　　当前学术界关于语言与文化相互影响与制约的关系的论述，主要有三种理论，即语言决定论、文化决定论和语言文化（双向）影响制约论。

　　首先，语言决定论，又称为"萨丕尔－沃尔夫假说"。1929年，爱德华·萨丕尔在其论文中阐述了其对语言与文化关系的看法，他认为：人类生活的社会受到人们所说的语言的操纵和控制，操控两种不同语言的人生活在截然不同的世界里。[②] 之后，本杰明·沃尔夫在萨丕尔的观点的基础上，提出了"语言决定论"和"语言相对论"，这两种理论共同组成了"萨丕尔－沃尔夫假说"。按照这一理论，语言对思维有着决定作用，"语言塑造我们的思维方式，并决定我们的思维内容"[③]。对于这一假说，中西方语言学家的分歧十分严重，许多学者对这一假说持批判态度。

[①]　樊葳葳，陈俊森，钟华.外国文化与跨文化交际（第2版）[M].武汉：华中科技大学出版社，2008：110.

[②]　贺显斌.语言与文化关系的多视角研究[J].西安外国语学院学报，2002(3)：22-26.

[③]　高新民，沈学君.现代西方心灵哲学[M].武汉：华中师范大学出版社.2010：449.

其次，文化决定论。弗朗兹·博厄斯在其著作《美洲印第安语言手册》中阐述了语言与文化关系的看法，认为语言对了解和描绘社会的文化具有重要意义。我国学者顾嘉祖认为法兰兹·鲍阿斯提出的语言与文化的关系理论是一种"文化决定论"，强调文化对语言的影响和制约作用。

最后，语言文化（双向）影响制约论。语言决定论和文化决定论均具有一定的极端性，因此当前国内外大多数学者持折中态度。例如，我国学者刘丹清曾指出，语言是整个文化系统的符号、反映、积淀、滤色镜等。[①] 语言文化（双向）影响制约论指出，语言反映和影响文化，同时文化也影响并制约着语言。按照这一理论，语言与文化之间存在着密切相关又相互区别的关系。第一，语言与文化之间是部分与整体的关系。语言属于文化的一部分，而文化除包含语言外还包含其他许多内容。第二，语言是文化的载体之一，文化离不开语言。语言是文化诞生、交流、传承、发展必须依赖的符号，在文化中占有极其特殊的地位。第三，语言和文化并不是同步产生的，两者的诞生源头、发展均具有各自的特点，两者的内涵与外延各不相同，只是在局部相互交叉和渗透，从而形成了相互依存的关系。第四，语言与文化之间存在着相辅相成的关系。文化包括实物文化与精神文化两部分，精神文化的形成、表达及传承均离不开语言。例如，哲学、文学等均有赖于语言才能产生、表达与传播。实物文化，如电视机、录音机等，在生产与使用的过程中也离不开语言。除了精神文化与实物文化外，茶文化、酒文化等与实物文化，与制度、风俗等有关的内容，也与语言有着直接或间接的关系。例如，茶文化作为一种特殊的文化形态，不仅与茶叶有关，还与茶叶的传说、故事，茶叶的冲泡、使用，以及与茶有关的著作等有关。

从以上语言与文化之间的关系来看，语言与文化之间是相互依存、相辅相成的关系，一方面，语言离不开文化，离开文化后，语言就成为一种空壳；另一方面，文化也离不开语言，语言是文化的载体，文化的传承与传播、衍变与发展均离不开语言。如果没有语言，文化也就失去了记载、储存与流传的物质条件。语言与文化的关系决定着语言在跨文化适应中起着独特的作用。

二、语音对跨文化适应能力的影响

语音除了包括音高、音强、音长、音质等物理属性外，还具有强烈的社

---

① 贺显斌.语言与文化关系的多视角研究 [J].西安外国语学院学报，2002(3): 22-26.

会性。不同语言的语音结构不同，语音在语言中所发挥的作用也不相同，因此产生了千变万化的语音现象，给跨文化交流与交际造成了严重的障碍。由此可见，语音在跨文化适应中起着极为重要的作用。

语言是跨文化交流与交际的基础，而顺畅的沟通与交流则是跨文化适应的基础，因此在异国语言学习中，标准的发音是成功交流与交际的前提，也是提高跨文化适应能力的第一步。如果语音发音不标准，就会产生种种语用失误，从而影响跨文化适应能力的提高。从跨文化语用失误的角度来看，应解决双元音不到位、部分辅音发音不标准、单词末尾加音以及语速、语调等方面的问题来提升语音的标准程度，以提升跨文化适应能力。

首先，从发音标准角度来看，音调在语言表达中起着极为重要的作用。如果在语言表达中音调不正确，就会产生一系列跨文化交流与交际障碍。以汉语为例，汉语为音形义结合的语言，对于音调的要求较高。许多跨文化人员初到中国学习中文时，往往会因为重音错误，导致一系列语用失误。例如，有的来华留学生见面打招呼时十分热情："你噢，我很歌星扔死你。"在这句话中由于重音不对，将"你好"说成了"你噢"，"高兴"说成了"歌星"，"认识你"说成了"扔死你"。发音不标准不仅影响跨文化交际者给人留下的第一印象，还会影响跨文化交际者衣食住行及学习和工作的方方面面。例如，一位来华留学生，举止表现得非常绅士，然而由于发音不标准，其说出的话语经常使人哭笑不得。当下楼梯时，这位绅士常一边伸手做出"请"的姿势，一边叮嘱他人："下流（下楼）请小心裸体（楼梯）。"进入饭店后，这位绅士对服务员说，给我来一份"报纸"，一份"轿子"和一份"红烧屁股"，服务员感到莫名其妙的同时还十分气愤。这位绅士解释了半天，服务员才明白，他要一份包子、一份饺子以及一份红烧排骨。这种因发音不标准而引起的跨文化交流和交际障碍，常常使跨文化人员遇到尴尬，被人误解，造成跨文化适应障碍。而中国跨文化交流和交际人员在学习英语等西方语言时，也会因发音不标准而引发种种误会。除此之外，语速、重音、语调，甚至词语和句子之间停顿的长短等也会导致种种语用失误。例如，一位留学生在交谈时，总是会停顿太长时间。其他人误以为这位留学生不喜欢说话，因此在其停顿的时间里常常为了避免尴尬而另找话题打破沉默。这位习惯停顿较长时间的留学生备感挫折，也因此而变得真的不爱说话，产生了文化休克现象。

三、词汇对跨文化适应能力的影响

词汇是语言符号系统的重要组成部分，也是跨文化交流与交际中不可或缺的部分。在跨文化交流与交际中，词汇是重要障碍之一，也是提升跨文化适应能力的关键因素之一。关世杰在其所著的《跨文化交流学》一书中，将不同语言中的词汇关系总结为五种情况，即重合词汇、平行词汇、全空缺词汇、半空缺词汇以及冲突词汇。[①] 本书从这五种情况入手，对词汇对跨文化适应能力的影响进行分析。

第一，重合词汇，即不同文化中那些无论是字面意思还是引申意思都完全相同的词汇。[②] 这部分词汇反映了不同民族和国家的文化间的相同之处。例如，关于身体的词汇，耳朵、脑袋、嘴、牙齿、眼睛、胳膊、腿、躯干等词汇在各民族文化中即为重合词汇。这种词汇一般不会在跨文化交流与交际中产生障碍和影响。

第二，平行词汇，即在两种语言中，虽然单纯的含义不同，然而在行文中的意思相同的词汇。[③] 例如，现代汉语中的"轻如鸿毛""以眼还眼，以牙还牙"等在英语中有字面意思和寓意相同或相似的成语。除此之外，中国成语和歇后语中的"热锅上的蚂蚁""健壮如牛""狼吞虎咽""谋事在人，成事在天""有其父必有其子""无风不起浪"等在英语中均有着相似或相同的语言。在跨文化交流和交际中，平行词汇一般不会引发冲突和障碍。

第三，全空缺词汇，指一种语言的某种词汇在另外一种语言当中完全没有任何对应的词汇。这种词汇往往是一些较为抽象的概念。[④] 例如，汉语中存在着大量内涵丰富的植物、颜色、数字、动物等词汇，如有"四君子"之称的梅兰竹菊等。这些词汇建立在中国独特的风俗文化上，其他国家没有这种文化，没有对应的词汇可以表达。除此之外，中国传统文化中还形成了独具特色的饮食、风俗、地貌等文化，由此而产生了诸如"春分""清明""谷雨"等二十四节气词汇，以及"中秋""重阳""元宵"等独特的节日词汇，以及"抓周""舞龙灯""踩高跷""划旱船"等民俗活动词汇等。此外，还形成了独特的红色文化、婚俗文化等，以及与之相关的"红盖

---

① 谭自强.图解跨文化交流学 [M].北京：世界图书出版公司，2010：91.

② 谭自强.图解跨文化交流学 [M].北京：世界图书出版公司，2010：90.

③ 谭自强.图解跨文化交流学 [M].北京：世界图书出版公司，2010：92.

④ 同③。

头""双喜字"等词汇。大量的成语、俗语、谚语、歇后语等语言，如"杜鹃啼血""精卫填海""后羿射日""拔苗助长""掩耳盗铃""黄鼠狼给鸡拜年——没安好心"等词汇均属于汉语中独有的词汇，其他语言中没有对等词汇。全空缺词汇往往是跨文化交流和交际中影响较大、易产生文化交流和交际障碍的词汇，然而这种词汇往往可以通过解释、询问得到理解，从而消除跨越文化交流和交际障碍。

第四，半空缺词汇，这种词汇是指在两种语言中有一种词汇，字面意思相同，然而在其中一种语言中，这一词汇具有引申义，而在另一种语言中，却只有本义，没有引申义。例如，我国的词汇"钟"单从"钟表"的含义上来看，在英语中有对等词汇。然而，我国的"钟"还有另外的引申义，而英语中的对等词汇却没有引申义，这一词汇即为半空缺词汇。另外，数字"13"在汉语中即表示数字的本来意思，而其在英语中的对等词汇还有其他引申义，汉语中的数字"18"也是如此，因此也属于半空缺词汇。半空缺词汇在跨文化交流和交际中常引发误解和迷惑，这是由于发出信息的一方以为自己通过词汇的引申义传递了准确的信息，收到信息的一方却只能联想到词汇的本义，易产生误解和沟通障碍。

第五，冲突词汇，是指字面意思相同，然而引申含义却截然相反的词汇。例如，汉语中的"龙"的引申义为吉祥，汉语中还存在着"龙马精神""龙飞凤舞""生龙活虎""飞龙在天""二龙戏珠""龙凤呈祥"等大量与"龙"有关的成语，这些成语的意思也多为褒义。然而，英语中的"dragon"一词则为贬义。除此之外，中国词汇中的"月光"多表示纯洁、纯净之意，我国诗词中存在大量有关月亮和月光的诗词，如《静夜思》《春江花月夜》《月下独酌》《水调歌头·明月几时有》等，而在英语中"月光"一词则多表示虚幻或虚伪之意，含有贬义色彩。冲突词汇往往是引发跨文化交流与交际障碍的主要词汇。

综上所述，词汇是跨文化交流与交际的基本单位，词汇中的全空缺词汇、半空缺词汇和冲突词汇是构成跨文化交流与交际障碍的主要词汇，因此在语言学习中应全方位了解异国语言的各种词汇，尤其是冲突词汇，由此才能避免跨文化交流与交际障碍，提升跨文化适应的能力。

四、语法对跨文化适应能力的影响

语法是语言符号系统的重要组成部分，是将词汇组织成句的重要规则。

不同语言有着自己独特的语法系统，而语法规则的差异也体现了深层文化的差异[1]，影响跨文化交流与交际的效果。因此，在语言学习中应该注重语法，防止因语法而导致的语用失误，从而影响跨文化适应能力。世界上不同国家和不同民族的语言根据不同的标准可以分为不同的语法系统，不同语法系统间的差异在一定程度上反映了不同国家民族思维方式和认知方式的差异。

语法导致的跨文化交流与交际障碍主要体现在三个方面，即"肯定"与"否定"的表达差异、"过去"与"未来"的表达差异以及句式结构的差异。

首先，"肯定"与"否定"的表达差异。"肯定"与"否定"是表达自己意见的最简单也是最直接的方式，然而在跨文化交流与交际中常常给交际双方带来较大困扰。以英语和汉语为例，英语国家的说话习惯是按照事实回答，无论对方的问题是以"肯定"开头还是以"否定"开头，符合事实就回答"Yes"，不符合事实即回答"No"。例如，当中国客人到英国主人家中做客时，英国主人会询问："Did you eat anything yet?"中国客人回答"No"。按照英语思维，这位客人还没有吃饭。英国主人进一步询问："So you did not eat anything?"按照英语思维，如果确实没有吃饭应该回答"No"，而吃了就是"Yes"。而汉语的思维则是根据自己是否同意对方提出的问题来进行回答的。因此，对于英国主人的提问："So you did not eat anything?"中国客人如果从汉语的思维出发，没有吃饭应该回答"Yes"，而吃了就是"No"。意思是"是啊，我确实没有吃饭"或"不，我已经吃过饭了"。这种"肯定"与"否定"的表达差异往往带来跨文化交际中的许多误解。"肯定"与"否定"的表达差异源于两种语言思维方式的差异，常常导致跨文化交流和交际人员陷入文化休克，使跨文化适应能力受到极大影响。

其次，"过去"与"未来"的表达差异。仍以英语和汉语为例，英语语法在表达时间时，是面向"未来"区分时间先后的，认为"过去"在他们的后面，因此用"back"表达"过去"；将来在他们的前面，因此用"forward"指称"未来"。而汉语语法正好相反，是面向"过去"来区分时间先后的，认后"前"表示"过去"，用"后"表示"未来"。如果不明白这一点，则在跨文化交流和交际中极易产生语用失误，导致种种交流和交际障碍。

最后，句式结构的差异。世界上各个国家的语言结构不同，因此在语言表达上形成了种种差异。以英语中的主系表结构为例，主系表结构即主要成分由主语、系动词和表语构成，以对主语的特征、类属及状态和身份等进

---

[1]　于瑶.现代商务英语的跨文化交际与应用[M].长春：吉林大学出版社，2018：75.

行表述。而汉语的句子结构即使缺少主语，意思也十分明确。例如，"下雨了""起风了""活到老学到老"等，以汉语的思维来理解，这些句子不需要加上主语。然而，从英语的语法结构来看，这些句子则是不完整的，应当加上主语。这两种语言句式结构的差异导致跨文化交流和交际人员在学习汉语时，常常会产生冗余。例如，将"他周末学画画"，翻译为"他在周末学习他的画画"或"他学习他的画画在周末"。这种表达虽然总体上并不影响句子意思的表达，然而在一定程度上影响和挑战了跨文化交流和交际人员的语言习惯，由此引发跨文化交流和交际人员一系列不适应的现象。

综上所述，语法在跨文化交流和交际中起着至关重要的作用，而掌握所在国家的语法，对于跨文化沟通的顺利进行，以及跨文化交流和交际人员适应能力的提升有很大帮助。

五、语篇对跨文化适应能力的影响

语篇是由句子组成的语言单位，在一定程度上反映了语言文化中的思维模式。不同民族语言的思维模式不同，语篇的结构也不相同。例如，英语语篇具有直线发展的特点，常常直入主题，开门见山地对观点进行论述，表现出西方文化中的演绎思维。而东方语言则呈现出螺旋形发展的特点，表现了东方文化的归纳思维。汉语的语篇是具体和圆形的，写文章时，常常不直接涉及主题，而从原因、背景讲起，之后再通过由大到小、从整体到局部、由远及近的方式接近主题，在语篇上表现为圆形或聚集式的特点。除了汉语外，日本语言在行文中也常常通过转弯的方法陈述自己的观点。以中西语篇的差异来看，西方语篇中多包含明确的观点、论据及论证过程，在开头提出观点，在正文中提出论据并进行论证，结尾再次重申观点，是一种解决问题式的演绎式思维。然而中国语篇中则将大量笔墨用来分析观点产生的背景、原因，以及分析观点的优点与缺点，最后结束时，文章作者的观点常常仍然是十分模糊的，一般不给出明确答案，因此缺少明确的观点、论据与论证过程。在中国教师看来，这样的语篇结构并没有错误；而在西方教师看来，这样的语篇结构是不合格的。

中西语篇特点并不是绝对的，而是具有一定的相对性的，需要根据语境进行具体分析。例如，西方语篇的总体结构是演绎式和直线式的，然而在实际交流和交际中也存在着大量归纳式思维。例如，当西方人在生活中进行借贷时，也会通过说明情况与原因的方式，打动对方后再提出借贷的需求。而东方人在实际生活中也不乏对演绎思维的运用。因此，无论是对东方还是西方语篇的具体分析，都应根据具体的交际目的、交际对象和交际场合进行具体分析。

综上所述，语篇在跨文化交流与交际中具有重要作用，在一定程度上影响着跨文化双方的交流与交际，掌握所在国家语篇结构，对于提升跨文化交流和交际人员的适应能力有较大帮助。

六、语言风格对跨文化适应能力的影响

语言风格在跨文化适应中也起着重要作用。不同语言文化所表现出来的语言风格也不相同，有的直接，有的委婉，如果在跨文化交流和交际中不了解对方的语言风格，也会产生种种误解和障碍。这里主要对语言风格中的直接与婉转、插嘴与沉默以及传承与创造进行举例分析。

首先，语言风格中的直接与委婉。东方文化崇尚含蓄，表现在语言风格上则为语言表达十分委婉。而西方文化与东方文化相比，更加直接，表现在语言风格上则为说话直截了当。汉语中存在着大量的委婉语，这些委婉语有的可以避免粗俗与忌讳，如用"逝世、长眠、遇难、捐躯、殉国、牺牲"等词语来回避"死亡"这一词语，用"方便、上卫生间、去盥洗室"等指代大小便；有的委婉语可以回避人的生理缺陷，如用"丰满、富态"代替"肥胖"，用"苗条、清秀、骨感美"代替"瘦"；还有的委婉语还可以表示对他人的尊重和追求美化幽默效果，如用"抛砖引玉"指代用自己的观点来引出别人的观点等。在跨文化交际中，了解这种语言风格十分重要。例如，在商务谈判中，如果东方人没有进一步谈判的意向，通常会委婉地告知对方，"让我考虑考虑"，而不直接拒绝对方。在日常交流中也是如此，东方人认为直接拒绝对方，会有损对方的面子。然而西方人通常直截了当、开门见山地表达自己的意见。这两种语言风格在一定程度上会引发交流和交际误会，成为跨文化沟通的障碍之一。例如，一位中国教师赴英国进行短期教学，其在英国学校中的第一次公开课程吸引了多位英国教师听课。一位名叫约翰的英国教师在公开课后，当众指出这位中国教师没有重视学生的年龄分层。这使得这位中国教师感觉十分下不来台，并误以为约翰老师是一位不好相处、吹毛求疵的老师。然而，在之后的相处中他发现，约翰老师为人十分热情，乐于助人，而他这种直截了当的表达方式只是由于其语言文化风格。除此之外，汉语中还含有大量具有言外之意的语言，而这种语言只有在具体的语境

中才能体现出来。

其次，语言风格中的插嘴与沉默。不同民族语言文化中，对于插嘴有着不同的风俗和习惯。在西方国家及中国，普遍认为在对方表达中插话是一件不礼貌的事情，这种行为常常会招致交流对象的白眼。而在拉美国家，插话是话题受欢迎的表现。在这些国家，人们在交谈时，常常是一个人的话语还没有停下来，另一个人就急急忙忙地打断对方，分享自己的观点。相反，在拉美国家如果一个话题没有人打断或插嘴，则会被认为话题十分无趣。除此之外，在中国回答别人的问题前，常常会有一个短暂的停顿，以显示沟通者对话题的重视。在一个话题结束后，美国人常常通过接话茬的方式将对方的意思重新叙述总结，帮对方把一句话讲完，以表示自己在交流和交际中对对方的尊重。而日本人则将接话茬的方式视为不礼貌的行为。除此之外，不同国家以沉默表达不同含义。例如，美国人将交流和交际中出现的沉默视为紧张、尴尬及敌意表现；日本人则认为沉默是一种敬意。又如，希腊人以沉默表示反对和拒绝；埃及人以沉默表示赞成和默许。这种对待沉默的不同语言风格在跨文化交流和交际中会产生较大障碍。历史上曾发生过这样一件事情，埃及飞机在军事管制期间，向希腊发出紧急迫降的请求，而希腊交通协调人员以沉默回答了对方。结果，由于双方的理解不同，埃及人误以为沉默意味着赞同，导致飞机迫降时与希腊方产生冲突，数人死亡。

最后，语言风格中的传承与创造。中国文化十分重视传统，反映在语言风格上即是中国人常常学习前人的语言风格。在阅读文章时常常将书中的好词好句摘抄下来，并在自己的行文与表达中引用这些词句。而中国老师在汉语教学中也常要求学生从模仿和背诵开始，提倡"熟读唐诗三百首，不会作诗也会吟"。因此，中国学生在写作时，常囿于前人的思路、框架和语言风格。此外，还在文章中大量引用名人名言和各种典故、成语等以显示自己的博学。然而，这种写作风格却受到西方国家老师的质疑，甚至一些西方老师还将这种写作风格视为剽窃。这是由于西方语言学习中，崇尚对所阅读和学习的文章进行批判性阅读，并注重独创性、新颖性和个人主义，鼓励学生在写作中勇敢地表达自己的观点。因此，当两种不同的语言风格进行交流和碰撞时便会产生一定的误解，从而引发跨文化交流或交际障碍。

综上所述，语言符号在跨文化交流与交际中起着至关重要的作用，跨文化人员的语言能力是跨文化适应能力的重要组成部分，在跨文化适应中具有举足轻重的地位。

第三节　非语言符号系统对跨文化适应能力的影响

非语言符号系统在跨文化交流和交际中起着不亚于语言符号系统的重要作用。

一、非语言交际的概念与特点

非语言交际包括除了言语以外的一切传递信息的方式。非语言交际并不是一朝一夕形成的，而是历史和文化长期积淀而成的社会某一种共同的习惯[①]，其在世界范围内具有一定的普遍性。非语言交际大多存在于面对面的交流与交际中。

国内外学者对于非语言交际十分重视，并对语言交际和非语言交际之间的联系与区别进行了详细分析。例如，我国学者胡文仲就曾指出非语言交际与语言交际的区别主要有三个方面：第一个方面，语言交际多遵循严格的语法规则，具有严谨的结构，非语言交际没有固定的结构和正式规则；第二个方面，语言交际的交际符号是固定的，而非语言交际并没有明确的交际符号；第三个方面，语言交际中的语言为后天习得，而非语言交际中的部分为后天习得，部分为先天本能。[②] 本书在此基础上将非语言交际的特点总结为信息模糊性、复杂性、短暂性、易逝性和非连续性以及无意识等特点。

首先，非语言交际具有信息模糊性的特点。语言作为交流与交际的工具的最重要的特点之一即在于语言表达的准确性，每一个单词都对应着一个具体的意思，尽管在一些民族或国家的语言中存在一词多义的现象，但是结合具体的语境也能准确理解其中的含义。在跨文化交流与交际中，当人们遇到不认识的单词后，还可以通过词典来了解这一词语的具体含义，以及在哪些场合下使用。然而非语言行为所传递的信息则具有较强的模糊性。例如，同样是微笑，既可以表达愉快和开心，也可以表达友好，还可以表示一种尴尬的心情及无可奈何、悲伤、生气、遗憾等种种情绪。另外，哭泣也可以表达

---

① 杨加印，张利满.中华文化与跨文化交际[M].长春：东北师范大学出版社，2015：146.

② 杨加印，张利满.中华文化与跨文化交际[M].长春：东北师范大学出版社，2015：147.

伤心、沮丧、悔恨、委屈，甚至开心、释怀等种种情绪。因此，失去了语言的辅助后，仅凭动作和行为难以准确传达信息。除此之外，不同国家或民族文化背景下，非语言动作和行为等还具有不同的含义。例如，用手向后抹平头发在生活中是一个常见的动作，许多人以这种方式缓解内心的紧张，而在沙特阿拉伯这一动作则包含有"喜爱"的含义。

其次，非语言交际具有复杂性的特点。在语言交流中，人们单纯使用一种语言就可以完全将信息传递清楚。非语言交际中，由于信息的模糊性，人们常常很难通过一种或一类动作传达信息，而在非语言表达中也缺少类似于词典一样的非语言解释工具。因此，在交流与交际中，非语言信息的传递与解答往往更加复杂。人们常常通过传递和接触一系列非语言信息来对信息进行传递和解读。仍以"微笑"举例，在微笑时，频频点头，手舞足蹈，则表示开心、愉悦的情绪；在微笑的同时，频频摇头、叹气，则表达无可奈何或遗憾的情绪；在微笑时，频频摆手拒绝，则大多表示尴尬的情绪。信息接收者通过对交际对象的面部表情、着装、情绪等的观察，对信息进行综合判断。从这一角度来看，大量非语言交际中的信息传递和接收均具有复杂性的特点。

再次，非语言交际信息具有短暂性、易逝性和非连续性的特点。在交流与交际中，面对面的沟通所传递的信息相比于电话沟通、邮件沟通、新媒体即时通信工具沟通等更加准确。这是由于在面对面的沟通过程中，人们可以通过细致入微的观察，及时注意到非语言信息。然而，在具体的交际情境中，这种非语言信息的传达具有短暂性和易逝性，如果不熟悉身体语言，不进行细致观察，则极有可能忽视这种信息。例如，当三个人一起交流时，其中一人发出的非语言信息极有可能被其中一人接收，而被另外一人忽略，而被忽略的信息可能是重要信息。例如，在商务谈判时，一方商务代表虽然嘴里说着谦虚的话语，却将双手手指并笼放在胸前的前上方呈尖塔状，那么其手势所传递出来的隐含信息是，这一商务代表实际上十分自信。如果商务谈判对象没有注意到这一点，那么很可能做出低估商务对手的错误判断。又如，在面对面交流和交际中，如果甲频频盯着乙看，然而乙的目光与甲接触仅为偶然，那么乙很可能忽略甲通过眼神传递出来的信息。语言交际通常具有连续性的特点，在开始讲话时则意味着交际行为的开始，而当话语告一段落时，则意味着交际行为的结束。然而，非语言交际具有非连续性的特点，当一个人走来时，他的衣着、表情及举止均在传递着信息。

最后，非语言交际具有无意识的特点。语言交际中，由于语言传达信息的准确性，人们常常有意识地表达自认为恰当的信息，而自觉规避自认为不恰当或不必要的信息。然而，非语言交际却大多为自发的、无意识的，常常在不经意间传递信息。例如，一个人的衣着、表情、动作等均在其无意识的情况下传递着一个人的品位、审美、经济状况、年龄、喜好等信息。另外，非语言信息的传递与接收常常与民族文化背景相关。例如，在中国，老年人习惯在聊天中靠近对方、拍打对方的手臂表示亲切；然而，这一动作在英美等西方国家则被视为对于个人私人空间的侵犯。

除以上几点外，非语言交际的手段有的是先天本能，有的是后天习得的。语言交际主要靠后天习得，而非语言交际中的表情、动作、手势等多为后天形成，哭、笑等则多为先天本能。

二、非语言符号在交流与交际中的功能与作用

从以上非语言交际的特点中可以看出，脱离语言，单纯使用非语言进行交际往往难以达到交际目的。因此，在交际行为中，非语言交际常常作为语言交际的补充，在交流与交际中起着辅助作用。非语言交际在交际中的作用主要有对言语信息的重复与肯定、否定，表达言语信息无法表达出来的言外之意，补充、强调、调控言语信息。

首先，非语言符号信息具有重复的作用。人们在使用语言工具进行交流与交际时，有时会感觉语言无法准确地描述事物，这时非语言信息即可对语言信息进行重复或进一步解释和说明。例如，当表示赞同某一观点时，人们一般除了用"同意""是的""没错"等语言表示赞同外，还常常通过点头的动作表示肯定。而不赞同时，一般则会以摇头重复表达否定的意向。此外，当人们对某一种事物进行说明时，还会以手指着这种事物的具体部位或方向以传递相同的信息。

其次，非语言符号信息可传递与语言信息不相同或不相符的信息。所谓"口是心非""言不由衷"，即指语言所表达的信息不能代表说话者的真实意图。在交流与交际中，人们常常由于某种特殊的考虑而使其语言信息所传达的意思不一定真实或准确。因此，人们可以通过观察交际对象非语言符号而得出准确信息。例如，当甲笑着告诉乙说，我要告诉你一个坏消息，那么乙通过甲微笑这一动作即可判断出甲在开玩笑，其所说的信息一定是好消息而非坏消息。相反，如果甲表情严肃地告诉乙，我要告诉你一个坏消息，那么很可能甲所说的真的是一个坏消息。

再次，非语言符号信息还可在一定情况下代替语言，表达丰富的情绪和情感。例如，交通警察在指挥交通时，使用信号灯和手势传达准确的指示和指令。另外，有时感动时，一个拥抱即可传达千言万语所不能表示的信息。

最后，非语言符号信息还可对信息进行补充、强调或调控。非语言信息可以起到对语言信息进行描述和修饰的作用。例如，拒绝对方时，人们通常除了明确地说出表示拒绝的话语外，还会通过摇头、摆手、微微鞠躬等对表示拒绝的信息进行补充和强调。又如，人们在观看体育比赛时，除高喊加油外，通常还会通过握紧拳头、振臂高呼来对运动员进行鼓励。除此之外，非语言行为还可以在特殊的场景中对环境进行整体调控。例如，指挥家通过动作与表情对乐队进行指挥。演讲人在演讲中使用手势、眼神等暗示别人不要打断自己的讲话等。

总而言之，非语言符号在交流与交际中对准确解读信息起着重要作用，是交流和交际中必不可少的重要手段。

三、非语言交际的类型

非语言交际的范围十分广泛，中外学者从不同角度对非语言交际进行了划分。例如，学者鲁希和基斯是最早对非语言交际进行分类的，将非语言交际分成了手势语、动作语、客体语三大类型。此后，纳普在这一基础上进一步将非语言交际细分为身势动作和体语动作、身体特征、体触、副语言、近体距离、化妆用品、环境因素七大类。[①] 我国学者对于非语言交际的划分呈现出多样化的特点。本书赞同陈静、高文梅、陈昕在《跨文化交际与翻译》中的观点，将非语言交际分为体态语、副语言、客体语和环境语等四种类型。

首先，体态语。体态语又称为身势语，是由美国心理学家最先提出来的，是以身势、面部表情、眼部动作、手部动作、体触等为特点。[②]

第一，身势，是指人的身体所呈现出来的状态和样子，包括行走坐卧等多种姿势。身势可以表达多重信息，既可以体现一个人的社会地位、个性修养、性格特点，也可以体现一个人的职业情况，以及健康和精神状态。例如，一个人步履轻盈则说明其心情愉悦，相反，如果步履沉重则表示其心情

---

① 陈静，高文梅，陈昕.跨文化交际与翻译[M].成都：电子科技大学出版社，2017：38.
② 杨加印，张利满.中华文化与跨文化交际[M].长春：东北师范大学出版社，2015：141.

压抑、沉重。又如，正襟危坐表示严肃拘谨，而闲散斜依则表示自由、无拘无束。除此之外，身势语还可以表示深层次的文化内涵。例如，日本社会以鞠躬作为日常问候的方式，而鞠躬的先后、角度则体现出人们的社会地位。又如，中国文化中认为"站如松，坐如钟"是一种良好的礼仪教养的体现；而美国文化则崇尚自由，在交谈时，不必时时正襟危坐，选择自己喜欢的姿势即可。在跨文化交流与交际中，如果身势语言使用不当，则易引发社交误会。例如，中国文化中常常用吐舌头表示尴尬或惊讶，而美国文化中，吐舌头是一种十分不礼貌的做法，表示对对方的蔑视。因此，在跨文化交流与交际中，应尽可能了解异国文化中身势的含义，以避免交流和交际障碍。

第二，面部表情。人类的面部表情十分丰富，据有关数据统计，人类有25万种面部表情，以笑为例，人类可以做出微笑、大笑、嘲笑、冷笑、狂笑、傻笑、哈哈大笑、嗤笑、暗笑、痴笑、嬉皮笑脸、皮笑肉不笑等多种笑的表情，这些表情所表达的情绪十分丰富。然而，在不同文化中，面部表情的表现程度也不相同。有的民族文化比较外露，这些国家的人们不擅于控制自己的情绪表达，因此面部表情较为夸张，如南美和南欧国家等；而有的国家的文化崇尚含蓄，这些国家的人们擅于控制自己的情绪，因此面部表情则较为细微和隐晦，如中国、日本等亚洲国家。在跨文化交流与交际中应注意仔细观察面部表情，结合语言信息来做出正确判断。

第三，眼部动作。俗话说，眼睛是心灵的窗户。眼睛是传达情绪和情感的重要窗口，通过眼部的动作、眼神的转换、目光的接触，交际双方可以达到信息传递和交换的目的。例如，中国文化中常使用"脉脉含情"来形容恋人之间充满爱意的眼神。不同的眼神具有不同的含义，如温柔的眼神可以使人感到温暖，犀利的眼神则引发人们的警惕和敬畏，轻蔑的眼神表达傲慢，呆滞的眼神则反映身体的疲惫等。除了眼神之外，不同的眼部动作也反映出不同的情绪。例如，眼睛向上看，表示思考或傲慢；眼睛向下看，则表示温顺或不服；眼睛斜着看人，则表示蔑视。除此之外，眼部动作还可反映深层次的民族文化。例如，在中国文化中，认为直视对方的眼睛是不礼貌或暗含威胁的行为。交谈时，双方一般避免目光接触，一旦与对方目光接触，则立刻回避。而欧美国家的人们习惯在交谈时直视对方的眼睛，如果不与对方进行目光交流，则会被认为轻视、欺骗或恐惧对方。受西方文化的影响，现在中国人在交谈时，也逐渐开始直视对方的眼睛，以示真诚、专注。因此，在跨文化交流与交际中应注意因眼部动作而引发的交际误解。

第四，手部动作。手部动作在非语言交际中起着十分重要的作用，常常能够表达细腻、核心的情绪和情感。生活中约定俗成的手部动作十分丰富多彩，可以用于表达赞同、否定、计数、方向指挥、位置指引、物体描述等多种含义。除此之外，在不同民族文化中，手部动作常常包含许多独特的含义。例如，英美国家常用手心向上、食指连续向内弯曲表示召唤别人的意思，而这一动作在中国则含有蔑视之意，常常引发人们的反感。又如，英美等国家常以大拇指与食指连接成圆，另外三指竖立的 OK 的手势表达赞同和称赞的含义，而这一动作在中国常表示数字 0 或 3，在法国则表示 0 或没有的意思，在日本和韩国等地则表示金钱的意思，在突尼斯则常含有傻瓜之意。因此，在跨文化交流与交际中应注意规避含有歧义的手部动作。

第五，体触，即握手、拥抱等身体接触。体触是非语言交流与交际中最重要的沟通途径之一，也是在跨文化交流与交际中最易出现误解的交流方式之一。不同国家文化中，体触的方式和含义各不相同。爱德华·霍尔根据不同文化是否鼓励身体接触而将其划分为接触文化与非接触文化。[①] 根据霍尔的研究，包括阿拉伯、南美、地中海等地区在内的热带地区，一般较崇尚接触文化，人们见面时的问候方式多为拥抱、亲吻等。而气候比较寒冷的国家，如中国、日本、韩国、美国、加拿大等地区则为非接触文化。[②] 这些国家的人们见面时的问候方式多为握手或拥抱。从接触的频繁程度上来看，中国人的体触较为频繁，而英美国家的人体触相对较少。除此之外，一些国家女性之间的交流和交际距离与男性之间的交流和交际距离有较大区别。例如，中国女性之间的交际距离一般较男性之间的交际距离更近。在非语言交流和交际中，体触是较易引发跨文化障碍的重要方面。因此，在跨文化交流与交际中，学习和了解不同民族的文化，尤其是所在国家的体触文化，有利于跨文化适应能力的提高。

其次，副语言。所谓副语言，又称为类语言或伴随语言。广义的副语言包括非语言特征的音高、体态动作、服饰、交际情景等；而狭义的副语言只限于无语义的声音，特别是沉默。[③]

第一，停顿或沉默。停顿，即为句子与句子之间的停顿。停顿和沉默在交流和交际中常能产生"此时无声胜有声"的作用，巧妙地表达意见，传递信息。停顿与沉默既可以表达赞同，也可以表达反对，还可以表达反抗或顺从。在不同的文化中，停顿和沉默的具体含义也有着较大区别。中国或日本

① 陈静，高文梅，陈昕. 跨文化交际与翻译 [M]. 成都：电子科技大学出版社，2017：63.

② 彭凯平，王伊兰. 跨文化沟通心理学 [M]. 北京：北京师范大学出版社，2009：222.

③ 杨加印，张利满. 中华文化与跨文化交际 [M]. 长春：东北师范大学出版社，2015：151.

等中国在沟通中常用停顿和沉默来表达信息，信息的具体含义则需结合具体的语境进行分析。而英、美等西方国家则不喜欢以沉默来反馈信息，通常直截了当地表达出自己的意见。当英美等西方国家的人遇到以沉默作为反馈的情况时，常常感到受侵犯或不被尊重。

第二，声音修饰。声音是修饰语言的重要工具，同一句话用不同的语速、语调说出来后表达的意思和效果也不相同。例如，"他回来了"这句话如果使用降调则表示陈述事实，如果使用升调则表示疑问或质疑。除此之外，声音还可传递出讲话者健康与否、情绪如何、是否自信等多重信息。

第三，话轮转换。所谓话轮转换，多指话轮结束、维持、请求、返回时的一种有声的反馈方式。交流是一个双向的互动过程，如果只有一方发出信息，另一方不接受也不反馈信息，那么交流是无法持续进行的。只有双方不停地发出信息并反馈信息，交流才能持续。此外，在交流中，说话者与听话者之间的角色是相互转换的，只有这样才能确保交流的有效性。一般来说，在交流中，说话者在说话过程中会不停地观察听话者的反应，而听话者也在倾听说话者话语时不时做出反馈。说话者在结束说话时，一般会通过声调、音长、语速的变化暗示听话者；当说话者迟迟不结束信息传递时，听话者则常以某种提示打断说话者的发言；当说话者不愿被打断谈话时，常以加快语速等方式来进行暗示。因此，话轮转换中可以传达出丰富的信息，这一点也是值得跨文化交流与交际者注意的。

第四，非语言声音。除了以上三种副语言形式外，在交流中，还可以通过发出一些声音来传递丰富的信息。例如，咳嗽、清嗓子、发出叹息、嘶嘶声等。这些声音结合具体语境，能够在交流与沟通中传递出丰富多彩的信息。例如，在别人讲话时发出嘘声，表示对讲话内容的不赞同和对讲话人的否定与鄙视；在别人讲话时故意发出咳嗽或清嗓子的声音，则表示故意打断对方的讲话；在别人讲话时发出"哇"的声音，则表示赞叹或愉悦的心情。

综上所述，在跨文化交流与交际中，综合学习和运用副语言有利于跨文化适应能力的提高。

再次，客体语。所谓客体语是指非语言交际中，信息的传递者与讲话者之间没有直接关系，讲话者根据信息传递者的具体表现，运用生活和文化常识推理和联想来获取的信息。[①]

第一，皮肤颜色与体貌特征。皮肤和体貌是自然环境造就的，受居住环

---

① 陈静，高文梅，陈昕.跨文化交际与翻译[M].成都：电子科技大学出版社，2017：44.

境不同的地形和气候的影响，世界上的人类形成了不同的种族。由于人们的生活习惯不同，同一种族之间的皮肤颜色和体貌特征也存在着一定的差异。例如，男性如果身体健壮、肤色黝黑，则会向人们传递其热爱户外运动、身体健康等信息。相反，如果一位男性身体瘦弱、皮肤偏白，稍微运动就会大汗淋漓，则会向人们传递其不喜欢户外运动、较少进行身体锻炼等信息。皮肤颜色与体貌特征，除与地理环境及个人兴趣偏向有关外，还与所在民族或国家的文化有着直接关系。例如，东方人普遍以皮肤白皙为美，因此夏日街头人们常戴帽子或打遮阳伞出门。即便是去度假，也会涂抹防晒霜防止晒黑，同时避免太阳直晒的行为。然而，英美等西方国家的人们则普遍认为健康的肤色为经常沐浴阳光的小麦色。

第二，服饰。服饰是展示一个人社会地位、等级、职业、个人修养和喜好等的重要方式。同时，服饰能够反映社会经济、政治等情况，还能够反映社会审美文化等。服饰在非语言符号系统中具有十分重要的作用。除此之外，服饰也与国家或民族的文化有关。例如，一些国家的人们喜欢穿着睡衣出门，而另一些国家的人则会认为这种行为是极其不礼貌、不尊重人的。又如，不同民族的民族服饰各不相同。另外，一些国家要求人们在工作场合穿职业装或工装，如果着装过于休闲则会被认为缺乏职业精神。此外，在饰品方面，西方国家大多以是否戴婚戒来表示婚姻状况。当前，一些中国的人们也开始流行佩戴婚戒，以此传递已婚信息。

第三，妆容和发型。妆容和发型也是人们传递个人喜好、兴趣、倾向、职业、年龄、社会地位等信息的重要途径。妆容与民族或国家的文化有关。大多数国家中的女性，在正式或职业场合多化淡妆以示尊重和重视。又如，世界各地的婚俗中的新娘和新郎的妆容与发型极具特色。例如，中国传统婚礼中，女性结婚时需绾起头发以示迈进新的人生阶段；而西方婚礼中，对女性的发型却没有硬性要求。

综上所述，客体语能够借助个人的所有物品，在不经意间展现个体的种族、血统、社会地位、等级、职业、个人修养和喜好等各种信息。在跨文化交流与交际中，如果不注意观察客体信息，则可能遗漏重要信息，产生跨文化交流与交际障碍。

最后，环境语。环境语包括空间语言、时间语言、颜色，以及建筑设计与装帧等。

第一，空间语言。爱德华·霍尔在其著作《无声的语言》中指出："空间会说话。"霍尔指出，生物利用空间进行交流。例如，从人际距离可以传达出交际双方的关系是否亲密，并且显示社会地位。一般来说，恋人、朋友等亲密的人之间的交际距离与陌生人有较大区别，上下级之间与同级之间的交际距离也不相同。交际距离可以显示人与人之间的关系，空间环境可以改变交际距离，影响交际。例如，公共空间，火车、汽车、飞机，以及餐馆、电影院等均可以影响人们的情绪和人与人之间的交际距离，从而改变交际效果。此外，私密空间也是影响交流与交际的重要因素。交际双方的空间距离远近可以反映其所交谈内容的私密程度。例如，当交际双方距离非常近，交际声音非常小，为仅限于交际双方的耳语时，交际双方所交谈的内容大多为私密程度较强的内容；当交际双方距离适中，交际声音较大时，双方所交谈的内容大多为日常内容或工作事宜等；当交际双方的距离较远，说话者在一个空间内大声说话，传递信息，那么这种交流与交际多为公开演讲。空间语言与各国的隐私文化、空间文化等有着密切关系。例如，英美等西方国家十分重视隐私，因此其私人空间较大，人们也十分看重私人空间和私人领域。而中国等中国强调集体主义，因此所需求的隐私空间相对较小。除此之外，用餐的方式和餐桌上的距离也可传达空间语言。例如，英美等西方国家的人在用餐时多选择长条桌，采用分餐制，并习惯与桌子对面的人交谈。而中国的餐桌则以圆桌或正方形餐桌为主，拉近人与人之间的距离，餐桌上的位置不同，也传达出不一样的信息。

第二，时间语言。时间语言即人们对于时间的运用以及对待时间的态度所传达出的各种信息。时间语言又可细分为正式时间和非正式时间。正式时间多指人类划分出的不同的时间单位。正式时间的划分往往可以反映一个民族的深层文化。例如，中国古代采用农历计时，在数千年的农业文明史上，人们通过对自然界的观察制定了适合农作物耕种、生长与收获的农历，其中最典型的即为制定了二十四节气，并围绕二十四节气制定了节日，确定一个时期内人类的活动。因此，通过农历这种时间语言，即可反映和传达中国丰富多彩的民俗文化。非正式时间是相对于正式时间来说的，多指一小段碎片时间。而人们对于碎片时间的态度以及如何利用碎片时间也会传达不同的信息。

第三，颜色。颜色是一种特殊的交际语言，在一定程度上影响着人们的交际心理。颜色不同所传递的信息也有着较大区别。例如，如果一个建筑空间内，墙壁多为绿色或米白色，那么这个建筑很可能是医院或学校。如果一个建筑空间内，墙壁被涂成五颜六色，那么这一建筑空间多与儿童有关。不同场合，人们对待颜色的偏好或习惯也不相同。例如，在庄重或严肃的场合，人们习惯穿深色衣服；而在婚礼等喜庆的场合，人们喜欢穿浅色或红色的服装。此外，颜色还可以反映出深层次的民族文化。例如，西方婚礼多以白色为主，白色在西方象征纯洁和高雅。而中国传统婚礼则以红色为主，并形成了内涵丰富的红色文化。

除此之外，建筑设计与装帧也属于环境语。不同的建筑所传达出来的文化含义也不相同。例如，中国传统建筑为四合院，体现了中国人崇尚和谐、家庭团圆的文化价值观。而西方人的房屋之间的距离较大，体现出西方人重视隐私的文化。除此之外，不同的建筑装饰、家具等也会传达出建筑主人的喜好、兴趣、价值观等。

综上所述，环境语是一种特殊的非语言符号，环境语与客体语既有相似之处，也有不同之处，其相似之处在于环境语和客体语一样借助客体呈现信息，其不同之处是环境语与个人的联系不似客体语一样紧密。

四、非语言符号系统与跨文化适应能力

人类交流与交际活动并非仅仅依靠语言来传播，而是通过声音、气味、色彩等进行立体式的交流与交际。非语言符号与语言符号一样可以在跨文化交际中传递信息，然而非语言符号多具有民族文化的深层含义，因此也带有相应的文化痕迹。一种文化中的高雅举止或行为在另一种文化中可能被视为粗俗或侮辱的举止或行为。因此，非语言符号在跨文化交际中也可能引发交际障碍或文化冲突。不同民族和国家之间的非语言符号在交际中的差异主要可以分为三种类型：非语言符号在两种不同文化中动作不同，但表达的含义相同；非语言符号在两种不同文化中的动作相同，但表达的含义不同，或者其中一种语言的符号可以表达多种含义；非语言符号只在一种文化中有特定含义，在另一种文化中没有含义。无论是哪一种类型，均会阻碍交际活动的顺利进行。

非语言符号可以反映出语言表达之外的种种信息，在跨文化交流与交际中，可以通过非语言符号了解交际对象的行为习惯和方式，了解其愉悦、厌恶、尴尬等种种情绪以避免文化冲突与摩擦，提升跨文化适应能力。具体来说，重视非语言符号的作用可以从以下几个方面着手。

首先，在跨文化交际中正视非语言符号存在差异的客观性。在交际行为中，应以寻找文化中的共性为主，尊重文化的差异性，对不同民族文化的非语言符号保持尊重，本着求同存异的态度对待不同民族文化，不以自己的价

值观和思维方式衡量其他文化的规范和行为。

其次，在跨文化交际中，旅居者应参照母国文化，详细了解自身非语言交际的特点，了解自身的非语言交际风格，对照这些非语言符号在东道国中的含义，审视自己的非语言交际行为，并注意在使用非语言表达时，避免使用引发文化冲突的非语言符号。

再次，在跨文化交际中，当对方做出不符合本民族非语言交际动作或行为时，不应立刻视之为挑衅行为，而应该站在对方的文化背景中理解这些行为，体会交际者的真正意图。例如，竖起大拇指这一手势在不同国家的含义不同，在中国和英美文化中表示友好与赞赏，而在伊朗、伊拉克等国家，这一动作则带有强烈的贬义色彩。如果不了解该动作在不同文化中的不同含义，则极易引发文化冲突，从而对相关人员的跨文化适应造成障碍。一位英国商人在与伊朗商务合作伙伴达成协议并签订合同后，为了表示对合作伙伴的赞赏，向伊朗合作伙伴竖起了大拇指。结果，前一刻还谈笑风生的合作伙伴，立刻满脸厌恶地离开了房间，只留下不知所措的英国商人。后来，这位英国商人回忆道："我一生中从来还没有这样窘迫过。我感觉像个孩子在喊出什么粗俗的咒语，而一点儿不知其含义，但关系却因此被破坏了。并不是因为我知道那个手势在他们文化中的含义，而是因为我一无所知，我一直在怀疑我究竟做错了什么。"从这个例子可以看出，在跨文化交际中应重视非语言符号在不同文化中的含义，否则极易引发误会，导致冲突，并在一定程度上影响跨文化适应。

最后，尽管非语言交际十分重要，我们仍然需要认识到非语言交际只是语言交际的辅助手段，不能代替语言交际。

综上所述，在跨文化交际中，既不能完全忽略非语言交际，也不能一味夸大非语言交际的作用。在跨文化交际过程中，尤其是面对面交流的过程中，应该认真倾听对方的语言，并及时做出反馈。

第五章 驻外商务人士的跨文化适应能力与提升策略

第一节 驻外商务人士跨文化适应的影响因素

经济全球化为企业在全球范围内寻求资源的优化配置提供了条件，企业作为经济全球化的主体，纷纷在经济全球化的推动下走上了跨国经营的道路。随着经济全球化的快速发展，企业所在国外派人员到东道国开展商务活动越来越频繁。商务人士成为跨文化旅居者中的重要群体。近年来，商务人士的跨文化适应能力受到越来越多学者的关注。

一、驻外商务人士的跨文化适应能力研究的背景与意义

自 20 世纪四五十年代以来，随着经济全球化的迅速发展，不同国家和地区之间的商务交流越来越频繁，国际商务活动得到了空前发展。尤其是随着世界贸易组织（WTO）的成立、欧盟市场的形成以及世界各区域市场同盟的出现，经济全球化的发展进程不断加快，推动了全球范围内的贸易和投资流动。据世界贸易组织公布的数据，进入 21 世纪以来，世界各项贸易总额均呈现出持续发展的态势，全球对外投资规模呈现持续增长态势。随着世界贸易的发展及世界对外投资规模的增长，外派商务需求越来越大，驻外商务群体的规模也越来越庞大。驻外商务人士通常是跨国公司总部从母国或第三国选聘员工并派到海外子公司的特定时间段任职的高级管理人员或专业技术人员。

　　中国改革开放 40 多年来，大力发展对外贸易，使对外贸易成为提高我国综合国力、加快经济发展、推动现代化建设的重要途径。尤其是自 2001 年 11 月加入世界贸易组织后，我国全面融入世界经济全球化的浪潮中，国际商务活动规模日益扩大。2013 年，中国成为世界第一大货物贸易大国，截至 2019 年年底，中国已连续 10 年保持全球货物贸易第一大出口国和第二大进口国的地位。与此同时，我国不断扩大引进外资规模，增加对外投资。2016 年，中国派往境外的务工人员为 49.4 万。世界银行发布的《全球移民和汇款概括》报告中的数据显示，2017 年全球的海外务工人数约为 2.66 亿。在这一背景下，中国企业积极投身国际市场，不断拓展对外贸易，发展跨国经营，开展国际商务活动，不断提高国际化程度。

　　国际商务活动是不同文化背景的交易主体在国际贸易和投资过程中所进行的跨国经营活动。一方面，企业要与世界各个国家的伙伴展开全面合作，在世界范围内开辟产品市场、建立产品工厂、组织生产和装配、进行销售，以谋求更大的成本效益。另一方面，在国际商务活动中，企业不得不面对巨大的文化差异所形成的障碍，而在企业国际化经营中，文化差异是导致国际化经营失败的最主要原因。国际商务贸易中，企业并购中存在"七七定律"，即 70% 的并购活动没有实现预期的商业价值，而其中 70% 的商业并购失败源于并购后的文化融合。根据 2011 年中国国际贸易促进委员会发布的《中国企业对外投资现状及意向调查报告（2008—2010）》，44% 的企业对外投资失败源于文化差异。

　　驻外商务人士是国际商务活动中受文化差异冲击最大的群体，也是国际商务活动成败的关键所在。对于跨国公司来说，驻外商务人士的表现不仅关系到跨国公司在东道国的形象，在东道国分公司业务的开展，还关系到企业全球战略的实施。驻外商务人士需要短期或长期在一个不同于自己成长的民族文化中生活和工作，因此个体通常面临着较为独特的跨文化适应问题。他们面临着在短期内熟悉全新的工作需求和陌生的岗位职责，学习新的文化规则，在复杂而陌生的异域环境中开展工作，打破数十年的文化习惯，适应全新的文化，以及远离故土和家人等种种挑战。因此，驻外商务人士的跨文化适应问题十分严峻。

　　近年来，国际商务活动中频频发生驻外商务人士无法在东道国开展工作或因工作没有达到预期目标而不得不提前返回母国的情况，为跨国公司带来巨大损失。根据有关数据表明，美国跨国公司外派人员失败率为 16% ～ 40%，欧洲和日本跨国公司外派失败率为 5% ～ 15%。具体到驻外商务岗位，10%～20% 的美国外派经理会因为跨文化不适而提前离开岗位；近 1/3 完成任期的外派员工的工作无法达到公司的预期目标。[①] 对于跨国公司来说，培养并支持驻外商务人士在海外开展工作的成本较高，而一旦驻外商务人士因为种种原因陷入文化休克，无法在短时间内适应海外工作环境，及时开展工作，将导致跨国公司的形象和声誉受损，优秀的商务人才流失，并带来一系列的负面影响。有关数据研究表明，一次失败的外派工作可能给公司带来的直接经济损失为 20 万～120 万美元；可能会产生的间接损失包括损害潜在顾客、破坏与供应商关系、影响与东道国政府关系、生产力降低、丧失商业机会或者对其他员工产生误导和负面示范效应等。[②] 除此之外，驻外商务人士适应不良还会对员工个人的自尊心和自信心造成较大创伤和影响，导致员工职业生涯受损。驻外商务人士面临的严峻的跨文化适应问题是一个全球问题，直接影响着企业国际商务活动的开展，应当引起学者的重视。

二、驻外商务人士在跨文化交流与交际中存在的适应问题

驻外商务人士在跨文化交流与交际中存在的适应问题可归结为三个方面：驻外商务人士的稳定性差；驻外商务人士与东道国员工之间的交流与合作困难；家庭适应不良。

首先，驻外商务人士的稳定性差。跨国商务交流与交际中，驻外商务人士大多因工种、岗位、目的等不同，需要驻留国外的时间不同。驻外商务人士大多有着明确的目的，到国外解决某种特定问题。因此，有的驻外商务人士的工作地点常随着公司业务的发展而变换，导致驻外商务人士的工作和心理存在极大的不稳定性，常常刚刚熟悉某地的文化，并初步建立起关系结构，又需重新进行文化适应，导致驻外商务人士因缺乏安全性和稳定性而离职。另外，驻外商务人士往往承担着繁重的工作，在国外工作时，长期过着办公室与宿舍两点一线的枯燥生活，缺乏生活乐趣，无法释放压力，导致压力过大而离职。一些驻外商务人士还因个人家庭原因或无法快速融入东道国的生活与工作中，心理落差大，而离职或回国。此外，还有一些驻外商务人

[①] 王菲.跨国企业跨文化管理的影响因素及对策研究——以深圳华为公司为例 [D].成都：西南财经大学，2010：20.

[②] 王菲.跨国企业跨文化管理的影响因素及对策研究——以深圳华为公司为例 [D].成都：西南财经大学，2010：21.

士则因为驻外时间到期，而国内没有合适岗位，或个人职业规划与公司职业规划安排不相符而离职。

其次，驻外商务人士与东道国员工之间的交流与合作困难。驻外商务人士与东道国员工的交流与合作困难主要表现在两个方面。一方面，双方交流与交际存在一定障碍与冲突。驻外商务人士多为高级管理者和高级技术人员，在其管理和领导东道国员工时，常因价值观和思维方式不同而与东道国员工产生矛盾与冲突，导致双方无法正常交流与合作。另一方面，驻外商务人士所在公司员工之间的合作方式较为单一，导致驻外商务人士与东道国员工之间缺少交流与合作，或仅限于分工合作，不利于双方的了解与沟通。这种合作方式不利于驻外商务人士快速适应东道国的文化。

最后，驻外商务人士适应困难还表现在家庭适应不良。驻外商务人士家庭适应不良主要表现在配偶和子女适应不良方面。短期驻外商务人士大多需与配偶和子女短期分离，这种情况驻外商务人士的配偶与子女多能接受。长期驻外商务人士要么选择与配偶和子女长期分离，要么带配偶与子女一起出国。然而，如果配偶与子女缺乏东道国语言方面的应有技能，无法融入东道国生活，那么将过分依赖驻外商务人士。此外，如果配偶无法在东道国找到合适的工作，那么将不得不当家庭主妇，可能导致配偶在生活与工作双方面受挫。如果驻外商务人士携带正处于求学阶段的子女到国外共同生活，则可能因子女缺乏相应的语言技能，以及儿童的医疗健康护理质量参差不齐等影响驻外商务人士的家庭适应。

综上所述，驻外商务人士的适应不良有多种类型，无论是哪一种适应不良均会带来较为严重的后果。

三、影响驻外商务人士跨文化适应的主要因素

影响驻外商务人士跨文化适应的主要因素大体可分为两大类型，一种类型是外部因素，另一种类型是内部因素。

（一）影响驻外商务人士跨文化适应的外部因素

影响驻外商务人士跨文化适应的外部因素还可细分为生活变化、外派时间、组织支持、文化距离、歧视与偏见等主要因素。

第一，生活变化。生活变化主要指驻外商务人士的个人生活由于驻外工作而带来巨大变化。生活变化首先反映在个人的工作角色转换、工作时间变

长、工作强度增大等方面。驻外商务人士在执行海外任务时，大多需要适应一个全新的角色，通常承担着较以往工作职责更重的工作，需要更直接地面对客户，承担更大的责任。另外，驻外商务工作大多十分繁忙，任务繁重，需要将更多的精力和时间投入到工作中，工作强度较大。与此同时，驻外商务人士往往还需要面对新的工作考核方式，因此需承受较大的工作压力和考核压力。生活变化还反映在家庭方面。驻外商务人士大多为高级管理人员、高级营销人员和高级技术人员，这些职位常需要多年的积累和努力，因此驻外商务人士的绝大部分年龄在 30 ～ 50 岁之间，大多有家庭和子女。[①] 驻外商务人士因需要在国外工作数年甚至数十年时间，对其家庭所造成的影响较大。从家庭角度分析，驻外商务人士因在高强度和高压力下工作，大量时间被工作所挤占，无法花费过多的时间和精力在家庭上。而长时间与家人分居，导致留守国内的家庭成员不仅要独自承担家庭责任，同时还要忍受情感孤独的煎熬，易引发家庭冲突、亲子矛盾等一系列问题。因此，家庭支持是驻外商务人士跨文化适应的最重要的因素之一。如果驻外商务人士得到的家庭支持力度较大，在跨文化适应中得到的情感支持较多，其跨文化适应能力就较强，反之则较弱。1984 年，国外学者提出的影响家庭与配偶支持的三个重要家庭特征，即家庭凝聚力、家庭适应力和家庭沟通力。[②] 其中，家庭凝聚力是指家庭成员彼此之间的亲密程度、相互支持状况及彼此情感联结的程度；家庭适应力则是指家庭成员在面对诸如外派出国工作的变化与压力时的反应能力；家庭沟通力则是指家庭成员之间彼此交换意见、建立决策的标准及解决冲突的能力。[③] 这三个重要家庭特征在一定程度上影响着驻外商务人士的家庭及配偶、子女等在其驻外期间的协助、支持与肯定，进而对驻外商务人士的跨文化适应产生影响。

除此之外，社会环境变化也是影响驻外商务人士跨文化适应的主要因素之一。据有关数据研究表明，从现代化程度较低的国家到现代化程度较高的国家，驻外商务人士的跨文化适应性普遍较好，反之则较差。例如，史兴松在《驻外商务人士跨文化适应研究》中指出驻外商务人士被派到经济条件较好的国家和地区会在社会文化适应方面面临较少的困难和压力。相反，如果驻外商务人士被派到经济发展水平较低的国家或地区，当地较差的基础设施

---

① 杨佳惠. 跨国公司外派人员的文化休克与应对策略 [J]. 当代经济，2019(6): 138-141.

② 姜秀珍. 中国跨国企业外派人员回任管理 [M]. 上海：华东理工大学出版社，2011: 53.

③ 同②。

和经济条件往往会增加驻外商务人士的不适感，影响其跨文化适应能力。①

第二，外派时间。驻外商务人士在异国他乡工作的时间与其跨文化适应有着直接关系。一般来说，时间因素是跨文化适应中最重要的因素之一。根据迪拉·莱文和马拉·阿德尔曼提出的文化适应五段论，跨文化适应过程分为五个阶段，即蜜月阶段、文化休克阶段、初步适应阶段、孤独阶段、结合阶段。按照这一理论，一般驻外商务人士在到达国外 1～2 个月后即会遭遇文化休克，而 2～4 个月后，则会进入初步适应阶段，半年后则会进入孤独阶段。因此，时间不同，驻外商务人士的跨文化适应情况也不一致。一般来说，驻外跨国公司的驻外商务人士在异国他乡工作的时间较长，平均为 2～5 年，有的甚至长达数十年。② 因此，大多数驻外商务人士会经历五个阶段。

第三，组织支持。组织支持指驻外商务人士所在企业总部给予驻外商务人士的帮助及东道国分公司给予驻外商务人士的支持。为了有利于驻外商务人士工作的展开，驻外商务人士所在的企业需要在驻外商务人士出国前为其提供一定的跨文化适应训练，并在其到达国外后仍保持联系；做好驻外商务人士在外派目的国的日常生活保障工作等；帮助驻外商务人士解决配偶工作、子女教育等方面的问题，以及适当提高驻外商务人士的薪资和福利；做好驻外商务人士的回任支持等。除此之外，东道国分公司人员的工作支持，以及企业为驻外商务人士提供的心理咨询和援助等情感支持，也有利于帮助驻外商务人士克服和缓解由于长期在外国工作和生活而形成的孤独感，提高驻外商务人士的跨文化适应能力。

第四，文化距离。文化距离是用来衡量旅居者母国文化环境与东道国文化环境中社会与自然等方面的差异的。文化距离反映了驻外商务人士母国文化与东道国之间在价值观念、行为准则及生活习惯上的不同。③ 20 世纪 80 年代初，心理学家吉尔特·霍夫斯泰德通过对大型跨国企业 IBM 雇员的调查归纳出了衡量不同文化价值观的五个维度，即权力距离、个人主义/集体主义维度、不确定性的规避、男性化/女性化维度、儒家动力维度。根据每种文化的特征，文化可划分为或远或近的一个连续体。在这一连续体上，文化距离远近直接影响跨文化适应者体验到的压力与适应问题。文化距离可细

---

①　史兴松. 驻外商务人士跨文化适应研究 [M]. 北京：对外经济贸易大学出版社，2010：76.

②　杨佳惠. 跨国公司外派人员的文化休克与应对策略 [J]. 当代经济，2019(6)：138-141.

③　邓小鹏，袁竞峰，常腾原，等. 国际工程政治风险评价与控制 [M]. 南京：东南大学出版社，2017：132.

分为绝对文化距离和相对文化距离。其中，绝对文化距离是指客观存在的文化距离。例如，澳大利亚与新西兰之间的地理距离较近，其文化也比较接近，因此文化距离较近；澳大利亚与日本的文化差异较大，其文化距离也较大。一般绝对文化距离越大，所面临的文化差异与文化压力越大，驻外商务人士的跨文化适应越困难。相对文化距离则是指个体感知的文化距离。[①] 相对文化距离更强调个体的异地感受。

第五，歧视与偏见。歧视和偏见指东道国文化对驻外商务人士的态度。歧视与偏见是影响驻外商务人士跨文化适应的最重要的因素之一，也是引发文化休克的最主要因素之一。如果东道国对驻外商务人士母国文化的认可度较高，歧视和偏见较少，那么驻外商务人士得到的认同度就高，驻外商务人士的跨文化适应能力就强，跨文化适应性就好。相反，如果东道国对驻外商务人士母国文化带有严重歧视与偏见，那么驻外人士跨文化适应能力就低。

（二）影响驻外商务人士跨文化适应的内部因素

影响驻外商务人士跨文化适应的内部因素还可细分为人格、认知方式、知识与技能等主要因素。

首先，人格。人格是影响跨文化适应最重要的因素之一，其对于跨文化适应的影响主要表现在两个方面。一方面，个性是人格中影响跨文化适应的关键因素。人类的个性按照不同分类方式可以分为多种类型。一些心理学者指出，人类的心理适应性受外向性、宜人性、责任感和神经质影响。外向性格的人一般较内向性格的人更能适应新的环境。另一方面，除了个性外，控制点也是人格中影响跨文化适应的主要因素。所谓控制点，又称为控制源，是指个体认识到的控制其行为结果的力量源泉，如果这种力量源泉来自学习者的外部，即称为外部控制点；如果来自学习者的内部，即称为内部控制点。[②] 根据控制点不同，个体的观念又可分为外控观念和内控观念。持有外控观念的人通常认为自己的命运由机会、运气、命运、权威人士等外部力量所控制，因此在遇到外界环境变化时，通常倾向于消极防守而不主动作为来改变事情的现状。持有内控观念的人则认为自己的命运是由自身内部因素所决定的，因此在遇到外界环境变化时，通常通过积极行动来控制和改变事态

---

① 姜秀珍.中国跨国企业外派人员回任管理[M].上海：华东理工大学出版社，2011：80.

② 成刚.情商与生产率：给管理者的心理课[M].上海：上海社会科学院出版社，2018：156.

的发展。1976 年，一些心理学家经研究发现，外部控制点是在美国的中国移民心理健康问题的有效预测源。^① 对驻外商务人士而言，持有内控观念的人通常较持有外控观念的人的跨文化适应能力更强。

其次，认知方式。认知方式是影响跨文化交流与交际的主要因素，也是直接影响驻外商务人士跨文化适应的主要因素。这里所说的认知方式主要指驻外商务人士对生活变化的认识和评价方式，不同的认知方式对跨文化适应会造成不同影响。认知方式中的期望对于驻外商务人士的跨文化适应能力有较大影响。所谓期望，是指驻外商务人士对驻外工作本身、外派国家环境等的想象。如果现实与期望相匹配，那么驻外商务人士有足够的心理准备面对驻外工作，能够促进驻外商务人士的跨文化适应；如果期望与现实不相匹配，则又可分为两种情况。如果现实情况较驻外商务人士所期望的情况好，即期望过低，则有利于驻外商务人士建立信心，促进驻外商务人士的跨文化适应；如果期望过高，现实情况较驻外商务人士期望的情况差，则驻外商务人士可能因心理准备不足而难以适应跨文化工作与生活。

最后，知识与技能。驻外商务人士的语言技能、交际技能、对东道国文化知识的了解等均对跨文化适应有较大影响，这些技能和知识是可以通过后天学习弥补的。语言技能是驻外商务人士所必需的技能之一。语言是文化的一部分，与文化息息相关，一个国家和地区的语言既反映了一个地区人们的世界观，同时也受这一地区世界观的影响。一些学者指出掌握东道国的语言既有利于驻外商务人士与当地同事和居民的沟通，也能从主观上显示出驻外商务人士对于当地文化的尊重，能够在一定程度上获得当地社会的认可。^② 驻外商务人士大多肩负明确的外派任务，因此熟练地掌握东道国语言技能有利于驻外商务人士工作的展开与推进，有助于驻外商务人士跨文化适应能力的提高。交际技能也是影响驻外商务人士跨文化适应能力的主要因素之一。驻外商务人士在工作中难免与当地分公司人员、当地居民及总公司人员进行交际，而良好的交际技能在一定程度上可以帮助驻外商务人士较快打开局面，推进商务工作。除此之外，对东道国文化知识的了解也十分必要。世界各国、各民族的文化具有较大差异，如果不注意就会引发交际障碍，甚至引发严重的文化冲突。相反，如果从东道国的文化出发处理事务，开展工作，往往会收到意想不到的效果。

---

① 靳娟.国际企业外派人员管理 [M].北京：首都经济贸易大学出版社，2016：52.
② 史兴松.驻外商务人士跨文化适应研究 [M].北京：对外经济贸易大学出版社，2010：84.

除以上几个因素外，驻外商务人士的容忍度和开放性也对其跨文化适应有较大影响。不同国家与民族的文化差异是客观存在的，而这种差异对驻外商务人士的生活和工作造成很大困扰与压力。因此，驻外商务人士在意识到母国文化与东道国文化的差异后，能够容忍和尊重这些不同，并积极应对因文化差异而带来的生活和工作上的改变，能够有效促进驻外商务人士的跨文化适应。另外，在驻外商务活动开展过程中，跨文化交流和交际中难免遇到不愉快或不符合自身习惯的事情，这时驻外商务人士的自我调控能力就显得尤其关键。在这种情况下，迅速调整心态，保持稳定的情绪，顾全大局，有利于商务工作的展开与推进，在一定程度上也会影响驻外商务人士的跨文化适应。

第二节　驻外商务人士的跨文化适应能力与跨文化互动

跨文化互动在跨文化适应过程中发挥着重要作用。国内外学者从不同角度阐述了跨文化互动与跨文化适应的关系。例如，杨芸金从传播学的角度提出了交际与跨文化适应整合理论，指出人类通过交际来适应社会，而适应是一个极为复杂的动态过程，总体上呈现出进退交替、螺旋上升的态势。在这一过程中，个体的沟通能力和人际关系能力在跨文化适应中发挥着重要作用。①

一、驻外商务人士跨文化互动的理论基础

当前在跨文化互动中应用较多的理论为社会网络理论，而对于中国社会关系的分析则以差序格局社会关系结构为主。本书在此对这两种理论进行简要概述，为下文分析驻外商务人士的跨文化互动与跨文化适应奠定理论基础。

（一）社会网络理论

社会网络理论于 20 世纪 30 年代提出，20 世纪 70 年代这一理论获得了较大发展，近年来已上升为西方社会学的主流理论，并与多个学科理论相互

---

① 史兴松.驻外商务人士跨文化适应研究 [M].北京：对外经济贸易大学出版社，2010：100.

渗透、交叉，在多个学科领域得到了广泛应用。社会网络主要由两个基本要素构成，即社会行动主体和联系行为或活动。因此，有学者将社会网络的概念定义为由不同的社会行动主体及其之间的相互联系行为或活动组成的集合。[①] 我国学者孙立新于 2006 年在其著作中指出，无论是个体还是社会组织，在工作和生活中均需建立起自己的社会网络以获取社会资源，对于个体来说，建立社会网络有利于个体获得社会支持并取得社会成就；对于组织机构来说，社会网络的建立有利于组织机构在社会竞争中获得优势。[②]

社会网络理论主要由弱关系理论、强关系理论、结构洞理论组成。其中，弱关系理论是从微观层次的自我中心网络对社会进行观察和分析。弱关系理论最早是由马克·格兰诺维特在其著作《弱关系力量》中提出的，在这本书中，作者指出人与人之间、组织与组织之间因为接触而存在一种纽带，这种纽带所形成的社会关系有强有弱，具体可从四个维度进行分析：其一，互动频率，个体与个体、组织与组织之间的互动频率越高，则表明关系较强，互动频率越低，则表明关系越弱；其二，感情深度，个体与个体、组织与组织之间的感情越深，表明关系越强，感情越浅，则表明关系越浅；其三，亲密程度，个体与个体、组织与组织之间的亲密程度越高，则关系越强，反之则关系越弱；其四，互惠关系，个体与个体、组织与组织之间的互惠交换越多，则表明关系越强，否则关系越弱。弱关系连接的通常是特征不同的个体，而强关系连接的多为特征相似的个体。1982 年，格兰诺维特进一步提出了"桥"的概念，指出具有相同特征的行动者由于性格与爱好相似，能够较为容易地建立起网络联系，而两个不同特征之间的个体或组织很难建立起联系，即使建立起联系也多为弱关系。

1997 年，巴里·韦尔曼在弱关系理论的基础上提出了强关系理论，并指出强关系理论有利于建立起信任关系，从而更有利于信息的传播及获取有价值的信息。强关系理论对弱关系理论进行了补充。

之后，罗纳德·博特提出了结构洞理论，认为社会网络可分为两种形态，一种是网络中的任何两个行动者之间均存在直接联系，不存在关系间断现象，整个网络是一个无洞的结构。另一种则是网络中的部分行动者之间有直接关系，另一部分行动者之间不存在直接联系，这种社会网络中的无直接联系或联系中断现象即称为结构洞。[③]

---

① 　单国旗，林德昌.大学城孵化器发展路径 [M].武汉：华中科技大学出版社，2018: 69.
② 　史兴松.驻外商务人士跨文化适应研究 [M].北京：对外经济贸易大学出版社，2010: 102.
③ 　同①.

当前，国内外学者对于社会网络理论中这三种类型的理论较为认可，虽然对哪种理论在社会中所起的作用更大存在一定争议，但并不影响学者们在跨文化适应中引入社会网络理论进行分析。例如，史兴松即运用社会网络理论中的强关系与弱关系理论对驻外商务人士的跨文化适应能力进行研究与分析。[①]

（二）差序格局社会关系结构

中国是一个农业大国，数千年来形成了以熟人关系为特点的乡土社会，形成了一种特有的社会关系网络。早在民国时期，梁漱溟先生就曾指出，传统中国是以家庭为中心由近及远的以"关系"组织的社会。[②] 中国学者费孝通将这一社会关系结构称为"差序格局"。[③] 所谓差序格局社会关系结构具有三个特点，即社会的组织结构以个体为中心，而非以国家或任何组织为中心；人与人之间的关系有亲疏、远近之别，越靠近中心，关系越近，反之关系越远；亲疏不同的人际关系之间，有特定的伦理规范和相处之道。[④] 从总体上来看，中国社会关系是一个以人伦为经、以亲疏为纬的人际网络。与西方文化中强调的普遍主义与均质主义不同，中国文化更强调个体在关系网络中的位置和针对不同的人应该采取不同态度和行为。因此，在分析中国驻外商务人士跨文化互动时，不仅应注意从西方社会关系理论出发，还应从中国社会关系结构特点出发。

二、驻外商务人士跨文化互动的类型

以华为驻外商务人士为例，华为是当前中国跨国企业中组织覆盖面较广、派驻海外人数较多的一家中国公司。据有关数据统计，华为的业务遍及全球170多个国家或地区，大约有18万名员工，这些员工的国籍超过160种，大约有1.8万名中国员工被派到全球各个地区，海外员工本地化高达70%。因此在跨国企业中较有典型性。经研究者分析，华为驻外商务人士的跨文化互动主要包括两个方面，其一是工作中的跨文化互动；其二为工作之外的跨文化互动。

---

① 史兴松.驻外商务人士跨文化适应研究[M].北京：对外经济贸易大学出版社，2010：102.
② 同①.
③ 费孝通.乡土中国（修订本）[M].上海：上海人民出版社，2013：23.
④ 同①.

（一）工作中的跨文化互动

本文所指的驻外商务人士工作中的跨文化互动主要包括和东道国同事的互动，以及和东道国客户的互动。这两种类型的互动呈现出以下几个特点。

首先，驻外商务人士与东道国同事的互动频繁而友好。驻外商务人士多为高级管理人员、高级营销人员和高级技术人员，这些人员所在的工作职位决定了驻外商务人士与东道国同事之间的交流和互动相对比较频繁。跨国公司在东道国开设分公司时，大多招聘东道国中有较高学历和较高素质的精英人才。这类人才的综合素质相对较高，对于不同民族文化之间存在的差异性大多有较深刻的认识。由于驻外商务人士与东道国同事同属于一家公司，有着共同的目标和意愿，双方之间的企业认同性较高，驻外商务人士与东道国同事在工作中的互动大多较友好。一般公司内部同事在处理文化差异问题时较为容易。

其次，驻外商务人士与东道国客户之间的互动多呈现出功利导向的特点。跨国公司在海外开展分公司的目的是为了优化资源配置，赢得利润。驻外商务人士的主要目的之一，即是维护与东道国客户的关系，因此驻外商务人士与客户的互动常常带有明确目标维持与客户的良好合作关系。驻外商务人士通常会从两个方面着手，维护与客户之间的合作关系。一方面，提高工作的专业性，即在涉及工作时，克服一切困难满足客户要求。例如，中国传统节日春节是中国最重要的节日之一，在这一天，绝大部分中国人都会不远千里回家与家人团聚，海外分公司也会在春节前后安排休假，以满足员工回家团圆的需求。然而中国跨国公司在海外的客户却并不过春节，有的客户还会在春节这一天安排工作。面对这种文化习俗与工作的冲突，许多驻外商务人士通常会选择放弃休假来满足客户需求。例如，华为一位欧洲米兰分公司的客户选择在中国春节前一天进行产品测试，华为驻外商务人员选择放弃春节休假，以专业的态度满足客户的需求。

另一方面，适应并融入东道国民族文化，采用"投其所好"的方式维护与客户的关系。比如，非洲、中东及亚洲等地区比较重视家庭和社会的关系。驻外商务人士在维护这些东道国客户的关系时就需入乡随俗。例如，一位欧洲销售人员在与香港客户进行商务洽谈时，客户却意外迟到了半小时。当这位中国的客户赶到时，感觉十分抱歉，主动对欧洲销售人员解释称自己的迟到是因为家人突然生病。然而，欧洲销售人员听后发出了莫名其妙的微笑，使客户十分不悦，感到难以理解，并因此对双方之间的商务合作产生了一定的负面影响。其实，欧洲销售人员之所以在听到客户解释后做出微笑的表情，是因为尴尬。在欧洲社会，家人生病这种极其具有隐私性的话题是不会被轻易谈起的。如果欧洲销售人员了解中国文化，就会明白家庭对中国人的意义，从而改变其态度以维护与客户的良好关系。又如，华为驻外商务人士为了维护与客户之间的合作关系，会尝试适应与融入当地文化，满足客户要求。华为驻欧洲客户经理为了维持与客户的关系，会在工作之外的时间陪同客户观看球赛；驻非洲和亚洲等地的客户经理则会对客户的家人表示关心等。驻外商务人士与客户之间交际因职位而有所区别。一般高级销售人员和管理人员与客户的跨文化互动较多，而技术人员则相对较少。

最后，驻外商务人士与东道国客户之间的互动状况随着跨国公司实力而有所变化。随着经济全球化的发展，海外市场的竞争压力越来越大，驻外商务人士在开拓东道国市场时十分不易，其与东道国客户之间的互动与公司实力有较大关系。一般来说，跨国公司的实力和影响较小时，驻外商务人士难以接触到本地客户，因此与东道国客户之间的互动相对较少。随着跨国公司实力的壮大和在东道国影响力的提升，驻外商务人士接触到的东道国客户越来越多，跨文化互动则相对增加和频繁，跨文化互动形式也更加多样化。

综上所述，驻外商务人士与东道国员工、客户的跨文化互动相对较多且较频繁，对驻外商务人士的跨文化适应能力要求较高。

（二）工作之外的跨文化互动

华为驻外商务人士的工作较为繁重，工作时间较长。根据数据研究发现华为海外商务人员工作之外的跨文化互动相对较少。工作之外的跨文化互动包括与东道国同事的互动、与东道国居民的互动和与母国文化圈成员的互动。其中大多驻外商务人员由于种种原员，工作之外与东道国同事的互动频率较低，而与母国文化圈成员的互动较多、较深入，互动频率较高。他们与东道国同事的互动方式大多局限于寻求信息支持、语言帮助，多数为被动的、有需要的交流。例如，驻外商务人士外出不认识路时，或买东西由于东道国居民不懂外语无法顺利交流时，大多会请东道国同事帮忙。驻外商务人士工作之外的跨文化互动的交流频率与质量受到多个因素的影响。

首先，受驻外商务人士自身性格、能力和工作性质的影响。驻外商务人士中有的性格较外向，则其工作之外的跨文化互动也相对较多。驻外商务人士自身语言能力和交际能力等也会影响跨文化互动。除此之外，驻外商务人士的跨文化互动还受到工作性质的影响。一般来说，驻外商务人士中的高级管理者或销售者出于管理工作或销售目的的需要，跨文化沟通较多，而高级技术人员的跨文化互动相对较少。

其次，受文化差异的影响。当东道国文化与母国文化之间的差异较小时，驻外商务人士在工作之余的跨文化互动频率较高，互动程度相对较深；反之则互动频率较少，互动程度也相对较浅。

再次，受东道国环境的影响。当东道国的治安环境良好，开放性和国际化程度较高时，驻外商务人士在工作之余的跨文化互动频率较高，互动程度相对较深；反之则互动频率较少，互动程度也相对较浅。

最后，受公司等组织的影响。跨国公司对驻外商务人士的跨文化互动多持支持态度，一方面，公司或组织可能会通过语言培训、团队建设等方式，促进驻外商务人士的跨文化互动。另一方面，公司或组织如果在东道国为驻外商务人士创设较好的、较齐全的休闲环境且相对较封闭的生活圈子，或工作较多，业余时间被大量挤占时，则会在一定程度上阻碍驻外商务人士的跨文化互动。除此之外，驻外商务人士的跨文化互动还与公司在东道国的影响有关。如果跨国公司在东道国的影响相对较大，在当地创设的形象较好，则更有利于驻外商务人士在工作之余的跨文化互动。

除以上几个因素外，驻外商务人员的跨文化互动还受到当地同胞数量以及在东道国驻守的时间等因素的影响。一般来说，当地同胞数量越多，构筑的母国文化圈气氛越浓郁，则驻外人士在工作之余的跨文化互动相对越少；在东道国驻守时间越长，则在跨文化工作之余与东道国同事和居民的互动相对较多。反之，则互动相对较少。

第三节　驻外商务人士的跨文化适应能力的培养与提升

驻外商务人士的跨文化适应能力与跨国公司在海外业务的开展息息相关。近年来，随着驻外商务人士在海外工作时遭遇的跨文化适应问题越来越显著，驻外商务人士的跨文化适应能力的培养与提升也受到国内外学者的广泛关注。

一、驻外商务人士的选拔标准与方法

自 20 世纪 70 年代以来，驻外商务人士的选拔开始被跨国公司所关心，一些学者通过对跨国公司的长期调研而提出了驻外商务人士选拔中的注意事项。进入 20 世纪 90 年代以来，越来越多的学者开始从各个方面对驻外商务人士的选拔制定一系列标准。例如，1990 年，汉尼伽提出驻外商务人士应具备包括倾听、与他人有效谈话、与陌生人攀谈、处理交流中的误解和适应不同交流方式等能力在内的交流能力，建立与维护人际关系的能力，控制互动的能力，具有求知欲，以不批判的眼光看待世界的态度，文化移情，外语能力，对他人或其他文化的适应性，以现实主义视角看待其他文化的观点。[①] 2004 年，德国学者格拉夫提出成功的驻外商务人士应具备的四项能力分别是外语能力、跨文化知识、跨文化交流能力与跨文化敏感性。2007 年，库珀提出文化智力是驻外商务人士的一项重要能力。近年来，国内外学者从文化智力因素出发分析驻外商务人士的跨文化适应能力的论文较多。史兴松在《驻外商务人士跨文化适应研究》中提出了 11 条驻外商务人士的选拔标准。本书认为，驻外商务人士的选拔标准应从以下方面着手。

第一，语言能力。这里所指的语言既包括英语、法语、汉语、西班牙语、俄语、阿拉伯语等国际通用语言，也包括东道国的语言。英语作为国际化的语言，在商业社会中的使用较为广泛，因此英语能力是大部分跨国公司十分重视的能力，并将其作为选拔驻外商务人士的标准之一。跨国公司外派驻外商务人士的目的是拓展海外市场，维护与海外客户的关系，将产品和服务出售给海外顾客。因此，顾客的语言是商业成功的关键。另外，许多非英语国家中，英语的通用性并不高，而学习东道国的主流语言是了解东道国文化、获得东道国客户好感的关键所在，也是提升跨文化互动频率、扩大互动范围、提升驻外商务人士跨文化适应能力的重要因素。此外，掌握东道国语言还能展现驻外商务人士的善意，表示驻外商务人士对东道国文化的尊重，而尊重东道国文化被许多跨国公司的高层认为是最为重要的跨文化能力之一。因此，东道国语言的熟练程度是除英语外十分重要的选拔标准。

第二，尊重东道国文化。面对与母国文化存在巨大差异的东道国文化，驻外商务人员应持有包容的态度，在与东道国员工和客户的交际过程中，表现出对东道国文化的尊重。对于驻外商务人士来说，这不仅是一种态度，还

---

① 史兴松.驻外商务人士跨文化适应研究 [M].北京：对外经济贸易大学出版社，2010：143.

应该成为一种能力。早在 1990 年汉尼伽就曾在研究中指出尊重东道国文化是成功跨文化交际的重要因素。2004 年，格拉夫在其调研中指出美国与德国跨国企业高层也认同尊重当地文化是一项最为重要的跨文化能力。尊重东道国文化具体表现在多个方面，如尊重当地宗教习俗、参与当地节日、对当地文化表现出极大兴趣以及主动了解当地文化等。

第三，处理复杂状况的文化弹性。文化弹性是指文化变化之后的发展力、自我调适力、文化内部的自我生发力、对异种文化的包容性、对环境的依赖与抵抗力等。[1] 本书中所指的文化弹性主要侧重于对异种文化的包容性。1982 年，陶比奥曾指出文化弹性能够使驻外商务人士有意识地认识到母国文化与东道国文化之间的文化界限，并在日常交际行为中运用这种意识。由此可见，文化弹性有利于驻外商务人士在面对与母国文化不同的异国文化时，对异于母国文化的价值观和习惯保持尊重，同时在涉及文化差异时，懂得规避文化障碍和文化冲突，从而做到有效交际，减少文化冲突。例如，许多驻外商务人士在与东道国客户和员工进行交际时，自觉规避政治与宗教话题，着重于工作。

第四，对跨文化交际的耐心程度。跨文化交际中由于双方文化思维和价值观不同，交际双方难免出现与对方文化习俗不一致的言行，难免产生交际障碍和冲突。因此，汉尼伽和格拉夫都曾指出在跨文化交际中，耐心十分重要，其能够帮助驻外商务人士减少因交流方式、价值观等文化差异导致的文化冲突。

第五，在压力下控制个人情绪的能力。驻外商务人士不仅面临着在异国文化环境中从事繁重工作的压力，还面临着业绩考核压力、母国文化与东道国文化冲突的压力。此外，还有远离祖国与亲人的孤独压力、处理驻外事务而导致的家庭变化压力以及语言压力等多重压力。这些压力常使驻外商务人士的心理极限受到挑战，常常处于情绪崩溃的边缘。因此，在压力下控制个人情绪的能力就显得十分重要且必要。例如，汉尼伽就十分强调有效控制个人情绪的能力，认为这一能力容易使驻外商务人士的行为模式受到他人的认可，进而有利于其工作开展。例如，华为员工在春节之际，控制想家和无法回国团圆的情绪，耐心为客户调试产品。

第六，与陌生人沟通的能力。比起陌生人，大部分人更擅长与熟悉的人进行交际。驻外商务人士在异国环境中工作和生活，其所处的工作和生活环境是全然陌生的，所接触的人也是全然陌生的。因此，是否具备与陌生人沟

---

① 韩志华.中西文化交流程度研究 [M].北京：中国国际广播出版社，2017：82.

通的能力就显得十分必要且关键。无论是汉尼伽还是格拉夫在其研究中都重点指出，在陌生环境中，短时间内打开局面，融入与东道国员工和客户的有效互动中，有利于驻外商务人士快速同当地人建立起新的合作关系，因此与陌生人沟通的能力是一项十分重要的跨文化交际和跨文化适应能力。

第七，文化移情能力。文化移情指在跨文化交际中，能够站在其他文化的立场上，替他人着想的换位思考能力。驻外商务人士在进行跨文化交际和互动时，难免会遇到种种因文化差异而产生的交际障碍，如果驻外商务人士具备文化移情能力，那么就能有效化解交际障碍，避免因交际障碍引发的文化冲突。例如，上文中提出的欧洲销售人员和中国香港的客户之间的交际障碍，如果欧洲销售人员站在中国文化角度考虑问题，就会意识到客户在家人忽然生病、面临危险时，虽然迟到半个小时，但是仍然坚持赴约的可贵，便可避免因此而产生的误解和交际障碍。汉尼伽和格拉夫均指出，文化移情能力能够使驻外商务人士从东道国的文化角度出发，体会东道国当地人的思维和情感，并有效利用东道国的资源处理工作和生活中带来的种种问题，以达到促进跨文化互动、提高驻外商务人士跨文化适应能力的目的。

第八，跨文化交际知识。跨文化交际知识在这里特指驻外商务人士应该具备的与东道国有关的知识和内容。这些知识不仅包括东道国的地理、历史、政治、经济、文化、气候、法律、习俗等知识，还包括一定的社交技巧知识。与东道国有关的一系列知识能够帮助驻外商务人士整体、深入地了解东道国，熟悉东道国的环境，为之后在东道国开展工作奠定基础，帮助驻外商务人士在东道国迅速建立有效的社交关系。跨文化交际知识一方面来源于驻外商务人士的长期积累，另一方面可以通过大量阅读和观看与东道国有关的书籍、电影、电视、报纸、刊物等间接渠道获得。

第九，建立并维持人际关系的能力。建立人际关系与维持人际关系是决定跨文化交际能否成功的重要指标。驻外商务人士肩负着明确的任务，有着清晰的目标，异国他乡的工作均围绕着这一目标和任务展开。目标与任务的达成离不开跨文化交际，与东道国客户和员工建立起良好的、直接的人际关系。这种人际关系大多为强关系，能够为商务工作的展开提供有效帮助。建立关系后，维护与客户的关系也需要良好的交际能力与技巧。驻外商务人士往往需要通过敏锐的观察与判断，投客户所好，与客户保持良好的关系，以利于商务活动的长期开展。因此，汉尼伽和格拉夫均指出建立并维持人际关系能力可以帮助驻外商务人士通过语言或语言途径对跨文化交际产生积极影响，并为驻外商务人士完成驻外工作提供便利条件。

第十，乐于接受新事物和挑战的能力。驻外商务人士所在的环境是一个全新的、陌生的环境，如果其是一个墨守成规、不愿走出舒适区接受新事物和挑战的人，那么他就容易陷入文化休克中无法自拔。一个正视文化差异，并对不同于母国文化的异国文化持开明态度、乐于接受新事物的人，在全新环境中，每天都可以有新的发现。这一点能够为驻外商务人士带来极强的心理满足感和充实感，有助于驻外商务人士克服种种文化障碍，以包容的心态对待异国文化，以及与母国文化相违背的行为。另外，驻外商务人士面临着较大的压力，而乐于接受挑战有助于驻外商务人士正视压力，化压力为动力，同时积极调整因文化差异带来的心理不适，保持心理健康。

第十一，人际冲突处理能力。驻外商务人士在海外工作和生活中难免遇到因文化差异导致的文化障碍和冲突，而文化障碍和冲突势必引发人际冲突。在人际冲突爆发后，驻外商务人士是否具备处理人际冲突的能力直接关系跨国公司经营目标的实现与否。人际冲突的处理方式主要有五种类型，即合作、妥协、顺应、竞争、回避。合作指的是通过开放的文化态度，站在文化移情的高度，在关心自我利益的基础上，考虑对方的需求，与冲突方共同交流信息、分析差异，从而找到双方均能接受的冲突解决方案。妥协指在与冲突方进行协商和沟通的前提下，在双方各退一步放弃一部分主张的基础上达成的一致性意见。顺应是指交际方在面对冲突时，放弃自己的全部或大部分主张，顺应或满足对方的全部或大部分主张而达成的决策。竞争是指在面对人际冲突时，高度关注自我的主张的实现，而较少关注对方主张的实现。主要通过采取强硬的对抗、争论，甚至以武力等迫使对方全部或大部分接受自己主张的做法。回避则是指在面对人际冲突时，采取冷淡、沉默、退缩、躲闪等方式，不关心自己或对方的主张是否实现，也不采取主动措施，被动与他人合作的方式。在处理跨文化交际冲突时，驻外商务人士应根据不同事件，以及事件可能引发的恶劣影响来判断具体采用哪一种方式。一般来说，驻外商务人士处理人际冲突的前提是建立和保持有效的互动、合作关系，圆满完成驻外任务。在这一前提下，多根据具体情况通过合作、顺应、妥协等不同手段，达到化解矛盾、解决冲突的目的。

除以上标准外，驻外商务人士在选拔时还应考虑其技术能力、独立工作和生活的能力、年龄、性别、有无驻外工作经验、教育水平、生理和心理健康，以及接受驻外任务的动机、海外工作的动力、配偶和家庭状况、领导能力等因素。当前，国内外跨国企业多通过对员工的以往工作绩效进行考察、测试及面试等程序开展驻外商务人才选拔。

二、驻外商务人士的培训

除按照较严格的遴选标准对驻外商务人士进行选拔外，跨国公司在员工出国前，还应对驻外商务人士进行培训，以提升驻外商务人士的跨文化交际和跨文化适应能力，为提高工作效能、增加外派成功率做保障。从 20 世纪七八十年代开始，国外一些学者就开始有意识地对驻外商务人士的培训与外派成功率之间的关系进行研究。1989 年，布莱克和门登霍尔就曾指出，美国大多数跨国公司并未充分重视跨文化培训的重要性，甚至对驻外商务人士的选拔过程也不够重视。据悉，70% 的美国籍驻外商务人士及 90% 的驻外商务人士家属在外派前没有经过跨文化培训。[①] 进入 20 世纪 90 年代，尤其是进入 21 世纪以来，越来越多的跨国公司认识到了驻外商务人士培训的重要性，并开始对驻外商务人士展开各种培训。驻外商务人士的培训从不同角度可以划分为不同种类。

（一）从培训性质分类

从性质看，驻外商务人士的培训可划分为两种类型，即与工作和任务有关的专业技能培训和跨文化能力培训。

其一，专业技能培训。首先，驻外商务人士应明确自己在海外的处所、期限、工作性质和任务，并了解跨国公司设立当前职位的目的，以及自己的工作岗位在公司战略中所起的作用等。其次，驻外商务人士应明确海外工作的合作伙伴，公司的人事政策、福利制度和付酬方法，包括工资、津贴、奖励、所得税的交纳、休假制度、回国后的待遇等。只有了解了这些，驻外商务人士才能正确理解自己的工作，并在跨文化互动和交际过程中，时刻牢记目标，不偏离目标。这有助于驻外商务人士建立任务的心理预期，有助于驻外商务人士在跨文化适应中克服困难，尽快渡过文化休克阶段。最后，专业技能培训还包括综合管理知识、人力资源知识、会计财务知识、派驻地法律知识、生产和技术知识、市场营销知识，以及有针对性的业务或技术培训等。

其二，跨文化能力培训。跨文化能力培训包括工作地知识介绍、语言训练、跨文化适应的过程和特点、文化敏感性及跨文化交际知识等培训。首先，工作地知识介绍，即对工作地东道国的地理环境、气候、住房、交通、

---

① 史兴松. 驻外商务人士跨文化适应研究 [M]. 北京：对外经济贸易大学出版社，2010：146.

学校教育、政治、经济、商业、立法、交通、社会习惯等知识的培训。有的跨国公司在进行相关培训后，驻外商务人士正式履职前，还会组织受训员工到工作地进行短期实地考察，以亲身感知的方式直观体验未来工作地的环境和文化。这种方法有利于驻外商务人士在履职前全方位地了解异国环境，缩短履职后在异国环境中的适应时间。同时，有利于驻外商务人士做好心理预期建设，以面对异国工作与生活中的种种压力和困难。其次，语言训练。语言训练通常包括英语训练和东道国语言训练。驻外商务人士如果已经具备了英语和东道国语言的基础，即着重对其进行强化训练；如果驻外商务人士不具备东道国语言基础，即在短时间内对其进行入门训练，帮助驻外商务人士掌握基本交际用语，并达到进行自学的程度。语言训练有助于驻外商务人士获得当地人的好感，与当地人进行有效交际，并能够帮助驻外商务人士及其家庭得到当地社会的帮助。如果驻外商务人士带家属与子女一起前往东道国，那么也有必要对驻外商务人士的家属与子女进行培训。再次，跨文化适应的过程与特点。在不同文化背景下生活和工作的适应过程有一定的规律可循，了解这一规律有利于驻外商务人士判断自己处于跨文化适应的具体阶段，并对避免文化休克，以及陷入文化休克后，积极调整心理状态，早日走出文化休克，避免不良跨文化适应有着十分重要的影响。最后，文化敏感性培训。文化敏感性这一概念最早是由德国哲学家汉斯·格奥尔格·加达默尔提出的，他指出进入来访者的过去是理解他们的必经之路。[①] 文化敏感性在跨文化交际中十分重要，具备文化敏感性的个体在跨文化交际中能够意识到母国文化与异国文化之间细微的文化差异，有助于在跨文化交际中建立良好关系。对于依靠良好的跨文化互动在异国文化中开展工作和生活的驻外商务人士来说，文化敏感性的培训十分必要。文化敏感性的培训主要包括两个方面，一方面侧重于母国文化背景和文化本质的了解，另一方面侧重于对异国文化特征的理性和感性分析。其有助于驻外商务人士建立正确的文化认识观。除此之外，在跨文化适应培训中，有的跨国公司还会针对东道国特殊的文化禁忌进行培训，以避免驻外商务人士在跨文化交际中因触犯东道国文化禁忌而带来不必要的误会和冲突，有利于提升驻外商务人士的跨文化适应能力。

[①]　史兴松. 驻外商务人士跨文化适应研究 [M]. 北京：对外经济贸易大学出版社，2010：146.

（二）从培训时间分类

从培训时间上划分，跨文化培训可以分为出发前培训、到任后培训和归国后培训三种类型。

首先，出发前培训。出发前培训，顾名思义即出发前，对驻外商务人士进行的有关东道国国情培训，以及岗位介绍、跨文化培训、语言培训、家庭培训、安全培训等。出发前培训的目的是使驻外商务人士提前了解所在工作地国家的基本情况，并掌握跨文化适应所必备的语言技能、工具和方法，帮助驻外商务人士和家庭成员提前做好心理预期，提升驻外商务人士跨文化适应能力，为外派工作的展开奠定良好的基础。

其次，到任后培训。到任后培训是指到任后的培训，包括周围环境介绍、所在地公司情况介绍、所在地的现实培训等。周围环境介绍，即由跨国公司分公司人员介绍分公司所在地的基本情况，这些基本情况既包括出发前培训中所涉及的东道国地理、语言、政治、经济、文化、交通等情况，又包括具体的商店分布、银行分布、交通工具、交通路线、风俗习惯、文化差异等。除此之外，针对驻外商务人士的家庭需求，还可详细对当地的幼儿园、学校等进行介绍，以便驻外商务人士尽快消除在异国环境中的陌生感，尽快熟悉目的地的工作和生活环境。关于所在地公司情况介绍，分公司可派专业人员带驻外商务人士参观驻地，并对驻地机构的基本情况、班组、同事、规章制度，以及驻外商务人士的岗位有关事宜进行详细介绍。此外，一些有条件的跨国公司还会由同岗位员工介绍在驻地开展工作的经验，以帮助驻外商务人士提升跨文化适应能力，少走弯路。所在地的现实培训，即在工作中遇到突发事件时进行的针对性培训，旨在提升驻外商务人士处理突发事件的能力。除以上几种培训外，驻外商务人士在工作过程中还可通过建立顾问管理系统、到当地有名大学接受专业课程教育等方式，持续提升驻外商务人士的综合素质，不断提升驻外商务人士跨文化适应的能力，为驻外商务人士的长期职业发展奠定良好基础。

最后，归国后培训。归国后培训是指在驻外商务人士归国后，对其进行的职业安全感、职业生涯管理等培训。近年来，越来越多的研究数据显示，驻外商务人士回国后的辞职率较高，其原因与驻外商务人士回国后薪水降低、未能在组织中寻找到合适的职业位置、职业生涯发展受困等有着直接关系。因此，归国后培训有利于降低驻外商务人士的流失率，协助驻外商务人士顺利渡过归国心理适应的各个阶段，高效投入工作。

（三）从培训方式分类

从培训方式划分，驻外商务人士的培训可划分为正规训练和经验积累两种类型。其中，正规训练又可划分为综合素质培训、内在专业素质培训和在职培训三种类型。综合素质培训是指由高等院校或专业培训机构开展的管理课程、技术课程、营销课程等。内在专业素质培训是为了满足跨国公司驻外商务岗位而开展的专门技能训练。这种训练多根据需要进行调整，培训方式更加灵活多样。在职培训是指驻外商务人士履职后，针对岗位特点或某一知识、技能欠缺进行的实际培训，这类培训的实用性较高，针对性更强。

除了正规训练外，跨国公司还十分注重驻外商务人士培训中的经验积累。尤其是对驻外商务人士的跨文化适应能力的培训，既可采用课堂教育、环境模拟、文化研讨会等形式开展，又可通过与上下级东道国员工沟通、跨文化互动、到当地居民生活区生活、从当地舆论媒体中学习、参加当地某些团体组织的活动等方式深入了解当地文化，不断提高跨文化适应能力。

除以上几种分类外，驻外商务人士跨文化适应培训还可从内容上划分为派驻国外语能力培训、家庭适应培训、派驻国情况培训、实际生活环境培训、海外短期访问等。从培训时间长度上来看，跨文化培训包括全天、数天、数周等不同时间长度的培训。从跨文化培训提供者的角度来看，可分为公司内部人员提供的培训、商业伙伴提供的培训、专业的跨文化咨询机构提供的培训及大学等学术机构提供的培训四种类型。从认知层面分析，跨文化适应培训还可分为传统学习式跨文化培训、分析式跨文化培训、体验式跨文化培训三种类型。

第六章 中国留学生的跨文化适应能力与提升策略

第一节 中国留学生教育的历史与衍变

留学生是旅居者中一个特殊的群体，近年来，随着经济全球化的影响，全球高等教育呈现出国际化深入发展的趋势，各国政府积极扩大对外交流，极大地推动了高等教育国际化的进程。留学教育是一种跨国界的特殊教育形式，学生在国家与地区间的流动加速了人类文明和科技文化的传播与交流，对国际社会的发展起到不可忽视的推动作用。对于留学生派遣国来说，留学生是先进思想与知识的学习者、传播者和实践者，对推动派遣国科学技术、文化、经济、政治的发展起着重要作用。自 1872 年清政府向美国派遣 30 名留学生开始，中国留学生教育已经有了 100 多年的发展史，大致可分为四个阶段。

一、中国留学生教育的探索与奠基时期（1872—1949 年）

清朝末年，鸦片战争后，实施闭关自守政策的中国，被西方帝国主义列强的坚船利炮轰开了大门，一批中国有识之士开始发出"师夷长技以制夷"的口号，希望以学习西方先进知识应用于中国之法，推动中国走上富强道路。1847 年，容闳跟随美国传教士到美国学习，并在美国耶鲁大学毕业，成为中国近代史上第一位留学美国的学生。容闳学成回国后，积极参与推动中国留学事业的相关活动。1872年，在容闳、曾国藩等一批有识之士的推动下，中国向美国派遣了30名留学生，并约定此后每年向美国派遣30名留学生，至1880年，中国共向美国派遣了120名留学生，他们成为中国官方外派的第一批留学生。1881年，中美两国关系恶化，中国中止向美国继续派遣留学生。这一批中国留学生大多出身于社会底层，主要学习军事知识，学成归国后，大多从事外交、铁道、电信技术、海军等工作。1875年，李鸿章在清朝朝廷的支持下，开始选派留学生到欧洲国家学习海军炮舰等军事技术，至19世纪80年代末，先后选派了88名品学兼优的青年前往欧洲学习。1895年，中日甲午战争之后，在湖广总督张之洞的倡导下，清政府与日本政府达成协议，选派留学生到日本留学。1896年，清政府派出第一批留学生13人到日本留学，直到1905年，已有8 000多人到日本留学。清朝末年，清政府废除科举后，兴建学校，奖励出国留学，这一时期，日本是中国留学生的主要目的地。这一时期的留学生归国后，对中国社会的进步，以及辛亥革命和五四运动等起到了极大的推动作用。清朝末年，除了大量官派学生外，还存在大量赴国外留学的自助留学生，这些留学生或学习理工科，或学习文学、艺术等，归国后，为中国近代各项事业的发展起到了极大的推动作用。

1912年，中华民国成立后，留学生在中国政界、实业界及教育界的地位越来越重要。1914年，中国掀起了第二次留学日本的高潮，仅1914年一年，前往日本留学的人数即有5 000多人。1915年，中国教育家蔡元培等提倡以勤工俭学的方式掌握欧洲国家的先进技术，鼓励青年到法国留学。为此，中国在河北高阳县成立了专门的留法工艺学校，为自愿到法国留学的贫寒子弟做准备。除此之外，法国里昂和中国北京等地还建立了"留法勤工俭学会"，为青年学生奔赴法国留学创造条件。留法勤工俭学的活动持续了20多年，在当时的中国形成了一种潮流，促成了大批青年到法国留学，这批青年回国后，为中国的政治、科技、文化、艺术等各项事业的发展培养了大批栋梁之材。除法国外，在第一次世界大战后，中德签订了协约，德国政府同意接收中国留学生，并为中国留学生提供奖学金，由此激发了许多青年前往德国留学。1924年，德国柏林的中国留学生已近千人。1920年，莫斯科东方大学成立后，大批中国留学生前往莫斯科东方大学学习并深造。1927—1937年，中国向欧美国家派遣了多批官费留学生，同时民间存在大量自费留学生，这极大地壮大了留学生的队伍。据有关数据统计，1929—1935年，在国外的中国留学生有6 000多人，其中自费留学生占比较大，有5 000多人。① 这些中国留学生中涌现出一大批高素质人才，为中国的教育、科技、国防事业做出了卓越贡献。这一时期，中国留学生教育发展也相对成熟。许多在国外获得学位后归国的留学生进入科研院或高校工作，建立了较成熟的留学教育体系。1937 年，日本全面侵华战争爆发后，由于社会动荡，留学教育受到了极大影响，留学人数锐减。据有关数据统计，1938—1941 年，出国留学的总人数仅有 300 人左右。1945 年，抗日战争胜利后，中国留学教育又出现了一个小高峰。据有关数据统计，1945—1949 年，短短数年间，中国赴美留学的青年学生达 5 000 人。②

整个民国时期，由于社会动荡，留学生教育呈波浪状起伏发展。这一时期，中国留学生或者由中央政府或地方政府出资选派，或者得用庚子赔款选派留学生。除此之外，还存在着社会民间团体学校选派留学生的情况。从留学生的身份看，呈现出从社会底层向社会中上层发展的趋势。清朝末年，第一批中国留学生大多出身社会底层，多为穷苦家庭的幼童。这一时期由于留学生教育处于探索期，富裕人家的孩童多通过科举考试谋取功名，社会舆论普遍认为留学路途凶险、前途未卜，因此尽管当时官费留学待遇优厚，富裕人家也不屑为之。1894 年后，中国社会对留学的态度发生了改变，尤其是清朝政府废除科举制度后，留学生教育成为社会上一种新的入仕捷径。这一时期的留学生大部分来自乡绅和官员家庭。民国时期，留学生主要来自社会中上层人士，尤其是自费留学由于费用高昂，因此成为社会中上层富家子弟的特权。除中上层人士外，另有一部分出身贫寒的学生在赴法勤工俭学运动中前往法国，以勤工俭学的方式完成学业。从留学学科上看，清末民国时期的留学生大多抱有救亡图存的使命感，通过留学学习西方国家的军事、法律、政治、教育、工程、农林、医学、物理、化学等科学知识，为中国发展储备了大量人才，为中国的发展奠定了基础。这一时期的留学生的跨文化适应还未受到普遍重视。

二、中国留学生教育的曲折发展时期（1949—1978 年）

中华人民共和国成立后，留学生教育得到重视。1950—1953 年，中华人民共和国成立初期，国家的建设事业处于百废待兴的状态，加之受限于当时的经济与财政条件，我国制定了"严格选拔，宁少毋滥"的留学政策。之

① 王辉耀，张学军．21 世纪中国留学人员状况蓝皮书 [M].北京：华文出版社，2017: 7.
② 同①。

后，我国又陆续出台了"严格审核，争取多派，理科为主，兼顾全面""多派研究生，一般不派大学生""不论先后，一视同仁，来去自由"等政策，留学生的选拔具有高度导向性和组织性。在物质资源匮乏的条件下，国家需要集中优质资源，重点培养一批优质留学人才，因此将留学生的派遣、管理和回国政策都纳入了十分严格的体制管理中。1950年9月，我国向波兰、捷克斯洛伐克、罗马尼亚、匈牙利、保加利亚五国派出35名留学生，开创了新中国派遣留学生的先河。1950—1959年，我国教育部平均每年派遣1000名留学生前往苏联、朝鲜、古巴等国留学，其中向苏联派遣的留学生最多。进入20世纪60年代后，由于国际环境变化，我国向外派遣留学生的国家发生了较大变化，留学国家的选择更多，拓展为亚非拉国家和特定的西方资本主义国家。1966年之后，我国停止向外派遣留学生，已在海外的留学生也被大规模召回，直到1972年，我国才重新恢复了向国外派遣留学生的政策。这一时期，向外派遣留学生的国家选择也有所增加。1972—1978年，我国共向49个国家派遣了留学人员。

中华人民共和国成立至改革开放前期，我国留学生的留学形式以公派留学生为主。从留学人才培养看，我国留学生以学习理工科、外语专业为主。从留学生生源看，这一时期，我国留学生在政治素养和文化素养方面呈现出精英化倾向。

三、中国留学生教育恢复发展时期（1978—1999年）

1978年改革开放后，随着中国经济的快速发展，中国留学生教育开始进入恢复时期。1978年底，我国与美国达成协议，开始互派留学生，不久，第一批公派留学生即前往美国学习深造。之后，中国陆续与更多国家签订留学生交换协议。1978—1985年，我国留学生以公派为主，并对留学生采取严格的审查措施。1984年，我国留学政策发生了较大改变，出台了《国务院关于自费出国留学的暂行规定》，其中指出公民个人通过合法手续取得外汇资助或国外奖学金，并办好入学许可，可以不再受到学历、年龄和工作的限制，自费留学。这一规定为我国自费留学打开了通道。1986年，我国发布了《关于出国留学人员工作的若干暂行规定》，并进一步完善了自费留学政策，使自愿留学的青年具备了法律保障的留学权力。1985年以来，尤其是进入20世纪90年代后，随着我国改革开放的深入发展，我国经济取得了迅速发展，人们的物质生活水平不断提高，为我国自费留学提供了经济基础和社会基础。这一时期我国的留学政策变为"支持留学，鼓励回国，来去自由"，普通百姓的留学手续进一步简化，自费留学的人数快速上升。1992年，我国的留学政策进一步放宽。1996年，我国对公派留学进行全面改革，成立国家留学基金委员会，开始实施"个人申请，公平竞争，择优录取，签约派出，违约赔偿"的公派留学新办法，对公派留学做了规范。

这一时期，从留学专业选择上看，留学专业从理工科和语言类学科逐渐转向商科、经济学、管理学等专业。除此之外，这一时期，由于中国与西方国家的经济差距较大，因此留学人员的回国率较低。

四、中国留学生教育快速发展时期（21世纪至今）

进入21世纪，中国留学生规模不断扩大，出现了空前的留学潮。留学门槛进一步降低，留学进一步平民化。与此同时，随着我国整体经济实力不断增强，普通百姓的家庭财富也不断增长，能够负担起出国留学费用的家庭越来越多。近年来，国外高校也越来越重视中国的教育资源，并出台各种优惠政策吸引中国留学生。这波留学潮呈现以下几个特点：首先，留学呈现出理性化的特点。随着我国高等教育的发展以及中国国际化进程的加快，一些家庭及青少年融入西方教育体系的愿望不断增长。盲目的出国留学行为越来越少，越来越多的家庭将出国留学视为一种教育投资。另外，随着出国留学越来越普遍，出国留学逐渐成为普通家庭子女追求个人理想和实现人生价值的重要途径之一。留学的专业更趋于理性。20世纪90年代，中国留学生所选择的多为市场营销、金融、会计、商业管理等商科类专业。近年来，随着留学生教育越来越普遍，中国留学生对国外教育体系和专业设置的了解也更加深入，选择专业的心态也更加成熟，除商科外，传媒、艺术、社会科学、信息技术和工程等专业也成为中国留学生常选的专业，留学专业的选择覆盖面越来越广泛。

其次，留学呈现出多元化的特点。进入21世纪，中国留学生呈现低龄化的特点，留学目的趋于多元化。近年来，许多优秀的高中生放弃高考而走上了留学的道路。除此之外，留学生的奋斗目标也越来越趋于个人化。有的留学生选择留学是为了求知，学习国外先进的科学技术和理论知识；有的留学生将留学当作一种丰富自己人生阅历，获得更多发展途径的手段；还有的留学生选择留学只是单纯为了镀金，以便更好地就业。除此之外，我国留学生教育还呈现出双向发展的态势。中国留学生大幅增加的同时，来华留学生教育呈现出大规模发展的态势。

最后，我国留学生教育呈现出产业化趋势。从清朝末年开始，直至改革开放前期，留学以政府主导的公费留学为主。改革开放后，中国日益放宽对留学的限制，国家大门逐渐开放，国际留学市场在 20 世纪 80 年代就出现了产业化的萌芽。然而，进入 21 世纪后，中国留学服务才开始呈现出产业化的状态，国内的留学中介机构更加成熟，由最早的中介机构全权办理到出现了以咨询为主的服务机构。据有关数据显示，DIY 留学渐渐占据了大半自费留学的市场。尤其是近年来，随着互联网信息技术的发展，互联网留学服务机构迅速发展，其成本更低，收费更加便宜，而且十分便利，因此受到很多留学生的喜爱。

第二节 中国留学生的跨文化适应方式与影响因素

留学生跨文化适应是指留学生出国后，根据国外的教学环境，通过自身努力，不断调整学习方法和学习目标，以逐渐顺应国外新的教学环境的过程。[1] 近年来，随着世界留学生规模的不断扩大，国内外学者对留学生的跨文化适应的研究也越来越多。自 1985 年中国取消了自费出国留学资格审核后，中国外派留学生的大门完全打开，中国留学生的人数呈持续增长态势。《2019 中国留学生白皮书》显示，截至 2017 年年底，中国出国留学生人数已达 60.84 万人，连续多年保持世界最大留学生生源国地位。留学生是中国未来发展的重要财富，对中国留学生跨文化适应的研究和分析有助于我们了解留学生在学习和生活中的需要，厘清中国留学生在社会和文化适应中遇到的困难，从而更好地为中国留学生服务。

一、中国留学生跨文化适应的研究情况

自 20 世纪中后期开始，世界上一些国家的学者开始通过对留学生的调研，分析留学生对该国教育的满意度，以及留学在跨文化适应中遇到的种种问题。

---

[1] 朱佳妮.中国出国留学生教育适应状况的研究 [D].上海：上海交通大学,2008: 11.

（一）中华人民共和国成立前，中国留学生跨文化适应

清朝末期及中华民国时期，对于中国留学生的跨文化适应，虽然没有学者进行专门研究，但可从接受留学生国家的有关规定，以及中国学者的文章中探寻当时留学生跨文化适应的情况。以中国在日本的留学生为例，清朝末年，日本是中国留学生数量和规模最大的国家之一。为了给在日本的中国留学生提供便利，日本设置了各种学校或机构安置中国留学生。例如，1898年，日本设立了留学生教育的专门学校——"日华学堂"，专门针对清朝在日本的学生，教授其日本的语言技能和日本风俗事宜，以及其他专业学科学问。由此可见，日本当时已注意到清朝留学生因语言和文化习俗不适应而引发的种种不便。1905年9月，日本早稻田大学成立了清国留学生部，并对中国留学生的教育进行周到的策划。同年11月，日本政府公布了日本文部省第十九号令《关于准许清国人入学之公私立学校之规程》，对留学生的管理问题进行详细规定。除了清国留学生部外，1902年，日本东京成立了中国留学生会馆。中国留学生会馆为了援助不适应日本生活和学习的中国留学生，多次召开讲习会，还印发了多种日语教科书，创刊多本杂志，为在日留学生提供语言学习和精神帮助。1907年，中国在日留学生因抗议留学生管理事件而集体回国后，同年中国留学生会馆消失。

清朝末期及中华民国时期，在日本的中国留学生出现了种种因文化障碍和文化冲突而产生的文化摩擦。据有关记载，1896年第一批到日本留学的青年到达日本后，由于拖着辫子，被日本小孩子嘲笑为"拖辫子的人"，备受歧视，对于日本的生活习惯和风俗也十分不适应。几周后，就有约1/3的学生因不适应日本文化而回国，留下来的中国留学生也很少吃日本食物。例如，在日本教育家实藤惠秀于1981年出版的《中国人留学日本史》中记述了清朝末期及中华民国时期中国留学生在日本饮食、住宿等方面的不适应情况。书中指出，中国留学生对于午餐菜肴十分不满。中国第一批留学生之一的章宗祥在《任阙斋东游漫录》中指出：中国留学生刚到日本时，常常为了饮食和生活上的一点小事而与舍监吵闹。除了饮食与住宅外，日本许多习惯，如日本男女混浴的风俗也让中国留学生十分不适。除了文化上的不适外，中国留学生在精神上也十分苦闷。例如，郁达夫所作的《沉沦》中即指出中国留学生在精神上极度孤独的病态心理。

（二）中华人民共和国成立后，中国留学生跨文化适应

中华人民共和国成立后，尤其是进入 20 世纪 90 年代后，随着中国留学生规模扩大，留学生中的跨文化适应也引发了中外学者的关注。1979 年，美国国际教育联合会对美国高校部分发展中国家留学生的学习和生活进行了调研。此外，其还于 20 世纪 80 年代对发展中国家留学生包括就业、居住环境、留学资助、英语水平等留学满意度的影响因素进行了调研。1994 年和 2004 年，英国国际教育委员会对其国内部分留学生进行了调查，并重点关注留学生在住宿、社会融合、经济状况等方面遇到的实际困难。澳大利亚国际教育处分别于 1997 年和 2006 年对境内部分留学生进行了调研，重点关注了留学生对教学质量的满意程度，以及留学生在学业、花费、选择澳大利亚作为留学目的地的动机等进行了广泛的调研。德国作为招收外国留学生较多的国家，自 20 世纪 80 年代即开始关注留学生的各种情况。1982 年，德国高校信息系统对境内部分留学生进行了调研。1997 年，德国大学生生活服务中将留学生纳入了 3 年一次的德国学生经济和社会状况调查。2005 年，德国联邦教育与研究部对留学生进行了关于学术水平及留学动机、在德国的生活与学习状况等多项调研。日本也是较早关注留学生适应的国家之一，日本的《留学生新闻》于 20 世纪 90 年代，对在日本的中国留学生进行了三次调查研究，其中特别对中国留学生在日本的生活、适应及对日本人的评价等进行了调研。

关于中国留学生的适应问题，早在 1995 年日本学者即提出留学生适应障碍产生的机制在许多情况下都与适应过程中的文化冲击和压力有关。[1] 20 世纪 90 年代，世界各个国家的留学生教育发展迅速，为了吸引留学生，各个国家开始从多个方面关注留学生的生活和学习，通过多种措施帮助留学生适应跨文化环境的生活与学习。以日本为例，日本政府于 1983 年提出了至 2000 年招收 10 万名留学生的计划。尽管这一目标并未实现，但不可否认，日本为吸引留学生采取了一系列措施，进行了一系列改革。例如，1997 年，日本废除身份保证人制度，即通过大学考试后，即便在日本没有保证人也可以申请留学签证，极大地降低了留学门槛。受日本经济不景气因素的影响，许多日本大学实施了降低留学生的入学金、设施费和学费等政策，以扩充对留学生的资助，提高留学生的入学率。另外，针对留学生入国管理过于

---

[1]　徐光兴. 跨文化适应的留学生活：中国留学生的心理健康与援助 [M]. 上海：上海辞书出版社，2000: 155.

复杂等问题，以及由此而引发的种种纠纷等，日本提出简化入国审查手续的方法。针对日本国内存在的部分房地产商及房东对留学生的歧视态度，日本社会也尽力消除，使留学生群体不受到伤害，而是受到日本社会的尊敬。同时，进一步促进日本的国际化程度，使普通百姓明确招收留学生不仅不会危害日本社会，还会使日本社会得到国际社会的尊敬。除此之外，日本还从留学生的留学管理服务入手，进一步加强留学生的留学管理服务，同时进一步简化留学资格变更，以及在留学期间的更新等审查手续。

二、中国留学生的跨文化适应方式

留学生有着明确的目的，即到国外完成学业，以获得某种知识或某种能力，达到增长见识、开阔眼界、促进就业等目的。因此，留学生的跨文化适应主要以围绕学业目的而展开。中国留学生的跨文化适应主要涉及学习适应、生活适应及生理适应三个主要方面。

（一）中国留学生的学习适应方式

关于留学生的学习适应，国内外学者进行了广泛而深入的研究。例如，周步成在其《〈学习适应性测验〉手册》中指出，学习适应是指个体克服困难取得较好学习效果的倾向，即学习适应能力。学者田澜指出，学习适应是指学生在学习过程中根据学习条件的变化，主动做出身心调整，以求达到内外学习环境平衡的有利发展状态的能力。除此之外，还有的学者从心理学角度指出学习适应是指主体根据环境及学习的需要，努力调整自我，以达到与学习环境平衡的心理与行为过程。[①] 各个国家的课程专业设置，以及教学风格均有一定的差异，中国留学生在学习中常需要根据所在国家及学校的特点，调整自己的学习习惯和学习方式，以适应国外教学特点。从总体上来看，中国留学生的学习适应主要涉及这些方面。

首先，以自我调整为主进行适应，以达到跨文化学习的目的。中国留学生作为一个文化外来者在东道国学习时，需要打破之前的学习习惯和学习方式，适应东道国学校的规则。一般来说，主要涉及两方面的适应。一方面，即学习时间上的调整。中国学生从幼儿园开始，就养成了午休的习惯。学生常常将午休时间作为一天中能量缓冲时间。如果中午不休息，那么可能一整个下午的学习都提不起精神。然而，英美等西方国家没有午休的习惯。尤其

① 孟霞.女留学生跨文化适应研究 [M].武汉：武汉大学出版社，2018：59.

是在美国，相当一部分学校在中午 1 点到 2 点之间安排了课程。因此，初到欧美国家的中国留学生，在中午时间段的课程中常出现课堂上打瞌睡、开小差等情况，不能高效率地坚持上课或研究。因此，对于中国留学生来说，在跨文化学习中，先要调整学习时间。对此，许多中国留学生常在周末也放弃午休，按学校的作息时间进行调整，一般经过 4 周左右，就可以将生物钟重新调整过来，以适应学校的作息时间。另一方面，即对学习风格的调整。中国留学生长期接受国内教育，已经形成了一定的学习或研究风格。由于文化思维方式的不同，英美等西方国家的一些专业，尤其是社会学、经济学及传播学等的学习和研究方法与国内不同，中国在社会学、经济学及传播学方面的研究主要以定性研究为主，而欧美等西方国家在这些专业上的研究更强调调研和数据的收集等为主的定量研究。因此，中国留学生初到国外学习时，需要花费大量的时间和精力，在导师和同学的帮助下，调整自己的学习风格，以适应东道国的学习和研究风格。

其次，设置明确的学业适应目标，以达到尽快适应的目的。除了学习时间与学习风格外，中国留学生在适应国外学习时，通常还会遇到功课适应、学习动机适应、教学模式适应、学习能力适应、学习态度适应以及环境适应等多方面的适应障碍。对此，中国留学生在跨文化学习中通常通过设置几个主要目标，以达到尽快跨越适应障碍及尽快适应国外学习的目的。例如，教学模式是国内学习与国外学习中区别较大的一个方面。无论是高中、大学本科还是研究生等课程，国内教学模式相对固定。而国外教学，尤其是硕士及硕士以上教学模式，主要依赖学生与任课教师或导师之间的交流与沟通。这种相对灵活的教学模式对于中国留学生来说，需要花费相当一部分时间和精力进行适应。由于国外的教学模式相对较为宽松，因此特别强调学生的自主学习与自主创新能力。许多留学生到国外后，由于不适应这种教学模式，在一定程度上产生了学习懈怠，后期通过调整自身的学习态度和学习认知，才逐渐适应，并感受到这种学习模式对学生自主创新能力提升的作用。除了教学模式外，环境适应也是中国留学生较为关注的一个适应目标。所谓环境适应，主要指学习场所、研究场所及学习中的互助与交流情况的适应。中国留学生在国外留学时，大部分学生无法入住学校的宿舍，因此只能选择在学校周围的公寓租房，每天到学校或指定的学习地点开展学习或研究工作。这就使中国留学生在适应学校学习之外，还要适应住宿地的环境与生活。例如，有的学生租住区治安不好，为了安全起见，他们需要养成晚上不独自出门或自驾出行的习惯。

最后，积极跨越学习障碍，以达到跨文化适应的目的。中国留学生在国外学习时，常常会遇到各种各样的学习障碍，而对这种情况，中国留学生通常采取较为宽容的态度，以跨越学习障碍。这一点也与中国留学生的学习动机或自我认知有关。当代中国留学生中，绝大部分为自费留学生。大部分留学生的家庭具有一定的经济实力和社会地位，不必承担国内大部分学生所面临的就业压力和生活压力。大部分中国留学生将留学看作一种经历，而这种经历不一定要和今后的生活相挂钩，因此抱有一种体验式学习的心态。虽然中国留学生中不乏将留学生涯当作一种镀金的经历，然而，对于绝大多数中国留学生来说，所承担的压力较小，因此在面临学习障碍时，也能以一种更开放的态度来看待困难。另外，中国留学生在计划出国时，大部分学生对所报考专业和大学进行了比较详细的了解，对留学生涯中即将面对的困难也有了一定的预期，所以当他们在学习中遇到困境和障碍时，能够以一种较为宽容的态度来看待这种障碍，保持一种积极心态，以达到较好的跨文化适应目的。

从总体上看，中国留学生在学习上大多勤勉、认真，能够比外国学生花费较多的时间和精力在学习上。这一方面是由国外学校宽进严出的教育体制所决定的，留学生不得不努力学习，否则就拿不到毕业证书和学位证书，另一方面也与中国留学生在异国环境中，必须更加努力刻苦，才能跟得上国外课程进度有关。当前，大部分中国留学生的家境较为宽裕，在学业之余所面临的经济压力较小，但也有一部分中国留学生由于家境一般，需要在课余时间打工赚取生活费，因此在学业上花费的时间十分有限，导致面临较大的学习压力与经济压力。除此之外，还有一小部分中国留学生因无法适应国外的教学模式或跟不上国外的教学进度而自暴自弃，沉溺于网络游戏无法自拔。

（二）中国留学生的生活适应方式

对于中国留学生来说，学习适应是跨文化适应中最主要的方面，除学习适应外，生活适应也是中国留学生所面临的重要的跨文化适应。

首先，适应、练习语言，以达到跨文化适应的目的。语言作为一种交流和交际工具，渗透于留学生学习和生活的各个方面。中国留学生在留学前通常都会学习英语及所在国家的语言。尽管如此，中国留学生来到国外后发现，语言适应仍然是留学生面临的一个重要挑战。这与中国的外语学习偏重阅读和书写有关，大部分中国留学生对于听说的训练较少，因此，口语能力相对不足，导致在生活中使用语言时会遇到种种障碍。而且中国留学生在海外学习时，大部分选择与中国人合租一套公寓，平时的交谈中使用外语较少，不利于外语听说训练。为此，一些中国留学生采取日常购物的方式，以达到购物及练习听说的双重目的。另外，许多中国留学生通过校园中举行的各种座谈活动来达到练习语言、适应校园生活的目的。

其次，建立良好的身份认同，以达到跨文化适应的目的。身份认同是留学生所面临的一个极其重要的跨文化障碍。留学生抱着学习、增长见识的目的来到国外学习，通常会经历数年时间。而对于东道国学生、教师和居民来说，中国留学生属于局外人。据有关研究统计，中国留学生在生活中也很少关注东道国的新闻网站，而更加关注中国网站，尤其是时事方面的新闻，以及学术领域的信息等。[1] 这与中国留学生的留学动机有较大关系，许多中国留学生认为留学只是一种经历，自己未来生活的重心并不在外国，东道国发生的事件与自己的生活相关度并不高，所以关注较少。另外，中国留学生对自己所在社区的关注大多集中在安全问题上。他们对所生活社区的安全十分在意，而对社会的建设和发展的关注度较少。这也与中国留学生的外来者的身份认同有关。

最后，参与社会活动，以达到跨文化适应的目的。社会参与是指参与社会的经济、政治、文化、教育等各个领域的交往，不断获得社会交往的机会和资源，实现社会关系普遍的、全面的发展。[2] 中国留学生的社会参与度较低。例如，欧美等国家的中国留学生较少关注东道国的政治环境，即使关注，也多围绕自我为中心，关注问题多为就业、治安、教育和医疗等。另外，在经济文化方面，中国留学生参与东道国的经济文化活动通常局限于所在学校，或是与所在学校有关的活动，而不参与过多东道国的社会活动，因此在东道国的社会经济文化活动方面总体参与度不高。

（三）中国留学生的心理适应方式

心理适应是从心理学角度研究个体或群体面临新的环境时产生的一种心理反应及其结果。心理适应障碍是跨文化适应中的重要障碍，在跨文化适应中个体的许多表现都与心理适应有关。如果心理适应状态不好，那么中国

---

① 孟霞.女留学生跨文化适应研究 [M].武汉：武汉大学出版社，2018：84.

② 孟霞.女留学生跨文化适应研究 [M].武汉：武汉大学出版社，2018：87.

留学生在学习、生活及社会交往中的状态一般较差，相反，如果心理适应良好，那么其在学习、生活及社会交往的各个方面表现相对较好。中国留学生的心理适应主要表现在自我国籍身份认同、学校身份认同以及精神状态方面。

首先，认同中国国籍，以获得社会支持。近年来，随着中国综合实力不断壮大，在国际社会中的影响力越来越高，以及中国留学生规模日益扩大，许多中国留学生在国外学习与生活中均十分认同中国国籍。一方面，对于东道国的学生来说，中国人的身份能够引发交往者的兴趣，为中国留学生的跨文化交际打开局面；另一方面，对于中国留学生来说，中国国籍可以获得东道国的华人的诸多帮助和支持，为自己解决许多生活上面临的切实困难，以便尽快融入当地的生活。然而，中国留学生的这种国籍认同虽然能够为中国留学生最初融入东道国社会带来种种便利，但若过分依赖国籍，将自己的社会网络局限于华人交际圈，则不利于中国留学生真正融入东道国社会。

其次，中国留学生对国外学校的归属感不强。近年来，中国出国留学的学生越来越多，大部分中国留学生，尤其是硕士以上的留学生为国内名校毕业，对自己在国内的母校归属感较强。在国外学习时，虽然中国留学生大多能以主人的心态融入学校生活，但是一些访问学者对国外学校的归属感不强。这种归属感反映在心理上，导致部分中国留学生难以以主人的心态融入学校生活，跨文化适应产生障碍。对此，中国留学生可积极关注所在学校的校园组织或校园活动，主动融入感兴趣的小组中去，或积极参加各种校园活动，建立归属感。

最后，中国留学生的精神状态大多较好。尽管近年来中国留学生出现了低龄化留学的趋势，但大部分中国留学生仍为18岁以上成年人，已经具备了一定的社会阅历和生活经历，在遇到问题时，能够进行积极的心理调整。另外，大部分中国留学生家庭经济条件较为宽裕，经济压力相对较小，他们可以集中精力在学业上。当学业面临一定的困境时，他们可以通过一定的休闲方式进行压力缓冲，以缓解压力，保持较好的精神状态。

三、中国留学生跨文化适应的影响因素

中国留学生跨文化适应的影响因素包括语言因素、学习态度、对教学状况的满意程度、留学时间和学校的学术排名、对自身教育适应的评价、留学收获、后留学计划、留学推荐等。

（一）中国留学生学业适应的影响因素

首先，中国留学生跨文化适应的语言因素。中国留学生的语言能力与中国留学生的学习信心、学业能力，以及对自己在规定时间内完成学业的信心等直接相关。据有关研究表明，中国留学生的外语能力与学业之间的关系十分密切，呈现出正相关的关系。留学生对自身外语水平评价越高，对自己学业进步的评价也越高。外语水平较高的留学生能够在短时间内跨越沟通的难题，因此对自己在预定时间内完成学业的信心较大，而外语水平相对较低的学生，由于听不懂老师的课堂教学，因此对在预定时间内完成学业的信心较小。

其次，学习态度。中国学校教育与国外学校教育在教学模式、学习习惯、学习方法等方面存在诸多不同，因此中国留学生初到国外学习时，需要在学习上投入更多的时间和精力，以适应国外的教学模式和学习方法。中国留学生在学习上投入的时间与其学习成绩、学业能力、学业进步，以及在规定时间内完成学业的信心呈正比。通常来说，留学生在学习上投入的时间和精力越多，其对自身的学习成绩、学习能力以及学业进步的评价也越高，建立起来的学习自信也就越强。在学习上投入的时间与精神离不开留学生勤奋、刻苦的态度。从这一角度看，中国留学生的学习态度与留学生的跨文化适应息息相关。

再次，对教学状况的满意程度。留学生到国外学习时，需要克服的第一个因素即学术和生活环境的满意程度。学术环境往往是中国留学生选择国外学校和国外专业时考虑的首要因素，如果学校的学术氛围浓郁，对中国留学生的学业进步有较大影响，那么留学生对学校教学的满意度就越高。据有关数据显示，中国留学生对教学质量、教授本人、教学课程以及教学内容的满意程度越高，其跨文化适应性越好。另外，中国留学生对教学情况的认可还与其在一定时间内的学习成绩及在规定时间内完成的学业有关。中国留学生对教学情况的满意程度会在一定程度上转化为学习动力，支持其克服一切困难，专注于学习。当通过努力，学习成绩上升后，中国留学生对学业完成的信心又反馈至教学情况上，从而形成良性循环，极大地克服跨文化适应中的种种障碍。此外，随着中国留学生学习成绩及学业能力的提升，其与外国教师及同学之间交流的困难越来越小，交流越来越融洽，对教授或导师的评价也相对越高。可见，中国留学生与教师和同学之间的交流融洽度在一定程度上有利于增强中国留学生对教学情况的认可度和满意度。

最后，留学时间和学校的学术排名。留学生在学校学术上的排名与留学生的学业进步及学习适应呈现出正相关关系。学术排名高的学校往往因其教学质量和科研实力而在世界高校中占有一席之地。能够进入这些国际一流高校学习的中国留学生本身就具有相当不俗的学习能力。在这样的学校中学习时，中国留学生要同来自世界各地的优秀学生竞争，因此往往需要付出更多的努力才能跟上学习节奏，提高学习成绩，取得学业进步，然后再不断推动自身适应国外学习的能力。留学时间与留学生的学习适应也具有较强关系。留学生的跨文化适应与所有旅居者的跨文化适应相同，均会经历蜜月期、文化休克期、初步适应期、调整期及文化融合期等阶段。不同的留学时间，留学生的教育适应状态也不一致。

（二）中国留学生生活适应的影响因素

中国留学生生活适应主要体现在购物、交通、时间概念等方面。首先，购物方面。中国作为一个发展中国家，整个社会经济正处于飞速发展时期，社会财富正处于积累时期。人们的竞争意识较强，大部分人愿意为了事业而牺牲休闲时间和生活质量。比如，中国的商场、饭店及娱乐健身等场所营业时间长，打折力度大。尤其是商场常年无休，人们购物、娱乐等十分方便。西方发达国家由于社会物质财富积累已达到一定程度，社会福利保障系统相对较为完善，中产阶级在社会上占据主流地位。因此，这些国家的人们不像中国人一样拼命赚钱和无休止加班，相反，相比财富，他们更加注重生活质量、工作与生活之间的平衡，甚至十分厌恶加班。中国与西方社会因此形成了种种社会生活习惯和生活方式的不同。许多中国留学生到西方国家留学时，对于西方国家商场、超市等购物场所的营业时间十分不习惯。例如，德国的购物场所一般晚上六七点钟就会关门歇业，而大型商场和超市最晚八点也就全部打烊了。与中国超市营业至晚上九十点钟相比，关门较早，并且周末除教堂外，其他营业场所全部关门歇业。这使中国留学生在购物时感觉十分不习惯，而这种不习惯在一定程度上影响着中国留学生在留学期间的跨文化适应的满意度。

其次，交通方面。中国的交通系统，尤其是铁路运输系统由铁路部门统一规划调动，道路交通十分发达，尤其是各大城市之间，直达列车多，出现晚点的概率相对较小，晚点时间也较短，对于列车的后续运行影响不大。各大城市的地铁也很少出现停运、晚点等情况。城市公交系统则会根据乘客在不同时间段的乘车情况与路况灵活地发车与行驶，尤其是早晚高峰期间的公交车和地铁相对密集，可以满足城市内人们的上下班需求。西方国家的交通系统对时间的要求相对更加严格。例如，德国的铁路交通与公交系统在时间安排上比较紧凑，每个站台之间的火车趟次间隔较小，同一个站台上往往在一两分钟内会有多趟列车停靠，因此如果稍微晚点几分钟就会引发多米诺骨牌效应，从而导致火车大批量晚点和拥堵。因此，人们常常处于"赶火车"的状态。

最后，时间方面。中国人的时间观念属于非线性思维，而西方国家的思维多为线性思维。例如，在就医方面，中国人随时可以去医院看病，然而无论什么时候去看病均需排队，排队时间或长或短，属于不确定因素。西方国家就医时则采用预约制，提前与医生预约好时间，并在预约规定时间内看病，不需排队，但对时间的要求更为严格，如果预约了时间而临时有事，则需及时告知对方，取消预约，以便对方及时调整自己的时间。这种对于时间的管理还体现在与教授见面讨论问题等多个方面。因此，西方国家的人通常时间表安排得十分紧凑，一件事情紧接着另一件事情，具有高度的计划性。中国人对时间的安排则没有那么紧凑与严格，甚至习惯在同一段时间里同时做几件事。因此，许多中国留学生刚到西方国家留学时，这种紧凑而严格的时间安排常在无形中带给中国留学生较大的压力和紧迫感，从而在一定程度上影响着中国留学生的跨文化适应。

（三）中国留学生心理适应的影响因素

中国留学生远离亲人独自在海外求学，因此难免产生孤独、想家等心理。而在中国留学生的心理适应影响因素中，社会支持的影响较大。进入21世纪以来，随着中国留学生群体的规模越来越大，中国留学生所在的国家和城市也越来越多。中国留学生在海外常常受到留学中心等中国群体的帮助，得到的支持与关怀也越来越多。然而如果过度依赖这种华人小圈子，中国留学生同样难以真正融入西方社会。

中国留学生在国外学习中常面临着学业压力和生活压力。较大的社会压力常使留学生产生较大的情绪波动，导致精神上的压抑。尤其是硕士及硕士以上学历的留学生，不仅面临较大的科研压力，还在生活上受限于交际圈和娱乐时间，无法通过多样化的休闲娱乐排解压力。一些中国留学生采取消费的方式，转移精神紧张与精神压力。此外，许多留学生还会通过与家人视频的方式倾诉自己的压力，借以转移和排解在学业和生活中遇到的种种不适与压力。例如，某留学生由于租房时房东为其准备了全套家居用品，因而房租较周围同学多了100美元。这位留学生因此耿耿于怀，对融入异国抱有较大的抵触心理。后来，她将这件事向男友倾诉时，男友对其进行劝解后，她终于打开心结，开始用一种宽容的态度对待房东。这种态度使她在之后的时间里与房东的相处较为愉快，并因此受到房东诸多照顾，为其融入异国生活、跨越文化障碍奠定了较好的基础。除此之外，还有许多留学生选择在网络上发微博、发帖等来倾诉自己在生活中遇到的压力。这些方式使中国留学生在面临较大的文化差异与文化冲突时，既可以排解自己的心理压力，避免负面情绪积累，又能从亲人、朋友或陌生的网络看客的建议或意见中获得某种支持，找到某种适应国外留学的方法，提高自身的跨文化适应能力。

第三节　中国留学生的跨文化适应能力提升策略研究

旅居者的跨文化适应能力自20世纪90年代以来受到学者的广泛重视。跨文化适应能力包括认知、情感与态度三个维度的多个方面。中国留学生的跨文化适应能力的提升主要体现在学习、生活、人际交往及心理适应等方面。

一、中国留学生跨文化适应的特点

中国留学生大多在出国前就已经做好了充分准备，为适应国外教育奠定了基础。主要表现在语言准备、经济准备与学业准备三个方面。语言准备是指大多数中国留学生在出国前均参加了外语培训与考试，因此在语言方面奠定了一定的基础。较高的外语水平是跨文化适应能力的重要组成部分，在中国留学生的跨文化适应过程中起到了关键性的作用。经济准备主要指中国留学生出国前就考虑好留学生涯中主要的经济来源是什么，且这一经济来源是否足够支持留学各个阶段的日常支出。一般来说，中国留学生的经济来源主要有三种，即家人支持、高校提供的奖学金以及留学生在国外打工的收入。无论是哪一种途径，都应提前做好计划与准备，以不影响学业为主。学业准备则主要指中国留学生在留学前，通常已经在相关的专业领域积累了一定的基础，且中国留学生所学的专业知识大多能够帮助其更好地理解就读专业，在一定程度上为留学生适应国外教学进度、提升自身学习能力奠定了基础。

中国留学生的跨文化适应具有以下几个特点。

首先，中国留学生的跨文化适应是一个从被动到主动的过程。这一过程与中国高等教育及国外高等教育的教学风格有关。中国大学或院系在学生学习过程中提前制订好了种种教学计划，有关学生学习方面的事宜如先学哪门课程、后学哪门课程均已经安排得井井有条，学生只要按照教师安排好的学习计划执行即可。可以说，在中国教育中，学生的被动学习性质较强。而在国外高校中，中国留学生必须摆脱对教师和学校的依赖，独立地规划自己的学业。不仅需要中国留学生独立选择课程，还需要中国留学生根据教学大纲独立购买与课本相关的或其他各种参考资料，甚至在学习过程中的作业和考核形式也需要留学生与教师一起协商决定。这在一定程度上赋予了学生更多的自主权，十分考验学生自主学习的能力。对于中国留学生来说，从中国式的高等教育风格向国外高等教育风格的转变中必须遵守国外全新的教学模式和教学规则，从被动学习向主动学习的方式转变。中国留学生要学会在上课前对学习内容做好预习，课堂上也应克服中国课程上的思维习惯，改变沉默，积极发言，并参与小组讨论；在课下，也应打破原有的思维模式，克服害羞心理，勇敢地与教师、同学主动进行沟通与交流。只有这样，才能不断提升跨文化适应能力。否则，如果继续沿袭国内学习模式，将自我封闭在一个独立的环境中，不与教师或同学主动交流，那么只会变得更加孤独与寂寞，甚至引发种种心理问题。从总体上看，中国留学生从主动到被动的过程充满艰辛，需要付出较多努力才能完成这一转变。

其次，中国留学生在跨文化适应中，需在充分发挥主观能动性的同时，得到客观环境的支持与帮助。中国留学生在适应国外学习与生活环境的过程中，通过不断接收外界的反馈，对自身的态度与行为不断进行调整，以适应新的学习与生活环境。例如，留学服务中心在中国留学生的学习过程中即可发挥支持作用，通过经验传授等方式给予中国留学生学习和生活上的帮助。除此之外，中国留学生还应充分发挥主观能动性，借助有限的资源克服教育适应中遇到的种种困难，从而达到适应学习与生活环境的目的。中国留学生的这种主观努力在一定程度上也影响着其所处的教育和生活环境。

再次，中国留学生的跨文化适应具有过程性，并呈现出一定的阶段性特点。众所周知，跨文化适应中存在所谓的"U形曲线模式"，根据这一模式，中国留学生的跨文化适应也呈现出一定的阶段性。这也意味着中国留学生在跨文化适应中难免遇到困难与挫折。然而，从长远的角度看，只要克服困难、战胜挫折，跨文化适应性将朝着良性适应的方向发展。因此，中国留学生在学习、生活中遇到困难时，应保持信心与耐心。当跨文化适应遇到障碍时，应该积极采取多种措施排解不良情绪、解决问题，树立战胜困难的信心，并在这一过程中不断提升自我的跨文化适应能力。

最后，中国留学生的跨文化适应是一个不断认识自我、挑战自我的过程。中国留学生在留学过程中不断根据当地的学习环境、语言环境、生活环境调整自己的行为，不断努力跟上异国教学节奏，融入异国教学氛围，这一过程便是一个不断发现自我、认识自我和挑战自我的过程。在这一过程中，中国留学生会遭遇种种困难与挫折，他们面对这些困难与挫折时所持有的学习态度，以及在此过程中表现出来的种种突破，均成为推动他们成长与进步的动力。

综上所述，中国留学生的跨文化适应是一个十分漫长而艰辛的过程。有关研究表明，留学生的适应过程一般需要两年，然而留学生适应问题存在一定的长期性。① 对此，近年来，中国各驻外国大使馆以及世界各高校均对中国留学生的跨文化适应问题进行了不同程度的关注，并采取了多种措施帮助中国留学生提升跨文化适应能力。

二、中国留学生跨文化适应能力的培养策略

当前，我国高校对中国留学生的跨文化适应能力的提升缺乏有针对性的培训。各个高校的留学机构或国际交流处一般通过开展讲座、邀请有留学经验的校友交流等方式为有出国留学计划的学生提供一些建议。一般来说，中国留学生的跨文化适应能力培养可以从三个方面入手。

（一）学习适应能力的培养

中国留学生的学习适应能力的培养主要集中在语言的学习与运用、专业知识基础的储备及学习习惯的转变与适应等三个方面。

首先，语言的学习与运用。语言学习在学习适应能力的培养中占有主要地位。国外授课大多使用英语或东道国主流语言，如果不具备相应的语言能力，很难听懂老师在讲什么，更别提跟上课程进度及转变学习模式了。我国出国留学生一般在出国前就进行了英语培训与考试，因此大多具备较好的英语基础。然而，除了主要英语国家，在非英语国家留学时还应学习相应的东

① 朱佳妮.中国出国留学生教育适应状况的研究[D].上海：上海交通大学，2008：40.

道国的语言，这样才能减少学习与生活中的交流障碍。例如，在荷兰的中国留学生发现，虽然英语在荷兰具有一定的通用性，但大多数荷兰人仍使用荷兰语，因此中国留学生在学习语言时应充分考虑所在东道国的语言。在语言学习中，中国留学生出国前可通过语言辅导机构培养一定的语言能力。出国后，如果语言能力不足，中国留学生还可积极参加国外高校中设置的语言课程，以及积极通过多种方式锻炼语言能力，为学习适应能力的提升奠定基础。

其次，专业知识基础储备。一般来说，留学生在出国前就会对即将奔赴的学校及所学专业进行比较全面的了解，尤其是对所学专业的研究方向、研究内容及研究方法进行全面而深入的了解。只有这样，才能在留学后较快融入专业学习中，并跟上教学进度，从而消除"门外汉"的感觉，提升学习适应能力。

最后，学习习惯的转变与适应。教学方式和学习方式的不适应是中国留学生所面临的主要学习障碍。中国留学生刚到国外留学时，在国外课堂上的表现相对保守，并且偏于内向，主动发言的次数较少，在小组讨论中表现得也相对沉默。这与国内外教学方式和学生的学习方式有较大的差异有关。在中国课堂中，教师是主导，带领学生一起复习上节课所学的内容，阅读本节课的材料，之后展开本节课的学习，而国外课堂安排差别较大。以德国课堂为例，德国课堂属于探索式课堂，在学期开始时，教师通常会为学生提供每门课程有关的参考阅读书目或材料，要求学生在每节上课前仔细阅读相关材料。开始上课后，教师会默认所有学生均已按照要求阅读了指定材料，而不对材料进行复述和讲授，直接在材料的基础上开始内容讲授。如果学生之前没有按照老师的要求进行阅读或预习，那么整节课下来就会一头雾水，什么也没有学到，更别提主动发言了。除此之外，德国课堂以学生为主角，教师只充当引导者的角色，常常抛出一个话题，引发学生的思考与讨论，而讨论的结果可能到课程结束时也没有结论。教师为了引导学生围绕这一话题继续思考与探索，常常将这一话题布置为作业或论文，要求学生在课后完成。中国留学生在适应国外教学和学习方式时，需要付出较东道国学生更多的努力，按照提前预习、课后复习并调研、课上积极参与的方法不断提高学习的主动性，转换学习思路，提高跨文化学习能力。

除此之外，外国高校的作息时间与我国高校不同，许多国外高校，尤其是硕士及以上学历进修学习中，常常在午餐时间召开讲座或以小组的形式进行讨论，甚至有的学校或专业习惯在深夜或凌晨开会讨论学习。这对于有午休习惯及不在学校住宿因而不适合夜间学习的中国留学生是一个较大的障碍。对此，中国留学生只能适应所在学校的时间安排，根据国外课程时间调整自己的作息习惯，将原本的午休时间看成正常时间，通过调整午休时间，提升午休时间的学习效率。另外，不居住在学校而需参加夜间学习或讨论的中国留学生，则应积极借助同学的帮助，或主动将学习场所安排在离自己较近或便于自己安全出入的地方，以适应并参与到学习讨论中去，并在这一过程中不断发挥主观能动性，提升自己的跨文化学习和适应能力。

（二）生活适应能力的培养

中国留学生生活适应能力的培养包括语言能力的培养、经济能力的提升，以及积极参与学校或社会活动能力的培养等。

首先，中国留学生语言能力的培养。语言能力不但对提高留学生的学习能力有重要作用，而且能极大地提升中国留学生的生活适应能力。一般而言，国外高校多通过参与学校组织的活动、教会组织的活动，以及大量收听和收看当地影视新闻等节目培养留学生的语言技能。进入 21 世纪以来，世界高校对留学生教育越来越重视，各国高校为了吸引留学生，常在校园中针对国际学生组织各类活动。例如，定期组织本地学生与其他国际学生结成互助对子，彼此建立联系。这种活动通常有利于提高留学生的语言学习能力，因此中国留学生可以通过参与此类活动迅速提高自己的语言能力。另外，在一些教会学校中，还可以通过参与教会组织的活动，练习视听语言，提高自己的语言能力。此外，由于中国留学生群体大多在留学地有固定的华人团体，且中国留学生多住的是合租公寓，生活在一个固定的华人圈子中，缺少足够的对外交流的机会。尤其是我国博士留学生多为在国内取得一定成就或拥有一定社会或学术地位的老师，这些留学生中的许多人出于爱面子的心理，很难放下身份符号的束缚而主动开口找话题与东道国同学交流。针对这种情况，中国留学生应根据自己的语言能力，视情况走出华人圈子，以一种兼容并蓄的开放心态面对周围的同学与教师，充分利用跨文化交流与互动的机会练习语言。除此之外，中国留学生还可以通过收听和收看各种东道国新闻或影视节目，在不影响学习的前提下，大量接触东道国语言，不断提高语言能力，并在掌握东道国语言的基础上，培养并提高生活适应能力。

其次，中国留学生经济能力的提升。部分中国留学生在留学过程中面临着经济压力问题。近年来，随着中国留学生的规模越来越大，中国留学生在获得奖学金方面变得越来越困难。有关研究表明，在国外的中国留学生的奖学金的获得受到成绩、实践、工作经验等限制，而激烈的奖学金竞争与经济压力也给中国留学生的生活带来种种困难。对此，中国留学生可以结合东道国的有关政策，申请各种国家、学校或财团奖学金，或通过多种方式参与就业，以不断提升经济能力。例如，韩国政府为留学生提供了多种有报酬的方式解决留学生的就业：留学生可以通过某些宗教团体的帮助，获得教授汉语、做资料翻译、做志愿者等工作机会并获得酬劳。除此之外，有意到韩国留学的中国留学生还可以通过申请国家奖学金或相关财团、企业奖学金，以提前应对经济上可能发生的种种困难。

最后，中国留学生积极参与学校或社会活动能力的培养。中国留学生由于种种原因，较少参与东道国学校或社会的活动。然而，积极参与学校和社会组织的各种活动是提升留学生跨文化适应能力的重要方式。参与高校社团活动还能够深入了解东道国的文化，了解留学生母国与东道国之间的文化差异，提升留学生的文化敏感性，增强留学生的适应能力。而不同国家高校中均设置了大量种类丰富的社团活动。例如，美国高校社团的加入与退出的程序均相对简单，许多社团只要在网上注册即可参与。参与高校社团能增强留学生的文化归属感，为留学生带来许多益处。例如，高校社团组织的活动不仅可以展现留学生的特长，增强留学生的自信心、责任感、自我意识，还可以提振留学生的信心。另外，参与高校社团还能够接触不同类型的人，不断提升留学生的跨文化交际能力。

（三）心理适应能力的培养

中国留学生的跨文化心理适应能力的培养与留学生个人的性格有很大关系。有的留学生的性格较外向，较易进行跨文化交际活动，能够与周围的人打成一片。有的留学生则性格相对内向，不善于与人沟通，大多数时间沉浸于自己的学业中。然而，留学生在留学时难免遇到生活上和学习上的不适应，并且留学期间的跨文化适应时间较长，因此中国留学生的心理适应能力的培养至关重要。心理适应能力是培养学习适应能力及生活适应能力的前提，心理适应能力的培养可以从三个方面入手。

首先，中国留学生心理适应能力的培养应从对自我的客观评价入手。从清朝末年开始，中国留学生教育已走过了一个半世纪的历史。对此，我国留学生的留学动机也几经变化。中华人民共和国成立前，中国留学生大多抱着救亡图存的目标。中华人民共和国成立后至改革开放前期，中国留学生大多以学习他国的先进技术发展和建设国家为目的。20世纪八九十年代，我国刚刚开放个人留学时，许多自费留学生将留学当作一种高不可攀甚至光宗耀祖的事情，大肆宣扬，在心理上存在一种优越感。进入21世纪以来，由于我国的自费留学政策进一步放开，中国留学生人数呈现出不断增长的态势。大多数留学生开始将留学当作一种独特的教育经历以及学习西方知识与文化的途径，不再将留学的身份当作一种俯视他人的资本。一般来说，能够获得留学资格的多为我国学校中的佼佼者，而他们到了国外不再享有任何优势，一样要经历语言、教学方式及学习方式、生活习惯等种种适应。正确的自我客观评价有利于学生正确预估留学生涯中出现的种种困难，做好心理预期，有利于留学生在跨文化适应中做好充足的应对准备，提高心理适应能力。

其次，中国留学生心理适应能力的培养应从宽容的心态及正确的交际态度入手。留学属于跨文化适应中较为特殊的一种类型。到异国他乡学习时，不仅饮食、居住、语言、思维等方式均需发生变化，教学模式和学习方式也发生了一定变化。地域限制、文化限制和社会空间限制等均在一定程度上影响着中国留学生各种目标的实现。尤其是由于文化差异而导致的交际障碍等均会给中国留学生的心理增添无数压力。对此，中国留学生应正确、客观地认识文化差异，不对生活中的饮食、居住环境做过多苛求。对于由于文化差异而引发的种种误会与障碍也应保持一种宽容的心态，以免为自己平添多余的压力。另外，在学习和生活中遇到问题时，应以亲和友善的方式示人，以寻求他人的帮助。

最后，中国留学生心理适应能力的培养应从社会支持入手。中国留学生在异国他乡求学时，因为文化差异、经济困难或学业压力等原因，而与教师或同学的交流与交际较少，因此容易形成孤立的、狭小的社会空间。中国留学生若长期在这种学习和生活环境中，极易引发的种种心理问题。对此，中国留学生应积极建立有效的社会支持体系，利用周围可以利用的种种资源，如与中国同学、亲人或朋友，东道国的教授、中国在东道国的学生管理和服务机构等建立广泛的社会关系网，以提高学校生活的满意度，提高心理适应能力。

第七章　来华留学生的跨文化适应能力与提升策略

第一节　来华留学生的发展历程及其特点

一个国家接收留学生的绝对量和相对量的多少反映该国高等教育国际化的认可度。自中华人民共和国成立以来，来华留学生教育取得了长足的发展。

一、来华留学生教育的发展历程

中国来华留学生教育自中华人民共和国成立至今经过了多个阶段的发展，大体可分为三个阶段。

第一阶段，1950—1976年，来华留学生的初创与曲折发展阶段。我国接收的最早的来华留学生可追溯至1950年。1950年，我国应捷克斯洛伐克和波兰的要求，接收了首批来自东欧的留学生。这批东欧留学生进入我国清华大学中国语文专修班学习汉语。从此，中国掀开了外国留学生教育的崭新一页。1954年，万隆会议后，我国与亚洲各国的周边关系取得了较大发展，这一时期，我国陆续派遣留学生到苏联及东欧等国家学习，一些亚洲国家也派遣留学生前来我国学习汉语知识。20世纪五六十年代，随着亚非拉民族解放运动的兴起，许多新独立的亚洲和非洲国家与我国建交。1959年，一些新成立的非洲国家及拉丁美洲国家开始派遣留学生来华学习。这一时期，日本、西欧及北美等一些国家和地区也通过民间渠道派遣留学生来我国留学，学习语言。据有关数据统计，1950 —1959 年，先后有 68 个国家派遣7 259 名外国留学生来华学习。① 这一时期来华留学生大多来自社会主义国家，在总体上呈现出规模逐步扩大、涉及国家和地区逐渐增多的特点。1966年，来华留学生教育一度中断。1971 年，我国恢复了在联合国的合法席位，1972 年，时任美国总统尼克松访华，这两件国际大事发生后，中国的国际地位得到了进一步提升。许多国家纷纷与我国建交，并派遣留学生来华学习。1973 年，我国正式恢复接收来华留学生。尽管这一时期来华留学生教育得到了恢复，但受当时政治气候的影响，我国的来华留学生教育各方面工作发展十分缓慢。

第二阶段，1978—1999 年，来华留学生教育快速发展阶段。1978 年，改革开放以后，我国对来华留学生教育政策进行了改革。同年，我国首次对来华留学生采取通过考试进行录取的做法，来华留学生的素质有了较大提高。1980 年，我国教育部发布了《关于在高等学校开办外国人中文短训问题的通知》，这一政策极大地推动了来华留学生教育的发展。为了进一步规范来华留学生教育，1986 年，北京语言学院（现为北京语言大学）成立了专门研究留学生教育的群众性学术团体，标志着我国外国留学生的教育管理工作开始了由经验型向科学型的转变。② 1989 年，我国教育部发布了正式通知，规定高校可以接收自费来华留学生。这些政策一步步推动了我国来华留学生教育的发展。据有关数据统计，1978 年，我国来华留学生总量为 1 900人，并且全部享受政府奖学金。1979 年至 1989 年期间，累计 26 000 余名自费留学生来华学习。③

1993 年，国务院颁布了《中国教育改革和发展纲要》，根据这一纲要，我国高校的自主权进一步增加，包括留学生录取权等在内的权利下放给高校。此外，我国对来华留学生的教育管理体制也进行了一系列改革，通过进一步规范来华留学生教育在内的法律法规，我国留学生管理工作走上了法制化、科学化和规范化的道路。进入 20 世纪 90 年代后，随着改革开放的深入，以及中国加入世界贸易组织等事件的影响，来华留学生规模呈现出逐步壮大的特点，来华留学生所涉及的国家和人数也越来越多。据相关数据统计，自

---

① 郑向荣，陈昌贵.来华留学生教育及其发展 [J].湘潭师范学院学报（社会科学版），2004(3): 131.

② 同①。

③ 同①。

中华人民共和国成立至 1999 年，我国累计接收来华留学生 34 万人次，生源地达 166 个。[①]

　　第三阶段，2000 年至今，来华留学生教育深入发展阶段。进入 21 世纪以来，来华留学生呈现出以下三个特点。首先，来华留学生的规模进一步壮大。2000—2017 年，我国累计接收来华留学生近 420 余万人次，平均每年以 25 000 多人的速度递增。来华留学生的生源地达 204 个，来华留学生生源朝着国际化、分散化和均衡化的方向发展。与此同时，我国接收来华留学生的高等学校、科研院所和其他教育教学机构的数量也得到了明显提升。截至 2017 年，我国接收来华留学生的各类教育机构已增加至近千所。接收来华留学生的教育教学机构几乎遍及我国各个省份，我国来华留学生教育正朝着健康、全面、协调及均衡的方向发展。其次，来华留学生教育呈现出稳定发展的新趋势。最后，我国来华留学生教育机构中的海外孔子学院在来华留学生教育中起着宣传推广的作用。我国第一所海外孔子学院于 2004 年在韩国成立。经过十几年的发展，截至 2017 年，海外孔子学院共在全球 146 个国家和地区设立了 525 个孔子学院，并设立了 1 113 个孔子课堂。在孔子学院注册的各类学员累计达 916 万人。孔子学院已经成为全世界了解中国的一个重要平台与窗口。孔子学院在全球起着推广汉语与中国文化的作用。每年大批学生通过孔子学院中所设置课程的学习，选择来华留学。除此之外，孔子学院每年还设立了诸多奖学金名额，资助对中国感兴趣的读者来华攻读学位或从事研修工作。

二、来华留学生教育的影响因素

　　来华留学生教育是一个极为复杂的系统工程，其发展、壮大、改革与多种因素直接相关，具体来说，可分为外部因素与内部因素两大部分。

（一）外部因素

　　首先，当前的政治、经济及社会发展是我国来华留学生教育发展的直接促进因素。自 20 世纪 90 年代以来，随着苏联解体，冷战结束，中国作为全世界最大的发展中国家，开始与世界上各个国家建立全方位的交流与合作。随着中国政治、经济的迅速发展，以及中国综合实力的发展，中国在国际舞台上拥有的话语权越来越多，为我国来华留学生的稳步发展起到了极为重要

---

① 宋婷婷 .21 世纪以来来华留学生教育发展趋势研究 [D]. 昆明：云南大学，2018：6.

的推动作用。21 世纪初期，来华留学生教育取得了长足发展，表现出极强的增长势头，然而从整体上看，政治在其中所起的作用是显而易见的。例如，21 世纪初期，日本来华留学生人数频频增长，然而 2013 年前后，日本来华留学生数量明显降低。这与当时的日本与中国两国政治关系的微妙变化有很大影响。

其次，地缘关系。从来华留学生生源地看，亚洲来华留学生的人数占比较大，这是由地缘关系决定的。由于毗邻，在数千年的历史交往中，各国的文化渊源有着千丝万缕的关系，形成了各国之间交往的独特的精神纽带。也由于地缘相近，国家之间有着相似的语言背景、风俗习惯等，因此这些国家与我国的文化距离较近，留学生在留学期间较少产生文化不适应或文化休克现象。另外，我国近年来一直致力发展、巩固与周边国家的关系，保持开放、包容的发展观，从文化、教育等多个方面推动我国与周边国家的交往，加深了国家之间的友谊，增进了彼此之间的了解，这也使周边国家的来华留学生从心理上更倾向于来中国留学。除此之外，距离优势也是周边国家的学生选择中国作为目的地的主要原因之一。近年来，中国现代交通运输业发展速度较快，航空业十分发达，北京、上海、广州等大城市每周甚至每天均有航班来往于周边国家，使中国周边国家的学生来华留学十分便捷，数小时飞机即可到达，因此吸引了大批来自周边国家的来华留学生。

再次，经济关系。经济关系是指国与国之间、企业与企业之间以及人与人之间因为经济交往而产生的关系的总称。[①] 国与国之间的经济贸易往来有利于促进来华留学生的发展。例如，中美贸易往来自进入 21 世纪以来呈现出上升态势。随着经济的发展，中美两国需要大量既懂对方国家语言又懂金融与贸易的复合型人才。因此，来华留学生中，美国留学生的数量和规模较大。此外，经研究发现，随着中美贸易的频繁，生源地为美国的来华留学生数量较之前有了较大增长。例如，2010 年，随着中美两国频繁的经济往来，美国需要大量谙熟中英双语的人才，因此启动了"十万美国人留学中国"的计划，仅 2011 年，来华留学生中的美国学生的数量较前一年增长了 18%。为了吸引美国来华留学生，中国采取了多项积极措施。例如，设立了"中美人文交流专项奖学金"，以此鼓励和推进中美双方高校间的深层次合作与交流。由于美国来华留学多为培养贸易所需的语言人才，因此多以自费和短期语言培训班为主。

---

① 宋婷婷 .21 世纪以来来华留学生教育发展趋势研究 [D]. 昆明：云南大学，2018: 23.

最后，外部因素中，除了积极因素，灾害、疫情等突发事件对来华留学生教育的发展起着一定的负面作用。由于来华留学生远离母国，在异国文化中生活与学习，所以大多对安全十分关注。当中国产生较严重的自然灾害与疫情时，难免对来华留学生产生不利影响。例如，进入 21 世纪后，来华留学生一直呈现增长态势。然而，这一情况在 2003 年产生了变化，呈现出下滑态势。这是由于 2003 年中国爆发了 SARS 疫情，这在一定程度上阻碍了来华留学生教育的发展。许多原本在华的留学生也由于疾病带来的恐慌而纷纷申请休学和退学。对此，我国政府特意开通了绿色安全通道，协助来华留学生离境、回国。当 SARS 疫情过去后的第二年，即 2004 年，来华留学生的数量不但得以恢复，而且呈现增长态势。

（二）内部因素

除了外部因素外，内部因素也是来华留学生数量和规模稳定发展的主要原因。首先，我国政府的重视是来华留学生教育发展的重要前提。早在中华人民共和国成立之初，我国就十分重视来华留学生教育。当时，我国尽管并不富裕，却十分重视来华留学生教育，并将其视为对外开放的重要窗口，投入专项费用支持来华留学生教育。例如，成立专门机构对来华留学生教育进行管理，从教育部至省市级再到各个高校均十分重视来华留学生教育，并根据形势需要，不断调整和制定新的来华留学生教育政策，为我国来华留学生教育事业的健康发展奠定了基础。中国稳定的政治发展环境是大部分来华留学生选择中国作为留学目的地的最主要原因之一。近年来，随着世界留学教育的大规模发展，留学生群体的安全成为留学生关心的首要事项。中国政局稳定，社会安定，依法治国，数十年来，构建了稳定、安全的社会环境，这对于各国留学生来说十分具有吸引力。除此之外，改革开放以来，尤其是进入 20 世纪 90 年代以来，我国经济始终呈现出稳定增长的态势，国家综合实力不断上升。进入 21 世纪，中国成功加入世界贸易组织、首次成功发射神舟五号载人航天飞船、成功举办北京奥运会和上海世博会、提出"一带一路"倡议等，这些离不开中国蓬勃向上的经济发展。尤其是近年来，在世界经济普遍处于增长缓慢时期的大环境下，中国经济的强劲发展势头及巨大的市场潜力仍令世界瞩目。中国经济的发展吸引了全球跨国企业纷纷来华投资、建厂，与中国开展各种形式的贸易合作，这种经济活动极大地拉动了各国对中国语言人才的需要，也间接促进了中国来华留学生的发展。除了西方发达国家外，一些发展中国家也积极与中国展开合作，吸引了大批发展中国家的留学生前来中国学习各种知识，以发展本国经济。另外，进入 21 世纪，中国来华留学生的数量增多和质量提升也离不开中国对高等教育的投入。近年来，中国不断完善教育设施，改革高等教育制度，使高等教育坚持朝着国际化的方向发展，教育质量和科研力量大幅增长，为吸引来华留学生奠定了基础。

其次，政府重视和国家资金扶持成为来华留学教育发展的重要前提。随着全球经济一体化时代的到来，各国争相发展国际教育，我国对来华留学生的教育也十分重视，不仅出台了一系列有利于来华留学生教育的政策，还从财政上投入专项资金保障来华留学生教育工作的开展。尤其是改革开放以来，来华留学生教育被我国政府当作一项对外开放事业而倍加重视，除了成立专门的机构负责来华留学生教育工作，有关来华留学生教育的政策也更加灵活。自 2004 年开始，中国来华留学生教育从单纯追求数量转向数量与质量并重的道路。2010 年，《国家中长期教育改革和发展规划纲要（2010—2020 年）》出台，其中明确指出要进一步扩大外国留学生规模，增加中国政府奖学金数量，重点资助发展中国家学生，优化来华留学人员结构。同年 9 月，我国发布的《留学中国计划》中指出，到 2020 年外国在华接受高等学历教育的留学生达到 15 万人，同时来华留学生生源结构和生源层次更加趋于平衡。2014 年，《留学中国计划》中的目标提前完成。在我国财政的大力支持下，一些发展中国家的生源逐渐增多，与此同时，在发展来华留学生教育时，我国高等教育得到了极大发展，几乎所有省份的高校均接收在华留学生，使来华留学生教育资源的地区分布更加趋向合理化。

再次，留学机制和高等教育体制改革为来华留学生教育的发展提供了动力。中华人民共和国成立后，来华留学生教育被上升至国家层面，由政府完全主导实施，各高校无权干涉。改革开放以后，我国留学工作机制进行了改革，下放了部分留学工作的权力，各高校获得了一定的来华留学生招生自主权。之后，我国通过一系列措施，进一步完善了来华留学生的考试制度和学位制度，并成立了国家留学基金管理委员会专门负责来华留学生的招生、选拔和管理工作，使我国来华留学生教育开始走上正规化和法制化发展的道路。进入 21 世纪后，我国陆续出台了多个条例，形成了政府各部门以及政府和高校之间权责分明、配合密切的工作机制，使我国来华留学生教育朝着健康、规范的道路发展，推动了我国来华留学生教育服务水平的不断发展。之后，为了解决来华留学生的各种后顾之忧，我国陆续出台了《高等学校国际学生勤工助学管理办法》《关于允许优秀外籍高校毕业生在华就业有关事项的通知》等有力措施，使留学生在学习之余，就业压力和经济压力有了规范的解决渠道，逐步为来华留学毕业生打通实习和就业渠道。同时，我国不断简化来华留学生申请手续、流程，为来华留学生的入学申请、课程选择、奖学金申请，甚至是住宿和接机预定提供了较完善的服务。此外，我国对来华留学生的工作机制还进行了一系列改革，为来华留学生教育的大规模发展奠定了基础。除了来华留学生机制改革外，改革开放以来，我国高等教育体制也不断进行改革与创新。2009 年，创建了来华留学生预科教育制度，来华留学生经集中培训语言合格后进入各高校进行专业学习的学历教育。当前，我国高等教育正朝着"双一流"建设的方向发展，在推动我国来华留学生教育的同时，加快推动我国高校进入世界顶尖大学和顶尖学科俱乐部的发展。可以说，我国高等教育体制改革在一定程度上推动了我国来华留学生教育的进步和发展。

最后，对外宣传是来华留学生教育发展的重要因素。我国来华留学生教育的发展，离不开我国在各国所进行的招生宣传。例如，中国留学服务中心分别于 1999 年、2000 年、2001 在日本和韩国举办多场中国留学说明会，面向日本和韩国的高校学生宣传和推介我国的高等教育和特色专业优势。之后，我国在国外还多次举办中国高等教育展、来华教育展等多种形式的教育推介和教育展览，不断推动和开拓我国来华留学生的教育市场，宣传我国高等教育改革和发展成果。除了国家之间的宣传外，我国高校还通过积极开办双语课程，与国外一流大学进行多种形式的合作，建立高校间学历、学位互认制度等多种形式，拓展来华留学生招生培养渠道。我国高校经教育部审批设立了多个中外合作办学机构和项目，这些机构和项目可在境外直接招生，进行各种形式的招生和宣传。除此之外，我国教育管理部门及有关高校充分利用自身优势，与世界 700 多所大学及教育机构、各国知名留学中介机构、全球 500 多所孔子学院及世界汉语教学学会会员单位等积极合作，进一步宣传中国优质的高等教育。除此之外，我国政府和中外合作办学机构、项目还通过网络媒介宣传、发行来华留学出版物等多种形式，推广来华留学生教育，让更多的国际留学生充分了解中国教育，选择来华留学。

三、来华留学生教育的意义和作用

留学生教育是一种跨国界的特殊教育形式，具有鲜明的社会性特点。留学生到异国学习时，虽然大部分时间待在校园中，但不可避免地涉及经济文化和社会资本等投入，因此留学生教育是受国际社会公认的一种投资回报率较高的教育形式。[①] 可以说，来华留学生教育对国际社会、留学生个人及留学生派遣国和我国均有重要影响与意义。

首先，来华留学生教育对国际社会的重要影响。社会文化是通过传承与传播保持更新的。其中，文化传承指文化的世代相传，多指文化在时间上的延续，文化传播则是指文化从一个区域向另一个区域传播。从深层次分析，文化传承与传播均指文化的流动。留学生教育是促进文化交流与传播的重要途径。这是因为留学生肩负着母国文化与东道国文化相互交流与传播的重要使命，在一定程度上促进了不同种族与民族之间的理解与宽容。

其次，来华留学生教育对留学生个人的重要影响。来华留学生在留学教育中，既实现了外语技能的提高，进一步拓宽了专业知识，增强了自身的学术素养，又在跨文化适应中提升了文化敏感度和跨文化交际能力。除此之外，来华留学生在中国的学习过程中还学到了职业技能，有利于未来的职业发展。

再次，来华留学生教育对留学生派遣国的重要影响。留学生是推动社会变革与发展的潜在因素。世界上任何国家与民族的现代化发展都离不开对世界优秀文化的吸收。例如，日本近代在明治维新运动中，通过全面学习西方先进技术和知识得以迅速崛起。中国近现代改革中，留学生更发挥了极大的推动作用。留学生在学习国外先进技术与文明后，将这些技术与知识带回本国，并在结合本国国情的基础上，进行消化和吸收、传播，从而将他国技术与文明变成推动本国发展的直接动力。在这一过程中，留学生既是先进文明的学习者，又是消化者、吸收者，更是传播者和实践者，起着推动文明传播和国家发展的重要作用。近年来，随着我国高等教育的发展，我国在多个专业研究上取得了重要成果，科研实力不断取得突破与发展。来华留学生除了语言学习外，其他专业的学习也不断扩展，这极大地增强了他们的学术水平，对其知识结构起着优化的作用。尤其在我国来华留学生中，发展中国家的学生占到相当比例，而我国作为世界上最大的发展中国家，近年来的发展取得了举世瞩目的成就，来华留学生从中国学习先进制度、技术与知识后，能够对本国的建设起到推动作用。

最后，来华留学生教育对我国的重要影响。留学生教育能够为接收国带

---

① 杨军红. 来华留学生跨文化适应问题研究 [D]. 上海：华东师范大学，2005：25.

来巨大的综合效益。一方面,留学生教育能够为接收国带来巨大的经济利益。当前,国际留学生中,除小部分公费生外,大部分为自费留学生。据有关数据统计,英国留学生所付的学费占英国大学总收入的 5% ~ 16%,是英国大学的重要收入之一。[①]另外,留学生短则数月,长则数年在留学国家生活和消费,能够在一定程度上推动接收国经济的发展。另一方面,留学生本身具备较高的专业知识和素养,能够把派遣国的文化、学术观点、科研方法和管理理念带到东道国,直接或间接地促进了两国之间技术和知识的交流与合作。除了以上两个方面之外,接收留学生有利于培养东道国本国学生的国际视野和跨文化交流的能力,不断促进东道国教育水平向国际化看齐,甚至能够在一定程度上推动教学改革,培养国际化人才,同时提升高校的国际竞争力。我国的来华留学生教育也是如此。来华留学生在中国学习中国文化,并切身感受到在中国生活的便利,这对中国文化在世界范围内的传播也有着不可估量的影响。

综上所述,来华留学生教育对我国的政治、经济、教育、学术、文化传播等方面均能产生有利影响,对我国社会的发展有着多种现实和长远利益。

第二节　来华留学生的适应状况与特点

我国十分重视来华留学生教育,尤其关注来华留学生的适应问题。对此,我国学者从多个角度对来华留学生的适应状况进行了分析。尤其是自 20 世纪 90 年代以来,随着来华留学生规模不断扩大,我国学者对来华留学生的关注越来越多。例如,进入 21 世纪后,我国学者从心理学角度创作了《跨文化适应的留学生活——中国留学生的心理健康与援助》《在京留学生适应及其影响因素研究》《应激源感知和应对技巧的文化、性别差异:对留学中国的非洲学生、日本学生和西方学生的跨文化研究》等论文或著作。除了心理学角度外,我国学者还从跨文化交际、比较教育等视角对来华留学生的适应状况进行了调研分析,并创作了《美国学生来华学习情况与分析》等论文。

---

① 杨军红.来华留学生跨文化适应问题研究 [D].上海:华东师范大学,2005: 27.

一、来华留学生的适应状况分析

留学生的适应状况包括多个方面，本书对来华留学生的适应状况，主要从学术适应、语言适应、生活适应、心理适应及跨文化交际适应等方面进行分析。

第一，来华留学生的学术适应。从来华留学生的留学动机看，来华留学生的目的呈现出多样化发展的趋势。一般来说，公费来华留学生多受本国政府派遣，学习语言知识和指定专业知识为本国服务。自费来华留学生有的受中华优秀传统文化吸引，有的受中国某种优秀传统学科吸引。除此之外，随着中国综合实力的提升，以及在世界贸易中的地位越来越高，对外贸易合作不断扩大，许多留学生来中国学习语言和专业知识。在这些留学生中，进行专业学习或学术调研的留学生大多已经具备了一定的汉语基础，并且拥有了一定的专业技术。但是，我国教学方法以中国传统的教学方法为主，强调知识传授，重视教师在课堂中的作用，学生在教师的引导下消化和吸收知识，这种教学方式与西方重视互动、强调学生在教学中的主体地位的教学方式不同。因此，留学生对于中国的学术适应呈现出两极化的评价。欧美国家的学生由于大部分抱着了解中国文化、增长阅历的想法到中国学习，并不准备在中国找工作，所以对中国以教师为主导的教学模式的适应性较强。而日本、韩国等中国周边国家的学生，其在中国学习的目的是为了通过考试，拿到有关证书和文凭，达到留在中国工作或回国找工作的目的，因此学习压力较大，对中国教师的授课方式的适应性较低。留学生对中国传统教学方式的评价在一定程度上为中国教学改革提供了动力。除了教学方式的适应外，许多来华留学生对中国大学的教学环境也表现出不适应的状况。近年来，我国高等教育的教学环境得到了较大改善，尤其是北京、上海、广州等大城市，以及沿海城市的大学教育环境和教学设备不断更新，留学生的认可度也越来越高。

第二，来华留学生的语言适应。语言是留学生群体在跨文化适应中所面临的首要难题。对于留学生来说，语言障碍不仅影响其学业方面的学习与进展，对其交流与交际也会产生重要影响。汉语是世界上较难掌握的语言之一，来华留学生中只有较小一部分提前学习并掌握了汉语，大多数来华留学生来中国留学是为了学习语言。而语言也是来华留学生跨文化适应中的较大障碍。尽管有的来华留学生在来中国留学之前就已经学习并掌握了汉语基础，但来到中国后，发现课堂、书本上的汉语与生活中的汉语之间有较大差别。由于中国幅员辽阔，语言环境错综复杂，来华留学生很难使用汉语准确表达自己的想法。对于没有语言基础、在中国学习语言的学生来说，在实际生活中使用汉语进行交流也更加困难。语言的不适应，对来华留学生参与中国的学术交流也产生了较大障碍。由于来华留学生的语言没有达到一定水准，其很难理解和掌握课堂内容和概念，也无法参与课堂讨论，更不可能参与学术活动了。许多来华留学生在参加中国教师讲座时还发现，教师所持有的陌生的口音，讲座中所涉及的大量的俚语、谚语、成语以及历史典故等，都让他们望而却步，成为语言上难以逾越的障碍。此外，语言所导致的障碍还体现在多个方面。例如，如果不能熟练地掌握中国语言，在与中国教师和同学进行交际时，在华留学生常常陷入理解困境，难以明白中国语言中所蕴含的独有的幽默。也正因为汉语对于来华留学生来说十分困难，所以来华留学生在汉语上取得的每一点进步都对自身有着莫大的激励作用，鼓励着他们跨越文化交际障碍。

第三，来华留学生的生活适应。生活中饮食、居住、交通等环境在来华留学的跨文化适应中起着重要作用。中国位于北半球，大部分地处温带内陆地区，四季分明。许多来华留学生刚到中国时，对中国的饮食与居住环境感到十分不适。对于中国的饮食，许多来华留学生开始觉得十分不习惯，认为中国饮食中含有过多的油和盐，然而在渡过了最初阶段后，大部分来华留学生开始习惯并喜欢上中国饮食。对于居住环境，许多来华留学生对中国大城市中的拥挤、服务态度、空气污染及公共场所的秩序等问题表示不适应。除此之外，由于文化差异而引发的种种障碍也为来华留学生生活适应产生了一定的障碍。另外，对于中国的交通、购物、网络的便捷性、安全性等，来华留学生普遍感到十分便利和满意，适应度较高。

第四，来华留学生的心理适应。来华留学生的心理适应程度与来华时间、生源国、来华留学生的年龄及对中国的了解程度等因素相关。来华留学生的心理适应可以从三个方面进行分析。①从认识层面看来华留学生的心理适应。一般来说，留学前对中国现状的了解和熟悉程度对来华留学生的心理适应有着较大影响。自改革开放以来，中国社会发生了翻天覆地的变化，中国人积极了解外国的人和事，与此同时，外国人对中国的了解开始增多，但从总体上看，许多来华留学生在来中国之前对中国的认识还停留在数十年前，对中国改革开放所取得成就了解很少。心理准备不足，难免产生文化适应不良的现象。②从观念上看中西方价值观存在的差异。中国文化强调群体性特点，而西方文化更强调个人主义，这种差异使来华留学生与中国教师和同学进行跨文化交流与交际时难免产生种种因观念不一致而导致的文化争执和冲突。这在一定程度上导致了来华留学生的不适应。③从文化传统和风俗习惯看中国优秀的传统文化。诚然，丰富多彩的民俗文化对来华留学生有着极强的文化吸引力，但中国的一些传统文化和习俗又与来华留学生的母国文化不同，来华留学生难免产生不适应心理。例如，中国十分注重早晨的时光，强调"晨读""晨练""早起的鸟儿有虫吃"，反映到教学活动中，中国高校课程自8点即开始上课，中小学甚至从7点多就开始晨读与早自习，而西方国家的上课时间多从9点开始。这使许多来华留学生十分不习惯中国的上午上课时间，进而容易迟到、旷课，既违反了中国校规和校纪，又给他人的上课带来不便。这三种情况均会引发来华留学生的心理不适，使来华留学生产生孤独感和焦虑感，进而形成心理障碍。

第五，来华留学生的跨文化交际适应。许多来华留学生均抱有融入中国生活、和中国人交朋友、了解中国文化、体验中国生活的想法。中国人十分热情好客，对待来华留学生通常保持着友好的态度，"排外"思想并不严重。尤其是改革开放以来，随着中国经济水平的提高，中国家庭的收入得到增长的同时，许多中国人开始走出国门了解外面的世界，渐渐地，对于中国文化与外国文化之间的差异能够抱有较为客观的看法，这使大部分中国人能够以一种开放、宽容的态度对待来华留学生。中国人的这种交际态度使来华留学生在跨文化交际中较能得到理解。

在跨文化交际中，许多来华留学生对中国文化中特有的"关系"网络表现出又爱又恨的态度。中国人的亲缘性较强，主张内外有别，对陌生人讲究原则，对熟悉的人则会尽己所能地提供帮助。来华留学生中有一部分到中国进行调研的硕士研究生及以上学历的研究者，他们在调研时发现，如果独自一人到中国乡村进行调查，往往被当作陌生人，很难打开局面；如果经人介绍后再进行调查，通常能够获得意外收获。中国人际关系中这种较强的亲缘性特点常常有助于提高来华留学生的适应性。许多来华留学生表示，在中国待的时间长了之后，会产生一种在家的感觉，很温暖。

然而，中国人这种特有的亲缘性特点在一定程度上也会影响来华留学生的跨文化交际。一方面，中国人在交际中的亲缘性特点易侵犯熟人之间的隐私，这使对个人隐私极为看重的来华留学生感到十分不适应。另一方面，中国人在交际中的亲缘性特点使中国人对待不熟悉的陌生人时通常表现出不关心的特点，这让来华留学生感到遭受排斥。除此之外，中国高校对留学生通常采用隔离式管理，导致许多来华留学生与中国学生的往来较少，对中国人的交际风格不了解，因此很难交到真正的、可以深入交流的朋友。

综上所述，来华留学生在学习、生活、心理及跨文化交际适应中均存在一定的不良适应情况。这种不良适应情况大多是由文化差异造成的。另外，还与来华留学生个人的年龄、阅历、性格、来华时间长短、生源国等有着较大关系。

二、来华留学生跨文化适应的影响因素

来华留学生的跨文化适应与性别因素、种族背景、在华时间、来华留学目的、国籍因素、语言因素等密切相关。

第一，性别因素。不同性别的来华留学生的适应性有着显著差别。我国一些学者分别对在北京的日本、西欧、马来西亚等国家和地区的来华留学生的跨文化适应进行了调研。虽然当前学术界对性别在跨文化适应中的表现并没有明确的结论，但在朱琪的《在京西欧留学生跨文化适应研究》、董雅琪的《在京高校日本留学生跨文化适应调查研究》以及吴美蓉的《在京马来西亚留学生跨文化适应情况调查——以初级汉语水平学习者为考察对象》中均指出，女性来华留学生的跨文化适应情况较男性来华留学生的跨文化适应更好。这与女性在遇到困难时善于倾诉和寻求帮助有关。另外，由于女性的语言学习能力普遍高于男性，所以女性的语言适应性通常较好。语言能力对来华留学生的学习与交际能够产生较大影响，因此语言能力和语言适应较好的女性在心理适应上普遍优于男性。除此之外，西欧女性独立的女性主义思想及对文化更加包容和开放的态度也使女性的跨文化适应程度相对于男性更好。

第二，种族背景。不同种族背景的来华留学生的跨文化适应性也不相同。例如，有华裔背景的留学生通常跨文化适应较好。一般来说，有华裔背景的来华留学生的家庭成员中至少有一位会说汉语，其在这样的家庭中长大，对于汉语并不排斥，并且能够较早地接触到汉语，在学习汉语时，还可在家中练习，因此对汉语的掌握程度较高，汉语较熟练，汉语口语水平普遍高于非华裔家庭的来华留学生。由于华裔来华留学生在语言上比较自信，因此其在课堂上的参与度较高，在课下也较喜欢主动使用汉语与教师和同学交谈。另外，有华裔背景的来华留学生对汉语学习有强烈的动机，他们渴望用汉语表达自己，对中国文化及中国现代生活方式抱有极强的开放和包容心

理。与其他非华裔学生相比，他们有着更强的学习意愿和学习动机，因为他们希望掌握汉语和中国文化后能够与亲人进行更深入的交流。移民时间对于华裔来华留学生的跨文化适应也有较大影响。许多华裔来华留学生由于移民时间较长，其思想价值观与生活方式已经完全适应了西方文化，因此这部分华裔来华留学生在跨文化适应上与非华裔来华留学生已经没有太大差别。

第三，在华时间。来华留学生作为跨文化旅居者，其在跨文化适应中的状态也符合跨文化适应曲线。中国学者的调查研究显示，一般刚到中国两个月的来华留学生对中国文化和中国社会的新鲜感较强，此时正处于跨文化适应的蜜月期，因此来华留学生普遍对中国的适应较好。而当来华留学生在中国的时间达到3～5个月时，新鲜感降低，无论是语言、文化还是生活习惯，都面临着越来越多的困难与挑战。这是因为来华留学生有效的社会支持系统还没有建立起来。朱琪在《在京西欧留学生跨文化适应研究》中指出，在北京生活一年以内的西欧留学生比在北京生活一年以上的日本留学生的文化适应水平更高。董雅琪在《在京高校日本留学生跨文化适应调查研究》中指出，在北京生活两年半左右的日本留学生跨文化适应性最差，而在北京生活一年以内及在北京生活三年以上的日本留学生的适应性较好。吴美蓉在《在京马来西亚留学生跨文化适应情况调查——以初级汉语水平学习者为考察对象》中指出，在北京生活时间越长，马来西亚来华留学生的心理适应情况越好。由此可见，不同地区、不同阶段的来华留学生的跨文化适应状态也不相同。

第四，来华留学目的。来华留学生的学习目的有着较大区别。来华留学生中的公费留学生大多由政府派遣，抱有明确的语言学习或专业学习的目的。而来华留学生中的自费留学生，有的是受中国优秀传统文化的影响，来中国学习中医学、针灸学、气功、武术、太极拳、中国传统民族音乐、中国书法、绘画、烹饪等知识；有的是抱着学习中国语言，顺便领略中国风土人情、风俗习惯，以及浏览中国大好河山与名胜古迹的目的；有的则是抱着来华读学位、拿文凭的目的。动机或目的不同的留学生在学习中所感受到的压力也不相同。相比于以读学位和拿文凭为目的的来华留学生，出于学习汉语或中国文化的来华留学生的跨文化适应性相对较好。由于对中国文化的喜爱和兴趣，这类来华留学生面对文化差异和种种困难时更容易抱有开放的态度，能够积极主动地克服困难，因此在中国更容易交到朋友，并且获得更多的社会支持，最后达到良好适应的结果。对于抱有读学位或拿文凭目的的留学生来说，他们承担着较大的学业压力，在面对语言或学业上的困难时，更容易引发焦虑心理，这对他们的适应产生了不利影响。除此之外，来华留学生的学习类型可分为学历教育和非学历教育两种，不同的教育类型所需的时间也不相同。一般来说，包括短期班、进修班和语言预科班在内的非学历教育在中国学习的时间只有短短不到一年的时间，这使这一类型的来华留学生普遍较珍惜在中国的学习机会，学习动力较强，语言水平进步也较快。而学历教育多指本科生教育和研究生教育，这类来华留学生的学习时间较长，学习压力较大，在学习中遇到的困难较多，因此文化适应性的阶段性更加明显。

第五，国籍因素。国籍因素是来华留学生跨文化适应的重要影响因素之一。由于地理、历史、政治等原因，世界文化被分为不同的类型。一般来说，地理位置相近的国家，由于气候、环境等更相似，文化之间的差异性较小，其国家间的人们在跨文化交际中遇到的文化障碍较小，因此跨文化适应性更强。距离较远的国家则由于地理环境、政治、经济等因素的影响，文化差异性较大，其国家间的人们在跨文化交际中遇到的文化障碍较大，因此跨文化适应性较差。即便同一地区的国家由于各自文化和生活习惯的不同，对文化的包容性也不一致。从我国学者对来华留学生的跨文化适应研究看，即便同属于欧洲国家，西班牙、意大利及法国的来华留学生的跨文化适应明显优于德国留学生。这几个国家虽然同属于欧洲，但位于欧洲不同的地理位置，在历史上形成了不同类型的文化。例如，西班牙是一个沿海国家，这里的人们对外界文化十分向往。历史上，由于西班牙曾遭受到罗马、日耳曼及阿拉伯的入侵，在文化上与这几个国家呈现出融合的趋势，形成了西班牙的多元化文化。因此，西班牙人对于文化的开放性和包容性较强。相比之下，德国位于欧洲大陆腹地，在历史上多扮演征服者的角色，其文化相对传统和保守，对文化的适应性较西班牙人相对较低。另外，从生活习惯上看，西班牙人的整个社会节奏相对缓慢，人们的生活态度和生活方式更加随和、慵懒，习惯晚起，按时下班，注重生活质量，在公共场合喜欢热闹的氛围。德国人的生活更加严谨，在公共场合更喜欢安静。这两种不同的生活习惯使西班牙和德国留学生在中国的生活和学习中跨文化的适应性也不相同。中国人喜欢热闹，尤其是中国的饭店经常呈现出人声鼎沸的特点。西班牙人晚起的习惯与中国人崇尚早起的习惯不同，他们在这一点上表现出更多的不适性。然而，西班牙人的幽默、宽容与热情以及喜欢公共场合热闹的特点使西班牙人在中国的跨文化适应性更高。除此之外，欧洲人的语系与汉语差距较大，因此在语言上的适应性表现出一致性。

第六，语言因素。语言因素是影响来华留学生跨文化适应最重要的因素之一。不同水平的汉语学习者的跨文化适应性也不同。对于大多数来华留学生来说，语言障碍是困扰来华留学生的主要障碍。从来华留学生在课堂上的发言与交流来看，高级汉语学习者参与课堂活动的积极性较中级汉语学习者高，而初级汉语学习者参与课堂的积极性最差。在课下的交流中，高级汉语学习者与教师、同学的交流较中级汉语学习者和初级汉语学习者更频繁，对使用汉语表达的评价也相对较高。从跨文化适应来看，高级汉语学习者在学习、生活上的适应性更高，能够自由地使用汉语在商场、饭店等公共场合与中国人进行交流而初级汉语学习者在生活的适应上表现出不适状态。从总体的跨文化适应性来看，初级汉语学习者大多来到中国的时间不超过一年，整体跨文化适应性相对较好，而高级汉语学习者大多为来华一年以上的学生，正在经历跨文化适应的挫折期，因此整体跨文化适应状态较差。

综上所述，来华留学生的跨文化适应受到多个因素的影响，对于这些因素，我国学者对各个地区、各个国家的来华留学生进行了较为详细的调研，本书针对不同的来华留学生的适应影响因素进行了较详细的分析。

第三节　来华留学生的交际圈与适应

我国对来华留学生的教育十分重视，相应地，对于来华留学生的适应性也十分重视。从来华留学生的跨文化适应来看，来华留学生跨文化适应离不开社会支持因素的影响。要了解来华留学生的社会支持因素，就需要对来华留学生的交际圈进行分析。

一、来华留学生的交际圈

来华留学生的朋友圈可从里向外划为三个圈层，这三个圈层也表示出来华留学生的三种交际圈。第一种交际圈为由本国同胞组成的提供情感支持的单一交际圈；第二种交际圈为由对职业或学业有帮助的东道国学生或工作人员组成的双文化交际圈；第三种交际圈为由东道国、其他国家留学生或朋友共同组成的多元文化交际圈。[①] 这三种交际圈对应着三种不同类型的社会支持。

---

① 杨军红.来华留学生跨文化适应问题研究 [M].上海：上海社会科学院出版社，2009：105.

首先，来华留学生的单一交际圈。单一交际圈中的人员多为来华留学生在中国的同胞、同乡、亲人等。单一交际圈中的朋友多起着为来华留学生提供情感上的支持与安慰的作用。由于留学生大多独自一人到异国求学，面临着极大的学业压力、生活压力、交际压力及心理和精神压力，当遇到问题或困难时，向同胞或同乡、亲人等倾诉，更易获得情感认同和情感支持。而且这种单一交际圈中的人大多面临与来华留学生相同的处境，更能够体会其压力，也更易对其处境给予建议性较强的意见和建议，有利于来华留学生减缓适应期压力。除此之外，人们在交往中更倾向和自己有共同特性的人相处与共事，如相同的价值观、宗教、技能、品质、年龄、语言、职业、国籍、民族及居住地等，这是人们的一种本能反应。中国留学生在异国多与本国同胞合租公寓，与本国同胞一起学习、出入等即符合这种特性。在中国的北京、上海、广州等大城市中，来华留学生较多的学校中也经常可以看到许多一起结群外出或活动的场景。从跨文化适应角度看，这种单一的交际圈起着两方面的作用。一方面，单一交际圈能够为来华留学生的生活与学习提供种种帮助，在一定程度上有利于来华留学生找到归属感，尽快适应在中国的留学学习与生活；另一方面，沉浸或满足于单一交际圈将在一定程度上阻碍跨文化适应的进程，阻止来华留学生汉语水平的提高，并在一定程度上延长来华留学生的跨文化适应期。

其次，来华留学生的双文化交际圈。双文化交际圈对留学生适应异国学习生活及达到职业目标和学术目标能够起到较大的作用。对于来华留学生来说，双文化交际圈涵盖中国大学中的对外汉语教师、同学、语言交流伙伴、留学生顾问或其他与留学生工作有关的工作人员。这些人可以为来华留学生提供语言、学业、职业等多方面的帮助，因此对来华留学生起着工具性作用。双文化交际圈是来华留学生社会交际的重要组成部分。我国各高校十分重视双文化交际圈，许多留学生都有在语言和生活上互相帮助的中国朋友，他们会定期一起进行语言学习，中国朋友还会为其感兴趣的专业或课题提供帮助或辅导。来华留学生通过与中国朋友的交际可以学习中国社会规范，了解中国文化习俗与价值观，提高文化敏感性。另外，来华留学生的双文化交际圈还可以帮助来华留学生参与学校或社会各种活动，进一步促进其社会支持网络的发展，提高其交际能力。

最后，来华留学生的多元文化交际圈。留学生的多元文化交际圈多由一起娱乐或休闲的朋友组成。进入 21 世纪以来，我国高校留学生呈现出生源地越来越广泛、国际化趋势越来越强的特点。同一个班级中的学生可能来自多个国家和地区，留学生居住地更是聚集着大量来自各个国家的留学生群体。这些留学生在一起组成不同的交际圈，一起在课余时间进行休闲、娱乐。这些多元文化交际圈中的学生大多拥有一定的共同点，要么面临同样的或相似的问题，要么在同一个班级上课，因此，在生活或学习上可能面临着共同的问题。除此之外，来华留学生，尤其是短期培训班的留学生，由于学习时间长短不一，这种多元文化交际圈常呈现出较大的流动性。

综上所述，来华留学生三个不同层次的交际圈背后代表着三种不同的社会支持网络，这三个不同层次的交际圈在一定程度上均有利于来华留学生跨文化适应能力的提高。对于我国有关部门来说，重视来华留学生的三个不同层次的交际圈，有利于其采取不同的积极策略来提升来华留学生的跨文化适应能力。

二、来华留学生跨文化适应的优化策略

当前，我国留学生教育已经取得了一定成就，随着我国留学生教育的发展，来华留学生的跨文化适应得到了我国政府、高校、社团等多个机构、组织的支持。

（一）政府支持方面的优化策略

我国政府应从政策和法律法规、收费、培训方式、培训规模以及招生宣传渠道等方面进一步优化来华留学生的跨文化适应能力，为来华留学生建立较强的支持网络。

首先，政策和法律法规方面的优化。改革开放以来，我国针对来华留学生出台了多种政策和法律法规。尤其是 20 世纪 80 年代我国开通自费招生渠道以后，来华留学生主体由改革开放前以奖学金为主的局面变为以自费为主。为了减轻自费来华留学生的经济压力，我国先后出台了多项来华留学人员在中国境内打工的规范，并颁布了多种勤工助学政策，这些政策和法律法规在一定程度上丰富了来华留学生的经费来源渠道，为来华留学生提供了深入我国社会的合法渠道，在客观上为来华留学生提供了与中国人交际与工作的便利，促进了来华留学生的社会文化适应。尽管如此，当前我国社会上仍然存在着来华留学生非法就业的情况，对此，我国个别省、自治区、直辖市、出台了一些相关政策，对留学生的非法就业进行管理。然而，大多数地区并没有出台相关政策。当前，来华留学生教育已遍布我国各地，在国际教育中，留学生非法打工现象的背后在一定程度上映射出我国来华留学生勤工

助学政策的滞后，因此我国中央政府及地方政府应从政策上制定来华留学生的勤工俭学细则，以杜绝社会中出现的来华留学生非法打工现象。

其次，来华留学生收费方面的优化。我国早在1998年就颁布了《关于调整自费来华留学生收费标准的通知》，其中对不同专业和不同学历层次的来华留学生收费标准进行了较详细的规定。时隔二十多年，我国人均消费指数不断提升，高等教育质量也呈现出持续提高的趋势，如果仍然按照原有的收费标准进行收费，会使留学生教育的利润空间被极大地压缩，从整体上看，不利于我国高校对留学生教育的投入，以及留学生教育整体质量的提高。另外，从我国来华留学生的奖学金来看，主要以中央政府及地方政府设置的奖学金为主，与西方国家的奖学金渠道相比，来华留学生的奖学金渠道较为单一。如果将社会组织纳入奖学金主体，有利于来华留学生奖学金的经费来源进一步丰富化和多样化，而奖学金渠道的拓宽及改革有利于增强来华留学生的留学动机，提升来华留学生的学术适应能力。

再次，汉语培训方式、培训规模方面的优化。语言能力是决定来华留学生跨文化适应的主要能力。汉语水平较高的来华留学生的适应能力普遍高于汉语水平较低的来华留学生。当前，我国汉语培训大多由高校的语言专业负责，社会语言机构开设的对外汉语课程较少。这在一定程度上限制了来华留学生进行汉语训练的选择余地，不利于来华留学生的语言培训。因此，我国应对现有来华留学生的汉语培训方式、培训规模方面进行优化。

最后，优化来华留学生招生宣传渠道。当前我国来华留学生的宣传渠道多由国家留学基金管理委员会组织，另外，孔子学院等在一定程度上发挥着宣传我国留学教育的重要作用。在这些宣传中，对于中国文化、中国现代社会及中国高校的有关介绍较少，不利于来华留学生在来到中国之前了解中国文化及中国高校。对于留学生来说，留学前对东道国的了解越详细，越有利于留学生建立起正确的心理预期，增强留学生的跨文化适应性。因此，我国当前的留学信息宣传渠道应进一步优化。例如，吸纳优秀留学中介机构参与来华留学生招生宣传工作，充分发挥海外孔子学院的宣传窗口作用，以及做好高校宣传网站的英文版本，使国外有志于来华留学的学生能够提前较详细地了解中国文化及中国高校。

（二）高校支持方面的优化策略

高校是来华留学生学习与生活的主要环境，在来华留学生的跨文化适应中起着十分重要的作用。高校在来华留学生跨文化适应中的优化策略主要涉及以下几个方面。

首先，建立来华留学生跨文化心理咨询和语言文化支持体系。来华留学生由于语言、生活、学习等方面的压力，常表现出种种心理适应障碍，引发思乡、焦虑、沮丧、不满等情绪。这种负面和消极情绪如果不能得到及时排解，将影响来华留学生在学习和生活上的跨文化适应。针对这种现象，我国高校应针对来华留学生设立专门的跨文化心理咨询岗位，及时帮助来华留学生排解情绪，协助他们从心理上适应来华留学生活。而当前我国高校中设立专门的跨文化心理咨询岗位的较少。除此之外，从来华留学生进入校园那一刻起，高校就应对其跨文化适应进行关注。当留学生来到中国校园后，高校应及时向留学生介绍高校的情况及高校所在城市的情况，让留学生对未来的学习与生活做好准备。除此之外，针对有着不同信仰的来华留学生，高校应在班级设置与住宿安排上尽量站在学生的立场考虑。例如，马来西亚学生宗教信仰、生活礼仪和程式与其他国家学生不同，许多高校考虑到这一点，对马来西亚学生进行单独编班，以照顾其信仰、生活。然而，对于马来西亚学生来说，其更希望尽快融入中国文化，体验多元文化的魅力。因此，单独编班不利于马来西亚学生接触中国学生和其他国家的留学生，并在一定程度上延缓了马来西亚学生的跨文化依赖。因此，高校在进行班级编排和住宿安排时，应尽量将各国学生打散、分开，以避免来华留学生仅局限于本国交往。

其次，建立以高校教学院系为单位的学术支持体系。来华留学生学历教育中，来自日本、韩国、东南亚的学生较多，他们以在中国获得学历为目的，所承担的学业压力较大。由于语言、教学方式和方法的不一致，来华留学生容易在学习中产生较大的学术压力，并由此引发种种跨文化适应不良。对此，我国高校应建立起以高校教学院系为单位的学术支持体系。具体来说，可以建立以年级为单位的学术支持小组、以课程为单位的学术支持小组以及以语言为单位的学术支持小组等多种学术支持小组。不同年级的学生遇到学术困难的概率不同，学术困难本身也有区别。在来华留学生本科教育中，留学三年以上的学生遇到学术困难的概率较大，因此非常有必要建立以年级为单位的学术支持小组。从专业课程来看，不同专业课程的教授教学方式不同，学生的学习方法、学习内容和考试内容也不相同，因此从课程角度建立学术支持小组，有利于来华留学生针对学习中遇到的具体问题向专门教师进行咨询，有利于提升来华留学生学术支持的针对性。另外，对来华留学生来说，语言熟练运用始终伴随着整个学习过程，有的来华留学生可以熟练使用汉语口语与中国人进行交流，但在写作中不能熟练运用汉语。对此，以语言为单位的学术支持小组可针对来华留学生在写作中遇到的困难给予种种学术支持。

最后，加强高校来华留学生管理人员的跨文化交际能力训练。我国高校对来华留学生的管理多采用隔离式管理。近年来，随着我国高等教育的深化改革，我国高校对所有学生的管理逐渐呈现出趋同化特点。在这一趋势下，与来华留学生接触的学校管理人员不仅限于留学生办公室的工作人员，还涉及高校行政部门和各院系教育管理人员。其中，来华留学生管理人员仍然是与来华留学生接触最多的工作人员，这些工作人员在高校来华留学生教育中起着窗口示范作用。由于种种原因，来华留学生管理人员的跨文化交际能力较差，使许多来华留学生产生了中国人不愿意帮助来华留学生的错误印象。因此，在高校管理工作中，应加强对来华留学生管理工作人员的跨文化交际训练，以增强来华留学生管理工作人员的文化敏感性，提升来华留学生管理工作人员的整体素质和跨文化交际能力，减少跨文化交际中产生的误会，促进来华留学生的跨文化适应。

（三）社团支持方面的优化策略

来华留学生大多对中国语言和中国文化抱有较大兴趣，希望通过各种方式了解中国文化，与中国人交朋友。丰富多样的高校社团有助于来华留学生融入校园生活与校园文化。当前，我国高校中针对来华留学生的社团较为单一。以北京来华留学生社团为例，来华留学生的课外活动主要为入学初留学生办公室组织的对长城、故宫等地的参观活动，以及迎新文艺晚会等，但这些活动远远不能满足来华留学生了解中国文化和与中国人交朋友的需求。因此，高校应根据来华留学生的特点，设置多种类型的社团。例如，与专业技能有关的社团，这种社团以专业作为出发点，有利于来华留学生找到志同道合的朋友，并有利于来华留学生与中国学生就专业问题建立起深度交流。又如，语言文学社团，像演讲组织、文化团体、诗歌社团等有利于吸纳语言专业的来华留学生，为其语言锻炼与使用提供平台。再如，各种文化艺术型社团，像武术社团、书法社团、美术社团、民间音乐社团、戏剧社团等有利于来华留学生深入了解中国文化，学习中国传统知识。除此之外，高校中还可以设立多种类型的体育竞技社团，以便来华留学生在体育锻炼中找到志同道合的朋友。

除了多种形式的社团外，高校中针对不同国家的来华留学生，还可建立不同国家的同乡会等来华留学生组织，以便在来华留学生面临跨文化适应不良时，为其提供心理支持和情感倾诉社会网络，帮助来华留学生渡过文化休克阶段。在建设来华留学生的同乡会等组织时，应注意不要使来华留学生过度依赖同乡会组织，否则也不利于来华留学生的跨文化适应。

（四）教师支持方面的优化策略

在来华留学生教育中，高校教师应从教学方式、教学思维等方面进行改革。

首先，高校教师在教学中应增加多元文化意识。我国高校针对来华留学生教育的教师大多具备多元文化背景。其应站在国际教育的高度，通过跨文化视角，关注来华留学生的多样性需求。除此之外，高校教师应进一步增强跨文化交际能力，与来华留学生进行深入的沟通与交流，从中详细了解来华留学生的学术需求，并对其进行有针对性的指导。

其次，高校教师在教学方式上应更加灵活。我国传统的教学方法是以教师为主体，在课程中以教师讲授为主，学生跟随教师的思路进行学习，课堂互动较少。针对来华留学生，尤其是语言专业的来华留学生，高校教师应采用灵活的方式，充分调动来华留学生的积极性，为来华留学生提供语言实践环境，鼓励来华留学生多听、多说、多练，以提升其语言水平。同时，在高校来华留学生的教育中，教师应针对不同国家学生的特点采取灵活多样化的教学模式，因材施教，不断建立学生自信，不断提升学生的跨文化适应能力。

综上所述，来华留学生的跨文化适应能力提升策略可以从政府、高校、社团及教师等方面进行改进，为来华留学生建立多种交际圈的社会支持体系，进一步提升来华留学生的跨文化适应能力。

第八章 跨国管理人员的跨文化适应能力与提升策略

第一节 跨文化管理制度的建立与影响

20 世纪四五十年代以来，随着第三次科技革命的兴起，经济全球化的进程加快，跨国经营成为势不可挡的潮流。企业立足于全球市场，在全球范围内配置资源，开展国际化经营。由于世界各国的文化发展呈现出不同的特点，跨国公司在全球的经营与管理中面临着越来越多的文化差异和文化冲突，而跨文化管理的成效在一定程度上决定着跨国经营的成败。本书对跨文化管理制度的分析建立在我国跨国公司跨文化研究的基础上。

一、跨文化管理的定义与理论基础

所谓跨文化管理，是指与企业有关的不同文化群体在交互作用过程中出现矛盾和冲突时，在企业管理的各个职能中加入对应文化整合措施，有效地解决这种矛盾和冲突，从而高效地实现企业管理。[①] 跨文化管理的目标是在不同形态的文化氛围中设计出切实可行的组织结构和管理机制，并在管理过程中，在正视文化差异和文化冲突的基础上，寻找超越文化冲突的企业目标，并通过各种具体的管理措施建立不同文化背景下员工的共同行为准则，以便最大限度地控制和利用企业的潜力与价值。跨文化管理在企业的跨国经

---

① 赵艳.中外合资企业中文化冲突与融合问题的研究[D].大连：大连海事大学,2006: 14.

营中起着极为重要的作用。只有成功地实现了跨文化管理，企业才能在跨国经营中得以顺利运转，并保持和不断增强企业的竞争力，不断扩大市场占有率，实现企业利润最大化的目标。

跨文化管理的内容随着时代的发展有所变化。当前，跨文化管理的内容主要包括跨国公司外派人员管理、跨文化培训与开发管理、跨文化冲突与沟通管理，跨文化劳动关系管理、跨国公司研发人才管理、跨国并购中的人力资源管理。①

跨文化管理作为一门学科，兴起于 20 世纪 70 年代后期，其目的即在消除文化冲突的基础上，充分利用企业的跨文化优势，实现企业跨国经营的成功。中外学者从多个角度对跨文化管理进行了分析。其中，重要研究理论包括霍夫斯泰德的文化维度理论、冯斯·川普涅尔与查尔斯·汉普登－特纳的文化分析模式等。

（一）霍夫斯泰德的文化维度理论

霍夫斯泰德于 20 世纪六七十年代对 IBM 公司来自 40 多个国家、使用 20 多种语言的十余万员工进行调查后指出，国家之间的差异可以归因于民族文化的差异，并从五个维度对国家之间的差异进行了解读。

第一个维度，权力距离。所谓权力距离，是指一个社会对权力分配不平等的接受和认可程度。不同国家对权力的认可程度不同。例如，西方国家的人们并不看重权力，而是更看重个人能力，亚洲国家由于历史及体制等原因更注重权力。

第二个维度，不确定性的规避。它指一个社会受到不确定的事件和非常规的环境威胁时，是否通过正式的渠道来避免和控制不确定性。强不确定性规避国家在受到不确定的事件和非常规的环境威胁时，鼓励其成员战胜和开辟未来的社会文化；反之，弱不确定性规避国家则教育国家成员接受风险，学会忍耐，接受不同行为的社会文化。一般来说，强不确定性规避国家强调用法律进行管理，人民更加积极、活泼、严肃、严谨、守时，不易产生革新的想法，但易推广和落实创意；弱不确定性规避国家的人民相对懒散，对时间的概念并不严格，除非必要，否则不强调立法，能够容忍各种革新的想法，却不善于将各种革新的创意付诸实践。

---

① 赵艳. 中外合资企业中文化冲突与融合问题的研究 [D]. 大连：大连海事大学，2006：14.

　　第三个维度，个人主义/集体主义维度。这一维度用来衡量某一社会总体是关注个人的利益还是关注集体的利益。一般来说，个人主义倾向的社会文化背景下，人与人之间的关系相对松散，人们多关心自己个人的小家庭；集体主义倾向的社会文化背景下，人们普遍更注重族群关系，关注共同的大家庭，人与人之间的关系更加紧密，强调个人对族群的忠诚性。

　　第四个维度，男性化/女性化维度。这一维度主要观察社会中代表男性的品质（如竞争性、独断性等）更多，还是代表女性的品质（如谦虚、关爱他人等）更多，以及对男性和女性职能的界定。在男性化气质突出的国家中，社会竞争意识更加强烈，注重财富和物质，鼓励工作，强调公平和绩效；女性化气质突出的国家，强调生活质量，讲究平等和团结，重心灵沟通轻物质占有。

　　第五个维度，儒家动力维度。地位和级别关系及遵守这个级别的价值观是典型的儒家思想。儒家动力维度强调忍耐、节俭、羞耻感，以及个人的稳定，注重面子，尊重传统。

（二）冯斯·川普涅尔与查尔斯·汉普登－特纳的文化分析模式

　　20世纪90年代中期，川普涅尔和特纳发表了两人共同研究的跨文化比较结论的成果。他们指出，一个国家的文化具有七个基本方面，即普遍性与具体性、个人主义与共有主义、中性与情感性、特殊性与扩散性、成就文化与归因文化、时间取向、环境。

　　除了以上两种理论外，跨文化交际中还存在高情景文化与低情景文化理论、价值双向模型等理论，这里不再一一分析。

二、跨文化管理制度的四种模式及其特点

　　由于文化差异的存在，不同文化背景的跨国公司制定的跨文化管理制度也不相同，美国宾夕法尼亚大学沃顿商学院学者哈渥德·派蒙尔德将跨国公司实施的跨文化管理制度总结为四种模式，即本国中心论、客国中心论、区域中心论和全球中心论。

　　首先，本国中心论。这种跨文化管理制度是将跨国公司所在的母国公司的管理模式和企业文化直接移植到东道国的分公司。采用本国中心论管理制度模式的跨国公司在形式上通常表现为总公司权力较大，分公司多为执行部门，根据总公司发布的计划或指令开展工作，并将统计结果上报给总公司。

本国中心论跨文化管理制度的确定，其背后通常隐藏着跨国公司对母国文化的优越感，认为母国文化较东道国文化的管理模式更加先进，因此以母国文化的价值标准和管理模式来对东道国员工进行管理，并以此克服因文化差异带来的文化冲突。本国中心论普遍被当前的跨国公司认为是一种不合理、不可行的管理制度。

其次，客国中心论。这种跨文化管理制度是以文化差异为前提的，跨国公司管理人员在尊重文化差异的基础上，认识到母国文化中先进的管理模式未必适合东道国的文化背景，因此主张在东道国分公司建立具有东道国文化特色的管理制度。采用客国中心论的跨国公司的组织结构一般相对较为松散，总部的权力有限，东道国分公司具有一定的自主权，母国公司对东道国分公司的直接干预较少，只在管理目标上对东道国分公司制定标准。除此之外，东道国分公司在组织形式上一般比较健全，有一套独立的管理班子，独立性相对较高。客国中心论建立在东道国的文化背景上，在管理经营中能够较好地发挥东道国的人才资源和市场资源优势，集中东道国的各种优势资源，较好地完成经营管理目标，减少文化冲突现象。

再次，区域中心论。这种跨文化管理制度被视为一种初级阶段的全球中心论。一般来说，采用区域中心论管理模式的跨国公司在全球各个不同区域内设立了独立利益的区域集团，分公司的决策均由区域总部决定。不同区域总部之间的决策可能存在较大的差异性，但同一个区域的分公司之间的管理模式和经营理念则具有一致性。母公司与区域总部之间的联系较少，区域总部的设立必须经母公司授权，并且以母公司的主体企业文化和品牌为后盾。同一区域间的分公司多采用相互协调和包容的企业文化。这种跨文化管理制度既具有一定的原则性，又具有相对灵活性。

最后，全球中心论。这种跨文化管理制度具有一定的理想性，被一些管理者认为是一种去除了文化色彩的最佳管理方式。全球中心论既不主张母国文化凌驾于东道国文化之上，又不主张为避免文化冲突而全盘接受东道国文化，实行本土策略，而是在选择东道国分公司的管理模式时，根据实际管理需要选择最适合的管理制度。如果母国文化背景的管理方式适合，则选择本国管理模式；如果东道国文化背景的管理方式适合，则选择客国管理模式；如果两者均不适合，则抛弃两国管理模式，建立一种适合分公司的全新管理模式。全球中心论具有一定的理想性，在实际管理中所面临的政治、经济、文化等因素在一定程度上限制了全球中心论的实施。

综上所述，跨国公司的这四种跨文化管理制度模式各有利弊，均有各自的适用范围。各跨国公司在建立跨文化管理制度时应根据实际情况，综合考虑。

三、跨文化管理中文化适应的必要性

跨文化管理中存在着种种冲突与问题，具体包括以下几个方面：第一，沟通不畅。跨国企业存在上下级之间、平级之间沟通不畅，缺少有效的沟通制度和沟通渠道，组织结构设置不合理等种种问题，这些问题使跨文化管理中的沟通充满障碍与冲突。第二，团队内部成员互不信任。跨文化管理团队成员有着不同的文化背景，其背后的价值观和行为方式各异，由于内部成员之间沟通不畅，团队成员之间彼此意见不合，分歧较大，团队内部的关系较为紧张，常产生冲突，团队凝聚力较差，内部成员之间相互不信任，很难达成一致性意见。第三，经营管理理念存在较大差别。跨国公司中高级管理者的管理理念和经营理念之间存在较大差别。由于中西方文化环境不同，人们的消费观念等也不相同，而跨文化管理中，中方与西方的管理者有时出于个人经验而做出的管理和经营决策相互冲突，难以达成共识。第四，人力资源管理上存在诸多冲突与不足。有的跨国公司在人事任用上，更倾向选用境外人员担任高级管理人员，较少选用东道国员工担任高层管理人员，注重管理人员的国际经验，不注重管理人员的经验是否适用于本地市场，由此出现一系列上下级之间的经营管理理念的差别，以及团队中的冲突等，导致经营管理失败。第五，缺乏创新。许多跨国公司在东道国开设分公司时，多照搬母国经验，而不结合东道国的国情进行制度改革和创新，因此东道国分公司常出现水土不服的情况，导致经营管理失败。

跨国公司跨文化管理中的各种问题多是由文化差异造成的。根据霍夫斯泰德的理论，对跨文化管理进行分析，即可看出存在于跨国公司中的文化差异。以中西方合资企业为例，跨文化管理中的文化差异主要表现在以下几个方面。

第一，个人主义/集体主义维度。在跨国公司中，西方员工更加注重个人表现，强调个人隐私及个人自由，在公司中更强调个人能力的增长，维护个人利益；中国员工更加注重团队的集体荣誉，关注员工之间的交流与合作，更注重情感，追求个人利益与集体利益的双赢，有时愿意为了集体利益而牺牲个人利益。

第二，权力距离。西方国家的跨国公司中，由于人们并不注重权力，因

此多采用扁平型结构，强调上下级之间是一种平等关系，公司中的等级观念不太严格。而中国、日本等亚洲国家的跨国公司中，人们对权力的重视程度相对较高，因此多采用等级与层次分明的高耸型组织结构，人们的上下级观念十分明确且清晰。

第三，不确定性的规避。在中国、日本等亚洲国家的跨国公司中，由于社会文化具有高不确定性规避特点，因此人们的精神高度紧张，压力较大，极易产生焦虑，更注重工作，鼓励加班。而西方国家的跨国公司中，由于社会文化具有低不确定性规避特点，因此人们相对随意、轻松，更注重生活享受，强调按时下班。

第四，男性化/女性化维度。在西方国家的跨国公司中，人们对判断力、竞争力、收入、进步以及丰厚的奖金形式和拜金主义特别重视，属于男性化维度社会。企业中通常由男性控制着重要工作。

第五，儒家动力维度，又称长期导向指数。其表明一个民族持有的长期或近期利益的价值观。中国社会文化属于长期价值取向社会，尊重传统、重视履行社会义务，着重于眼前利益。西方社会文化则属于短期价值取向，着眼于未来的价值取向，较注重对未来的考虑，以动态的观点去考察事物。

在跨文化管理中，面对企业中存在的种种文化差异，以及由此所引发的种种文化冲突，加拿大管理学家南希·阿德勒提出了解决文化冲突的三种方式，即凌驾、折中、融合。其中，凌驾是指一种文化凌驾于其他文化而成为统治文化。这种特点可使跨国公司在短时间内形成一种组织文化，但当其他文化遭到压抑时，可能引发组织内这种文化背景的员工的不满，存在文化冲突隐患。折中是指在遇到文化差异时，不同文化采取妥协与退让的态度，从而回避文化差异，确保组织之间的和谐、稳定。这种处理方法虽然表面上取得了和谐与稳定，但实际上背后仍然潜藏着文化差异，一般双方的文化差异较小时才使用这种方法。融合是指不同文化在承认、重视彼此之间差异的同时，互相尊重、补充、协调及融合，使不同文化之间形成一个和谐、统一、全新的、"你中有我，我中有你"的组织文化。这种文化的差异较小，通常比较稳定，还具有跨文化杂交的优势。由于这种文化差异的处理方式是一种文化吸收另一种文化中的优质部分，因此通常是跨国公司较理想的文化差异处理方法，能够达到企业适应文化差异、降低文化障碍成本、提高企业经济效益的目的。

在跨国公司的跨文化管理中，多采用折中方法，通过妥协与退让而迎合异国文化。首先，这是由跨国公司的目的所决定的，跨国公司在东道国建立分公司或开设分厂，是为了使用东道国人力、市场等优势资源以达到降低公司运营成本、实现利润最大化的目的。因此，如果跨国公司以自身的文化价值为参照体系，就极易与东道国的文化发生冲突，为此势必要增加管理成本，降低市场利润。如此，就会失去跨国公司在东道国开设分公司的意义，无法实现利润最大化的目的。其次，每种文化都是一个国家或民族经过千百年的发展而延续至今的，因此跨国公司在异国变革东道国文化仍很难动摇东道国的文化底蕴。跨国公司需要在一定程度上规避文化冲突，以适应东道国文化，达到公司内部减少冲突、取得利润最大化的目的。

跨国公司跨文化管理的文化适应关系到跨国公司经营的成败，如果跨国公司跨文化管理中文化适应不良，则跨国公司会遭遇一系列损失，甚至面临经营失败的风险。跨文化管理中文化适应可从两个方面着手，即跨文化管理沟通、跨文化管理人员整合与培训。

第二节　跨文化管理中沟通的影响因素与原则

跨国公司跨文化管理中的跨文化管理沟通是影响跨国公司文化适应的重要因素。美国著名未来学家奈斯比特曾指出："未来竞争是管理的竞争，竞争的焦点在于每个社会组织内部成员之间及其外部组织的有效沟通上。"在跨国企业中，跨文化管理沟通不仅关系到企业文化的实现和企业文化的塑造，还承担着重要的管理职能，与员工的行为有着密切关系。跨文化管理沟通越顺畅，员工的满意度越高，企业的绩效越好；沟通不良则会导致一系列问题的发生。

一、跨文化管理沟通的意义

跨文化管理沟通对跨国公司的管理和经营具有重要意义，主要表现在以下几个方面。

首先，跨文化管理沟通是跨国公司内部交流通畅的重要保障。对于任何一个企业来说，保持企业内外有效沟通均是一个企业管理和经营的保障。对于跨国企业来说，跨文化管理沟通内外通畅是跨国公司物流、资金流和信息流畅通的重要保障。当跨国企业在多元文化背景下呈现出一系列复杂的文化障碍和文化冲突时，或面临纷繁复杂的协调问题时，跨文化管理沟通可以充分发挥企业人力资源优势，快速找出问题的根源，解决跨越文化差异造成的障碍和冲突，保障跨国公司的生产、经营不受影响，实现跨国公司利益最大化的目标。

其次，跨文化管理沟通是跨国公司跨文化适应的核心内容。文化差异是跨国公司在跨文化管理和跨文化适应中面临的一个客观问题，其核心在于如何解决跨文化管理中存在的沟通障碍，建立起畅通无阻的沟通网络，及时、准确地传达信息，消除跨国企业内部信息传达不及时、信息不对称的情况，减少沟通障碍，不断提升不同文化背景员工的文化开放性和文化宽容度，促进不同文化背景员工之间的相互理解，使员工之间产生共识，从而进一步提升员工参与和融入企业文化的热情，提升企业的凝聚力，推动企业人力资源队伍的壮大，不断提升员工的跨文化适应能力，为跨国公司的持续发展提供战略服务。

再次，跨文化管理沟通是跨国公司跨文化管理的有效措施。跨国公司在东道国设立的分公司中至少存在两种以上文化，当不同文化相遇时，文化差异即刻集中表现出来。这种文化差异与管理制度的先进与否没有直接关系，再先进的跨国公司管理制度中，文化差异也呈现出客观存在状态。克服跨文化管理中的文化差异，必须依赖沟通，在跨国公司内部建立一个健康、通畅、有效的沟通网络是跨国公司经营和管理成功的关键。如果没有建立健康、通畅、有效的沟通网络，那么跨国公司内外部的各种非正式渠道就会取代公司内部的沟通网络而传递各种真假难辨的信息，严重阻碍企业的健康发展。

最后，跨文化管理沟通是跨国公司面临重大事件时保持团队稳定的重要法宝。当跨国公司在面临重大事件（如兼并、收购）时，员工多因公司的种种组织结构变动承受着工作不稳定、技能落伍、再就业艰难等心理压力，出现情绪不稳定、工作效率下降等种种不良情况，进而导致出现了公司内部组织混乱、人才队伍不稳定、员工士气低落、公司生产效率低下等种种问题，引发了公司威信降低、信誉度下降等一系列不良影响。此时，有效的跨文化管理沟通可以起到稳定员工士气、重建员工信心、保持组织结构稳定、保障公司内部各部门高效运转的作用，从而在关键时刻保障公司稳定，维护公司利益。

综上所述，跨文化管理沟通在跨文化管理中的作用十分关键，是跨国公司跨文化适应良好的重要因素。

二、跨文化管理沟通的影响因素

跨文化管理沟通受到多种因素的影响，包括跨文化管理沟通渠道、文化价值观差异、固定思维、民族优越感心理、文化敏感性差、对跨文化管理沟通方式了解不足以及对双方合作中的困难预估不足等。

其一，跨文化管理沟通渠道。跨文化管理沟通过程涉及沟通主体、沟通客体、信息、渠道、背景等要素，这几个要素均对跨文化管理沟通起着重要作用。本书所指的沟通主体为跨文化管理中的经营管理人员，沟通客体则为东道国员工。跨文化管理沟通渠道按照沟通对象和场合不同可以划分为正式沟通渠道和非正式沟通渠道，向上沟通渠道和向下沟通渠道（即垂直沟通渠道）、水平沟通渠道，语言沟通渠道和非语言沟通渠道等多种类型。首先，正式沟通渠道与非正式沟通渠道。正式沟通渠道即在跨国公司内部根据一定的组织原则进行的信息传递与交流的渠道。例如，公函往来、会议、文件传达、参观访问、技术交流、市场调查等。非正式沟通渠道则是指不受组织监督，员工自由选择的沟通渠道，如员工私下聚会，谣言和小道消息传播，等等。正式沟通渠道越畅通，则企业内外部的信息流越呈现出正向发展，跨国公司的管理越高效。非正式沟通渠道的存在对内部跨文化管理沟通存在两种影响：一种是积极影响，员工私下聚会有利于促进员工之间的相互了解；另一种是消极影响，谣言和小道消息真假难辨，易动摇员工意志，引发沟通障碍。其次，向上沟通渠道和向下沟通渠道。向上沟通渠道是指跨文化管理中，基层员工与经营管理决策层之间的信息交流，包括信息层层传递和越级反映两种渠道。向下沟通渠道即经营管理决策层向普通基层员工所传达的关于工作的指示、工作内容的描述以及员工应该遵循的政策、程序和规章制度等。跨国企业中向下沟通的渠道较为多样，可以借助广播、电视等通信设施，而向上沟通存在一定的困难。再次，水平沟通渠道。其即跨国公司内部层次相当的个人或团体之间进行的信息交流与传递。水平沟通的类型包括企业决策层与工会系统之间的沟通与交流、高层管理者之间的沟通与交流、中层管理人员之间的沟通与交流、普通基层员工的工作和思想的沟通与交流。水平沟通渠道既可以是正式沟通渠道，又可以是非正式沟通渠道。最后，语言沟通渠道与非语言沟通渠道。语言沟通包括面对面沟通与文字沟通两种方式，其中语言沟通是跨文化管理沟通中最常见的沟通方式。非语言沟通既可强化语言所传达的信息，又可对语言传达的信息进行混淆和歪曲。跨文化管理沟通中沟通渠道的顺畅与否关系着跨文化管理沟通效果的好坏，是跨文化管理沟通中最重要的影响因素。

其二，文化价值观差异。文化价值观差异是跨文化管理沟通中存在的主要影响因素之一。在跨国企业的跨文化管理沟通中，涉及两种以上文化背景的个体，这些个体的价值观、思维方式受到各自不同文化背景的影响，因此呈现出来的对待事物的态度、行为规范模式、为人处事的方法等均不相同。在跨文化管理沟通中，各方易因价值观不同而产生沟通障碍，甚至引发冲突。例如，中国是一个具有高度集体主义价值取向的国家，而美国是一个具有个人主义价值倾向的国家。中国管理者在做决策时，习惯接受集体决策，而美国管理者更提倡个人决策。因此，在中国跨国公司中，如果不了解中美文化价值观差异，那么中国管理者和美国员工在跨文化管理沟通中易引发误解，即美国员工会认为中国管理者是一位极度缺乏自信或缺乏经验的管理者，不利于双方之间信任的建立和合作的展开，甚至引发人际关系矛盾，导致合作失败。

其三，固定思维。所谓固定思维，即在跨文化管理沟通中，面对不同文化背景的人容易从个人理解出发，忽视社会环境、成长经历和民族习性，而将其他文化背景的人进行过分简单的分类，想当然地固化定义某一种文化和民族的人的属性与特质，忽视个人与群体的其他特征，由此引发沟通障碍和文化冲突。

其四，民族优越感心理。世界上不同国家之间的经济发展历程不同，尤其是近现代社会历史发展历程易引发西方某些国家中个体的错觉，认为本民族文化优于其他民族文化，认为本民族的文化价值体系较其他民族文化价值体系更加优越。文化本没有优劣之分。西方国家中某些个体的错觉易导致个体的盲目自信和盲目优越感。西方个别具有民族优越感心理的人处于跨文化管理沟通中时，片面追求本民族的自尊感和优越感，易引发其他民族成员的不满和抵触，造成团队氛围不和谐，严重影响团队整体的凝聚力，导致公司内部沟通不畅，甚至影响企业运营。

其五，文化敏感性差。在跨国企业中，不同文化背景的员工对其他文化背景的政治、经济、法律、社会文化环境了解严重不足，在企业内部的跨文化管理沟通中常常从自身的文化价值观出发，对来自对方的信息进行分析和判断，忽视了自己的文化背景与对方文化背景的不同，以至于对对方所传递的信息做出错误判断，产生许多误解与冲突。这种情况即是由文化敏感性差所引发的。

其六，对跨文化管理沟通方式了解不足，以及对双方合作中的困难预估不足。在跨文化管理中经常出现跨国公司因对东道国社会文化和管理方式缺乏了解，一味照搬本国文化和管理模式，从而造成东道国分公司水土不服现象。或来自具有异国文化背景的管理者与东道国管理者之间因管理方式和经营理念不同，导致各抒己见，互不相让，从而出现双重管理现象。这些均不利于跨国公司建立良性沟通渠道，易造成种种管理和协调困难，导致跨国公司经营失败。除此之外，跨国公司中来自异国的管理者和东道国管理者、员工的文化适应能力不佳、文化冲突解决技巧欠佳以及对双方合作中的困难预估不足均会引发跨文化管理沟通障碍，影响双方建立互信机制和协调机制，最终影响双方的合作，导致经营失败。

三、跨文化管理沟通原则与策略

（一）跨文化管理沟通原则

第一，因地制宜原则。即在跨国公司的跨文化管理中，面对不同文化背景的员工，跨国公司的管理者应根据实际情况制订沟通策略。在与东道国背景的员工沟通时，应充分考虑东道国的社会文化环境，充分考虑东道国成员对沟通方式的接受和适应能力，因地制宜地确定适应跨国企业的跨文化管理沟通方式。

第二，平等互惠原则。即在跨国公司的跨文化管理中，跨文化管理沟通与普通的跨文化交际不同，具有较强的目的性，即获取最大的企业利益。因此，跨文化管理沟通的双方应坚持平等互惠的原则，在充分维护各自利益的基础上，建立长期的合作关系，只有双赢才符合现代社会及现代企业的管理规则。

第三，相互尊重原则。即在跨国公司的跨文化管理中，管理者与员工进行沟通时，要本着尊重对方文化，尊重员工本人的原则。从心理学理论来看，个体在社会中交际时都具有自尊心，期望得到别人的认可、关注和欣赏。当个体在沟通中被尊重时，会在一定程度上激发个体的自信心和上进心，反之则会使个体失去自信，产生自卑心理，从而影响个体与他人的人际交往。在跨文化管理沟通中，跨文化管理者在与不同文化背景的员工进行沟通时，应本着充分尊重对方民族、文化、人格和自尊心的原则，尊重对方的情感和言行举止，摒弃由文化差异带来的文化偏见，以达到良好的沟通效果。

第四，相互信任原则。在跨国公司的跨文化管理中，相互信任是相互理解和尊重的基础，只有不同文化背景的员工之间相互信任，才能很好地合作共事。相互信任不仅能营造良好的沟通氛围，还会促进沟通双方互相学习，从而达到共同发展的目的。在跨国公司的跨文化管理中，相互信任原则十分重要，是建立良好沟通与合作的基础。

第五，相互了解原则。在跨国公司的跨文化管理中，由于不同文化背景的员工在沟通时存在种种文化障碍，因此难免产生误解与冲突。文化障碍和冲突的主要原因是文化差异。文化差异的存在是一种客观事实，但如果跨文化管理者与员工之间本着相互了解的原则，了解对方文化背景，在遇到文化差异时，即会保持一种较为开放和宽容的心态，敞开心扉，以一种积极的姿态来了解对方，同时有助于对方了解自己。在相互了解的基础上，不同文化背景的员工才能建立信任，达成合作。

第六，相互理解原则。在跨国公司的跨文化管理中，不同文化背景的员工之间无论在思想观念还是性格爱好、心理需要、行为方式以及利益关系等方面均存在着一定差异。因此，在跨文化管理沟通中，人们对某件事情的态度、情感、看法可能不尽一致，尤其是在涉及自身利益时，会从自身特定的立场出发看待问题，追求利益，这种文化差异和不同立场在跨文化沟通时必然带来许多复杂的矛盾与冲突。如果跨文化管理中的沟通者之间缺乏理解，各执一端，互不相让，则不仅会导致跨文化沟通失败，还会影响跨国公司的整体管理与经营合作。

（二）跨文化管理沟通策略

在跨文化管理沟通中应坚持正视差异，求同存异；取长补短，兼收并蓄；兼顾多元，差别管理的策略。

首先，正视差异，求同存异。跨国企业中，文化差异是客观存在的，不可避免的。因此，在跨文化管理沟通中应正视文化差异，以积极的心态寻求发展。由文化差异而导致的跨文化冲突常常引发人们的不适心理，因此在跨文化管理中，许多人不愿正视跨文化冲突，逃避跨文化冲突。然而，逃避跨文化冲突并不能解决问题，反而容易导致问题越来越严重。对此，在跨文化管理中应秉持正视差异、求同存异的心态进行沟通。通过准确判断跨文化冲突产生的原因，洞悉跨文化差异及文化多样性导致的文化冲突类型，明确提出适合的跨文化管理沟通的方法和途径，以沟通的方式平息冲突，跨越障碍，推动跨国企业的良性发展。

其次，取长补短，兼收并蓄。在跨国公司跨文化管理中由于文化差异的客观存在，一些跨国企业在经营中采用取长补短、兼收并蓄的原则，进行文化互补或模糊文化差异，提倡以一种公司主体文化的方式解决文化差异引发的种种障碍与冲突。在这种经营和管理策略中，高素质、跨文化适应能力强且具备较高沟通能力的人起着不可或缺的作用。一般来说，在跨文化管理沟通中，沟通者通常具有较高的文化敏感性，既懂得宣传自身的文化优点，又不会抹杀或忽略其他文化的优点，能够真心地对其他文化的优势进行赞美，当遇到文化差异时，能够凭借较高的语言能力，深入了解异国文化的优势。除此之外，在跨文化管理沟通中，沟通者常面临着层出不穷、变化多端的文化差异带来的障碍与冲突，对此，跨文化沟通者还应积极面对挑战，随时迎接变化。

最后，兼顾多元，差别管理。在跨文化管理中，文化多元化常导致沟通方法和沟通途径的多样化。尤其是进入 21 世纪以来，随着经济全球化的进程加快，跨国公司中来自不同国家、不同地区、不同文化的员工越来越多，而在国际商务活动中，同一家企业可能同时与多个不同国家的外商打交道。在这一背景下，跨文化管理沟通应针对沟通对象的不同而采取多元化和差别化的沟通策略。在差别化管理沟通中，本着平等原则，为不同文化背景的雇员、客户、合作者提供平等的机会和公平意愿，应忽略他们的年龄、性别、种族文化等特征。此外，在跨文化管理沟通中还应遵守法律和制度，依据大家公认的规则行事，避免因违反法律规定而出现投诉行为和相关损失。另外，在具体的跨文化管理沟通中还应考虑社会主流文化及对方的偏好，选择相应的沟通方式和方法。

综上所述，跨国公司跨文化管理沟通是影响跨文化适应的重要因素，在跨文化管理沟通中应坚持因地制宜原则、平等互惠原则、相互尊重原则、相互信任原则、相互了解原则、相互理解原则，采用正视差异、求同存异，取长补短、兼收并蓄，兼顾多元、差别管理的策略，构建跨国公司内部良好的沟通机制，提高跨国公司的跨文化适应能力。

第三节　跨文化管理中的人员整合与培训

在跨文化管理中，为提升跨国公司内部人员的跨文化适应能力，需要进行人员整合与培训。本书侧重对跨文化管理中经营管理人员的跨文化适应能力的分析。

一、跨文化管理中的人员整合

在跨国公司的跨文化管理中，不同文化背景的跨国公司的组织文化也不尽相同，导致跨国公司的人力资源管理方式不同。而同一家跨国公司中，组织文化距离越大，人力资源管理方式的差异就越大，可能导致的文化矛盾与文化冲突也越严重。为了避免这种文化冲突与矛盾，跨国公司应在具体的跨文化管理中对人员进行整合。这种人员整合在一定程度上提高了员工的文化敏感性，有利于提升员工的跨文化适应能力。人员整合的具体方法如下。

第一，通过跨文化培训达到跨文化管理人员整合的目的。对于企业来说，培训是一种更新员工知识体系、改变员工思维系统以及对员工进行再教育的有效途径，也是一种让员工认同企业文化、建立共同的企业价值观的方法。跨国企业的跨文化培训内容涉及跨国企业的组织、跨国企业东道国的民族文化、跨文化敏感性与适应性训练、跨文化沟通与文化冲突处理能力的培训等。跨文化培训有助于学习者系统而深刻地了解跨国公司的企业文化，也有助于跨国公司中异地成员详细而深入地了解东道国的民族文化，还能够全面提升员工的文化敏感性，以及跨文化适应能力、跨文化交际能力、文化冲突处理能力。另外，跨文化培训有助于员工认识到文化差异的客观性，理解不同文化的优势与不足，从而形成员工主动从异质文化中吸收价值高的文化特质，还有助于员工切实掌握跨文化管理中的沟通技巧，以克服文化偏见，避免文化障碍与文化冲突，在跨国公司内部建立起有效、畅通的跨文化沟通体制。跨文化培训一般侧重跨国公司中具有两种以上语言能力、能接受不同意见、思想灵活、适应能力和创新能力较高的员工。

第二，通过建立共同的价值观达到跨文化管理人员整合的目的。共同的价值观是企业凝聚力的重要组成部分。在跨国公司的跨文化管理中，能否在企业内部建立一个被员工广泛认同的崇高价值观体系关系到能否全面调动和发挥员工的积极性和主动性，也是企业能否建立起畅通的沟通体系的根本。跨国公司跨文化管理的价值观体系通常包括经营宗旨、价值观念、道德行为准则、组织结构整合。跨文化管理价值观体系中的价值观念是跨文化管理人员整合的核心问题。跨国企业中通常存在着大量来自不同国家、具有不同民族文化背景的成员，这些成员拥有各不相同的文化价值观，跨文化管理价值观念的构建则将不同民族文化背景的员工统一到一个价值观体系中，从心理和行为上对员工进行双重规范。因此，若跨国企业的价值观念明确，则在经营和管理上取得成功的可能性更大，反之，则很难获得企业经营与管理的成功。

第三，通过人才资源本土化进程达到跨文化管理人员整合的目的。人员整合的目的之一是使跨国公司内部员工在短时间内了解东道国的消费需求、社会文化、法律法规、生活习俗等特点，以便帮助企业在短时间内建立起一支熟悉东道国市场和消费的营销团队，有利于企业将先进的文化制度和科学技术与东道国文化相结合，以实现跨国公司的资源整合与优化，维护跨国公司的最高利益。

第四，通过建立跨文化管理沟通机制达到跨文化管理人员整合的目的。跨国公司内部的沟通机制是否通畅不仅关系到公司的制度和指令是否能够达到令行禁止，上通下达，还关系到公司运营和管理过程中文化障碍和文化冲突的多少。在跨国公司建立成熟、有效的跨文化管理沟通机制，有利于鼓励公司内部不同文化背景的员工坦诚交流与表达，减少跨文化障碍和跨文化冲突，实现有效沟通。

第五，通过实施人本管理达到跨文化管理人员整合的目的。以人为本是现代企业管理的重要内容。所谓以人为本，是将人视为企业管理中的重要资源，既是管理和服务的对象，又是管理的积极参与者。只有充分尊重人在企业管理中的核心地位，才能有效调动和发挥员工的积极性和创造力，引导员工一步步实现预定目标。在跨国企业的跨文化管理中，员工是企业经营和管理的重要参与者，如果员工不能深刻理解母国公司的企业文化，不认同企业的价值观念，对于东道国的文化不能进行客观、深入的了解，就很难推动跨国公司的发展，无法实现跨国公司的经营目标。如果跨国公司切实做到以人为本，从员工利益出发，为不同文化背景的员工沟通、交流与合作提供便利，就更易组织一支凝聚力强、认同企业价值观念的团体，更有助于企业在跨文化经营中达成既定目标。

二、跨文化管理中经营人员跨文化适应培训

经营管理人员多在跨国公司中居于领导层地位，多属于高技能管理人才。近年来，随着经济全球化的发展，中国企业国际化的速度加快，越来越多的中国企业走出国门，扩大对外经营规模，极大地增加了企业中对高技能

管理人才的需求。高技能管理人才在跨文化管理中，不仅承担着传播管理技术、提高员工解决困难的能力的职责，还承担着一定的管理职责。以中国跨国公司为例，跨文化管理中的经营管理人员主要包括两类人群：一类是中国的管理和经营人员；另一类是东道国的管理和经营人员。

首先，中国的管理和经营人员的培训。中国跨国公司在东道国的管理和经营人员大多属于外派人员，这类人群的跨文化适应培训方法与策略与驻外商务人员的跨文化适应培训相同，这里不再赘述。仅举一个中国民营跨国公司——华为技术有限公司公司对驻外管理和经营人员的培训作为例子。华为技术有限公司公司走上国际化经营之路后，十分注重对中国驻外管理和经营人员的培训。2005 年，华为技术有限公司专门注册了华为大学，为公司内部提供新员工培训、管理培训和技术培训，同时为客户提供专业化的上岗培训。华为大学十分重视对中国经营管理人才国际化的培训。对驻外商务人员的培训包括对东道国市场的战略分析、对东道国生活环境的介绍、对东道国与中国文化差异的讲解以及对一切不可预估的变化因素的学习。其中，十分注重对中国与东道国之间文化差异的讲解。华为技术有限公司认为，跨国公司在商务谈判中的每一个表现对谈判结果都有着重要影响。文化差异导致的跨文化交流障碍更是谈判中应该备受重视的因素之一。因此，华为技术有限公司十分注重对本国驻外员工尤其是商务谈判人员的跨文化交际培训。另外，华为技术有限公司深知，在海外拓展业务时，不仅要面对东道国本土的行业竞争者，还要面对东道国的市场监管，而华为技术有限公司作为一家中国跨国公司，在与东道国进行谈判时，如果跨文化培训不到位，将直接导致跨文化谈判失败。在谈判成功后的经营中，华为技术有限公司对管理和经营人员的跨文化适应和跨文化沟通的能力要求更高。

其次，东道国的管理和经营人员的培训。对东道国管理和经营人员的培训目的是加强中国跨国公司对海外分公司相关生产经营活动的协调与控制，对东道国管理和经营人员的理论、技术及公司文化培训可以有效提高东道国经营和管理人员对中国文化的了解，使东道国管理和经营人员的管理水平与经营能力迅速提升，达到中国跨国总公司的要求。一般来说，跨国公司对东道国管理和经营人员的使用有两种方法。一种方法是雇用东道国员工到中国工作。这类东道国员工又可细分为两种类型：一种类型是已经具备较高的管理经验和经营水平的东道国员工，他们受雇到中国公司总部进行工作；另一种类型是缺乏管理经验和经营经验的东道国员工，他们来到公司总部学习中国先进的管理制度和经营理念，并充分学习中国文化背景下中国跨国公司的企业文化，这种类型的东道国员工在中国接受培训，培训合格后即回到东道国分公司，担任管理和经营工作的领导者。中国跨国公司对东道国员工的另一种使用方法是在东道国分公司中，雇用东道国员工进行管理和经营工作。跨国公司受地区和文化的限制，在东道国分公司工作的母国员工数量极其有限，因此在东道国公司的许多管理和经营岗位仍然需要招聘东道国员工担任。中国跨国公司为了在东道国分公司内部建立畅通无阻的沟通机制，对东道国员工开展各种形式的培训，包括语言培训、业余培训以及参观中国总公司等，提升东道国员工的管理能力和经营水平。仍然以华为为例，其所设立的华为大学不仅对中国员工进行多样化培训，还对东道国管理和经营人员进行跨文化培训。华为大学对东道国管理和经营人员的培训是以华为技术有限公司国内新员工入职培训为蓝本而建立的。在设计培训课程时，充分考虑华为技术有限公司所在东道国文化的特点，以便东道国员工接受并融入其中。例如，华为技术有限公司早年在北美设置的分公司对东道国员工的培训中有一项早操军训。在崇尚自由和个性的北美地区，这种看似强制化的早操军训使北美员工刚接触时就引发了些许不适应。然而，由于其中纳入了许多北美员工喜欢的早操选修课，随后又受到员工的欢迎。东道国员工在接受华为大学的培训后，逐渐了解中国文化和华为技术有限公司的文化，不仅有利于培养国际化人才队伍，提高东道国员工的文化敏感性和跨文化交际能力，有利于在东道国分公司中建立统一的文化价值观和畅通的沟通机制，还有助于东道国员工认识和接触中国文化，使他们喜欢中国文化，同时带动其周围的人共同了解中国文化，达到了间接推动中国文化发展的目的。

综上所述，中国跨国公司的跨文化管理和经营人员的跨文化培训不仅有利于推动跨国公司的国际人才队伍建设，还有助于提高跨国公司管理和经营人员的跨文化适应能力，加强文化整合，推动跨国公司的国际化战略持续健康发展。

第九章　外派对外汉语教师的跨文化适应能力与提升策略

第一节　教学活动中跨文化交流与交际的能力

经济全球化在带动全球经济交流的同时，加快了全球文化交流与融合的步伐，而在文化交流与融合中，语言学习是必不可少的。要了解一个国家的文化，先要学习一个国家的语言，因此近年来，跨文化语言教学越来越普遍。在跨文化语言教学中，教师是培养学习者提高跨文化适应能力的关键性角色。[①] 跨文化语言学习者能否通过语言学习积极了解和适应异国文化，与跨文化语言教师的教学水平、文化能力以及交流与交际能力密不可分。本书主要以对外汉语教学为例，对外派对外汉语教师在跨文化教学中的素养与能力进行分析。

一、教师跨文化交流与交际能力培养的必要性

改革开放以来，随着经济的迅速发展，中国在世界贸易中的参与度越来越高，由于商贸、旅游、教育等需求的带动，对外汉语教学也越来越火爆。随着对外汉语教学行为越来越普遍，外派对外汉语教师的素质尤其是跨文化交流与交际素养受到社会学者的普遍关注。我国自 20 世纪 90 年代开始对外汉语教学领域的跨文化交流与交际研究。1991 年，我国学者毕继万、张占

---

① 杨恬.跨文化适应与对外汉语教学研究[M].成都：四川大学出版社，2015：112.

一在《跨文化意识与外语教学》中首次提出了"外语教学的目的是培养学生的跨文化交际能力"的观点。之后，针对外派对汉语教师跨文化交流与交际的研究越来越多。绝大部分学者认为，跨文化交流与交际能力是外派对外汉语教师应该具备的最重要的专业素养之一。本书分别从学习者、外派对外汉语教师、教学需求、社会需求四个方面对培养对外派外汉语教师跨文化交流与交际能力的必要性进行分析。

首先，从学习者的角度来看。外派对外汉语教师的跨文化交流与交际能力直接影响着学习者的学习效果。对于第二语言学习者来说，学习汉语的目的是为了提升自己的跨文化交流与交际能力，能够熟练地使用汉语进行交际。而对外汉语教师的素养则是学习者能否达成学习目的的关键。对于学习者来说，语言学习并非仅仅是对语音、词汇的学习，更是使用语言进行交流与交际能力的培养，因此，对外汉语教师，不仅应具备相应的专业素养，还应具备跨文化交流与交际意识，并不断提升自己的跨文化交流与交际能力，只有这样，才能在教学中将这种跨文化交流与交际传授给学习者，使学习者达到使用汉语进行交际的最终目的。

其次，从教师角度来看。培养和提升对外汉语教师的跨文化交流与交际能力，一方面有利于教师自身在跨文化交流与交际中跨越各种因文化差异而导致的文化障碍与冲突；另一方面有利于教师应对教学管理中出现的跨文化交流与交际障碍。外派对外汉语教师需到不同国家和地区任教，面对民族文化背景、年龄、性格、价值观念、思维方式、生活习惯以及汉语接受能力等存在较大差异的学习者，如何在教学中运用适当的方法提高跨文化学习者的能力是对外汉语教师面临的一个极大的挑战。从这一角度来看，对外汉语教学不仅是一个知识传授的过程，还是一个跨文化交际的过程。因为对外汉语教师需要在课堂上与学生交流和互动、与异国同事交际、与居住地人员沟通等，所以他们应具备良好的语言知识能力和必要的跨文化交流与交际能力。从教学角度来看，在教学中，由于学生的文化背景不同，文化存在差异，对外汉语教学极易因各种文化障碍而无法推进，从而影响教学进度和教学效果。因此，培养和提高对外汉语教师的跨文化交流与交际能力十分必要。

再次，从教学需求来看。语言学习尤其是第二语言学习并非仅局限于语言规则的学习和语言词汇的积累。一个国家或民族的语言是根植于特定的文化基础之上的，如果不了解一个国家和民族的文化，单纯地学习语言，那么学生所学习的语言就成为一种真空语言，只存在于教学与书本之中，而不适用于实际交流与交际。例如，我国自 20 世纪八九十年代即在小学和中学中推广英语教学，但由于缺少具体的语言环境和语言背后的文化学习，因此许多人学到的是哑巴英语，只能阅读和写作，而不能用于交流与交际。这种单纯来自课本的英语在很多情景中均不适用，用于交流与交际时，很容易引发种种误解。对外汉语教学中也是如此，脱离了语言使用环境的汉语教学虽然可以传授给学生字、词、语法等知识，但是忽略了文化。即使一些教师意识到了文化的作用，但受限于课程的设置及教学方法，在实际教学中显得心有余而力不足。近年来，我国外派对外汉语教师在教学中越来越注重语言的实际使用。对外汉语教师只有不断提升自己的对外汉语教学能力，才能从整体上提升学生的语言交流与交际能力。

最后，从社会需求来看。随着中国综合实力的不断提高，中国在国际社会中的影响越来越大，汉语国际传播时代已经到来。在汉语传播中，汉语本身是中国文化的载体，外派对外汉语教师不仅从事语言教学工作，还是传播中国文化的使者。从这一角度来看，中国对外汉语教师是外国人了解中国的一个重要窗口，对外汉语教师通过自己的一言一行向世界介绍中国、推销中国、推广中国文化。一般来说，如果对外汉语教师能够在教学中赢得所在国家语言学习者的尊敬与爱戴，那么第二语言学习者会更容易接受中国文化，与中国人民产生友谊，有利于中国文化在世界范围的传播。而且对外汉语教师较高的跨文化交流与交际能力能够帮助对外汉语教师在语言教学中克服和化解种种由文化差异和交际失误引发的文化冲突，因此培养对外汉语教师的跨文化交流与交际能力具有重要意义。

二、教师应具备的跨文化交流与交际能力

对外汉语教育跨文化交流与交际能力的培养有利于提升对外汉语教师的跨文化适应能力，从而更好地开展教学活动。我国学者从多个角度提出了对外汉语教师应具备的跨文化交流与交际能力。杨恬在《跨文化适应与对外汉语教学研究》一书中指出，作为对外汉语教师，第一应具备扎实的语言学功底，不仅要拥有较丰富的汉语与文化知识储备，还应精通至少一门外语，并能够准确地将汉语与这门外语的差异进行比对与分析；第二，应对中国文化有深入了解，尤其是对中国当代社会文化具有独到而客观的见解，并对至少一种异国文化有深刻了解，能够将文化异同引入教学中；第三，应具备跨文化交际能力，在跨文化环境中自如交际；第四，还应拥有较丰富的跨文化体验，并在实践中总结一套克服跨文化冲突的方法，向学生传授跨文化适应经

验；第五，应具备对教学活动、学生上课状态和适应情况进行反思的能力，以及一定的教学创新能力。[①]

本书主要从跨文化交际知识与跨文化交际素养两个方面，对外派对外汉语教师的跨文化交流与交际能力进行分析。

从语言教学角度来看，对外汉语教师的跨文化交际知识包括多个方面。首先，语言方面的知识。语言知识中的语音、词汇、语法等均对跨文化语言交际起着重要影响。例如，语音不同，其表达的含义也不相同，甚至千差万别。语言中的词汇、成语、谚语、格言、典故、委婉语、禁忌语、敬辞、谦辞等背后均蕴含着大量的历史、文学、宗教、社会习俗等文化知识。讲话规则、篇章结构、文体风格等语法受到文化的影响也较大。其次，非语言方面的知识。非语言中的体态语、副语言、客体语、环境语等知识贯穿于整个交际过程中，能够真实地反映交际者的态度、心理活动和价值观念，在跨文化交流与交际中起着重要作用。再次，社会交往规则方面的知识。社会交往中的问候与称谓、会客与宴请、送礼与回礼、赞美与谦虚等由于文化差异，在跨文化交往中易引发种种障碍和误解，甚至产生文化冲突，如何在教学中正确使用并传授这些知识，是对外汉语教师所面临的一个严峻挑战。最后，人际关系知识。人际关系知识是文化知识中的一个重要内容，也是对外汉语教学的重点，国外学生学习汉语的目的是用于交际，而人际关系知识中包含着大量中国社会约定俗成的规则，只有了解这些规则、才能使用语言进行无障碍交流与交际。除此之外，对外汉语教师的跨文化交际知识还包括思维方式、价值观等内容。

除了跨文化交际知识外，对外汉语教师还需具备一定的跨文化交际素养，主要包括两方面。一方面，对外汉语教师应树立正确的文化态度。所谓正确的文化态度，是指对外汉语教师应正确、客观地看待文化差异，认识到文化差异的客观存在，并在跨文化交流与交际中正确看待文化差异。对外汉语教师尤其是走出国门从事教学工作的对外汉语教师作为中国的民间文化使者，应对自己、东道国人民、教学对象和教学环境采用理性客观的态度，既不以本文化为中心，又不以异文化为中心，避免盲目自大和冷漠心理，以平等的态度对待所有学生，克服一切狭隘心理，避免民族中心主义和思维定式。另一方面，对外汉语教师应具备多元文化。对外汉语教学要求教师既要了解自己国家的语言和文化，又要了解东道国的语言和文化，建立双文化甚

---

① 杨恬.跨文化适应与对外汉语教学研究[M].成都：四川大学出版社，2015:113.

至多元文化的意识和自觉，成为拥有多元文化知识的学者，这类学者的基本要求为了解、理解、适应异国文化，具备跨文化认同思维模式。此外，对外汉语教师还应了解民族共性和民族个性，不被文化定式所限制，从而减少教学活动中的障碍与冲突。

三、教师跨文化交流与交际能力的培养

对外汉语教师跨文化交流与交际能力的培养既要求对外汉语教师自身注重的学习，又应当引起学校与国家汉语国际推广领导小组办公室（以下简称"国家汉办"）、社会培训机构的注意。

其一，从对外汉语教师自身来看。对外汉语教师在培养和提升跨文化交流与交际能力时，应发挥主观学习的能动性，通过多种方法，积极培养和提升自己。首先，对外汉语教师应学习跨文化交际理论知识。对外汉语教师应坚持理论联系实际的原则，主动学习跨文化交际理论、适应理论、信息内涵的相互调整理论等多种理论知识，在教学活动和跨文化交流与交际活动中不断总结，从而达到培养和提升跨文化交流与交际能力的目的。其次，对外汉语教师应加强跨文化交际意识的培养。具备跨文化意识后，在面对文化差异所造成的文化障碍和文化冲突时，能保持开放的态度，以包容和开放的态度来处理问题。再次，对外汉语教师应加强对本国文化和世界各国文化的学习与理解。只有深入了解本国文化和世界各国文化，才能培养对外汉语教师的文化敏感性，在跨文化教学和跨文化交流与交际中减少冲突与障碍，达到较好的教学目的。最后，对外汉语教师应在真实的跨文化交流与交际中积累经验，不断丰富和提高自己的跨文化交流与交际能力。古人云："纸上得来终觉浅，绝知此事要躬行。"只有从实践中得来的真实经验才是活的经验。跨文化交际属于交际活动，灵活性较强，绝非书本上的知识可以概括。因此，对外汉语教师应主动为自己创设真实的跨文化交流与交际情景。另外，对外汉语教师在教学中可以采取一定的交际策略来提升自己的跨文化交流与交际能力。

其二，从学校或国家汉办来看。我国对外汉语教师多由高校培养的本科生或研究生组成，海外汉语教师则由国家汉办组织的汉语志愿者组成。这些汉语志愿者多由对外汉语本科生及汉语国际教师等相关专业的研究生组成，大多缺乏海外汉语教学经验。因此，需要国家汉办对这些人员进行专门培训。国家汉办对海外汉语教师的培训多根据志愿者教师的赴任国进行有针对

性的培训,如对比赴任国文化与中国文化,使学员了解赴任国宗教文化、禁忌、交际习俗等方面的知识。我国高校对外汉语教师的跨文化交际能力培训不仅应增加跨文化交际知识与本国文化知识课程,还应为对外汉语专业的学生提供多样化的实践机会,让他们接触不同国家和不同文化背景的留学生,从而培养对外汉语教师的跨文化交际意识,提升对外汉语教师的跨文化交流与交际能力。除此之外,我国对外汉语教师作为传播中国文化的使者和国外了解中国文化的窗口,其应加强对中国本土文化知识的学习以便更好地传播中国文化。

其三,从社会培训机构来看。近年来,随着"汉语热"的不断升温,国内国际对外汉语教师的人才需求不断上升,我国社会培训机构也在一定程度上加强了对外汉语教师的培训。社会培训机构关于对外汉语教师的培训主要包括两个方面:一是针对那些为了获得对外汉语教师资格证书的学员开办的培训;二是对已经取得对外汉语教师资格并即将被分派至海外进行教学活动的对外汉语教师开展跨文化交流与交际培训。第二方面的培训内容包括对赴任国语言的基础知识的培训、对汉语本体知识的简单培训、对跨文化交际能力的培训、对赴任国文化的培训等。社会培训机构针对我国对外汉语教师的跨文化交流与交际培训在一定程度上弥补了我国当前高校和国家汉办相关教育的不足,有利于提高对外汉语教师的整体跨文化交流与交际水平。

除以上几点外,在对外汉语教师跨文化交流与交际能力的培训中还应注意以下两个方面。一方面,对外汉语教师应加强对文化学习与语言学习关系的处理,在掌握基本的语言知识的基础上学习跨文化交际知识,而不是盲目地进行跨文化交际能力的锻炼;另一方面,对外汉语教师应恰当处理赴任国文化与中国文化的关系,在教学中有意识地引导学生从对汉语学习的兴趣上升至对中国文化的兴趣,在恰当的、真实的中国文化语境中完成汉语学习,达到通过传播汉语推广和传播中华文化的目的。

第二节 教学活动中跨文化交流与交际的影响因素和障碍

对外汉语教学是一种特殊的跨文化交流与交际活动,跨文化交流与交际贯穿了对外汉语教学的整个过程,对外汉语课堂属于多边跨文化交流与交际活动。在教学活动中，教师与学生因文化背景不同，难免在交流与交际中产生种种障碍。本书主要从教师角度对对外汉语教学中的跨文化交流与交际的影响因素和障碍进行分析。

一、从教师角度看跨文化交流与交际中的影响因素

（一）外在因素

对外汉语教师的跨文化适应受到赴任国经济实力、政局和社会治安、社会支持等因素的影响。

首先，从经济实力因素来看。改革开放以来，中国社会发生了翻天覆地的变化，经济增长十分迅速，人民的生活水平也逐年提高，各种公共设施建设较全面，尤其是各大城市交通发达，各种休闲娱乐设施健全，人们生活十分便利。而一些发展中国家，如中亚地区或非洲地区的经济建设相对较为落后，基础设施建设较为落后，各种休闲娱乐设施较少。许多对外汉语教师尤其是习惯在中国大城市生活的高校毕业生初次到这些发展中国家进行教学时，常常因为当地的经济实力和物质水平而产生一定的心理落差，导致教学和生活等方面出现一系列不适应。如果赴任国所在地区为西方经济发达国家，社会经济实力较好，基础设施较全，生活较为便利，则对外汉语教师的跨文化适应情况较好。

其次，从政局和社会治安来看。中国社会实行依法治国，社会政局稳定，社会治安较好，人民生活安定。尤其是近年来，随着我国公共监控体系的发展，人民安全进一步得到保障，即使是深夜一个人出门也十分安全。然而，有的国家的政局不太安定，社会治安环境较差，社会公共监控体系发展较为落后，社区环境复杂，导致一些对外汉语教师对安全问题产生担忧。这在一定程度上影响着对外汉语教师的跨文化适应。

最后，从社会支持因素来看。对身处异国他乡的对外汉语教师来说，能否建立起强大的社会支持体系在一定程度上影响着对外汉语教师的跨文化适应状态。对外汉语教师的社会支持体系一般包括两个方面。一方面，为对外汉语教师家人、朋友的支持。对外汉语教师尤其是海外对外汉语教师多由高校对外汉语专业的学生志愿者组成，这些志愿者大多还没有结婚，出于出国锻炼及宣传中国文化的目的成为志愿者，他们的决定大多得到了家人和朋友的支持。而且大多数志愿者出国教学的时间为一年，因时间有限，他们十分

珍惜时间，因此即便产生文化休克等跨文化适应不良现象，在家人和朋友的鼓励下，大多也能够减轻负担，较快走出文化休克，安心在外工作。另一方面，海外对外汉语教师大多由国家汉办组织，并依托在海外的孔子学院开展教学工作。孔子学院的领导和同事会为对外汉语教师提供较大的精神支持，在对外汉语教师遇到困境时给予鼓励、经验传授等，通过营造和谐、轻松、合作的氛围，全力支持对外汉语教师的工作。

（二）内在因素

除了外在因素之外，对外汉语教师的跨文化适应还受到个体因素差异、心理转换能力、文化敏感性、语言水平等因素的影响。

从个体因素差异来看，性格开朗、乐观、积极的对外汉语教师面对与中国文化迥然不同的异国文化时，更能以开放的心态面对跨文化障碍，其跨文化适应状况较好，相反，性格较为内向的对外汉语教师跨文化适应不良的概率较大，而且易陷入文化休克状态无法走出。

从心理转换能力来看，对外汉语教师远离原来的国度和生活圈，只身一人来到一个陌生的国度，其内心承担着较大的文化适应压力、安全压力、教学压力等，需要迅速调整心理状态，尽快投入正常有序的教学和生活节奏中去。这种心理转换能力在一定程度上影响着对外汉语教师的跨文化适应。

从文化敏感性来看，文化敏感性越强的对外汉语教师适应异国文化的状态越好，反之则较差。

从语言水平来看，赴任国语言水平较高的对外汉语教师通常更加自信。有的对外汉语教师的英语使用十分熟练，但当到非英语国家教学时，如果对外汉语教师的赴任国语言水平不高，很难和学生进行正常沟通，那么将会极大地影响对外汉语教师的教学水平和学生的学习效果，也会影响对外汉语教师的适应程度。

二、从教师角度看跨文化交流与交际中的障碍

（一）语言障碍

语言是交流与交际的工具和媒介，也是对外汉语教学中最大的障碍之一。语言属于文化的一部分，背后承载着一个民族的价值观、信仰、社会关

系等各方面的内容。对外汉语教学中的跨文化交流与交际中常出现两种语言障碍。一种是由语言本身导致的文化陌生感所引发的障碍。不同民族的语言有其独特的语言体系，如发音、词汇、语法等，尤其是汉语中存在的多义性常常导致对外汉语教师与学生在交流中出现"会错意"的情况。杨玉婷在《"文化休克"现象及其在对外汉语教学中的案例分析》中举了一个例子，即一位对外汉语教师在为欧美国家的学生上课时，由于学生大多为初次来到中国的学生，对中国文化及中国习惯的英文表达并不熟悉，因此当这位对外汉语教师走进教室时，一位北美国家的学生和他打招呼称"Hello, what's up?"，但这位对外汉语教师不熟悉这种问候语言的表达方式，莫名其妙地看了看天花板，发现天花板上什么也没有。于是，这位对外汉语教师怀疑学生在故意捉弄他，内心十分不满，严肃而一本正经地对学生说，什么也没有，现在开始上课。这位学生发现教师的神情不对劲，急忙解释这句话的意思是一句普通的问候语，这才解除了误会。在对外汉语教学中，这种因表达方式不同、用词错误或语言不符合语境等而引发会错意的情况比比皆是。

另一种语言障碍则是由于教师所学语言或学生所学语言多来自书本，不适用于真实交际环境而引发的交流或交际障碍。在教学活动中，语言知识本身的学习存在一定的难度，而书本上的知识与真实语境中的语言使用存在一定的差异，因此易导致教学障碍。例如，有的对外汉语教师本身在学校中接受的多为课本上的语言知识，未涉及真实的交际环境，在课堂上面对学生多样化的口音和各种俚语，以及多样化的表达习惯，会突然产生"听不懂"的感觉。这是由于对外汉语教师的异国语言多由中国籍教师所教授，中国教师用学生熟悉的文化背景、学习模式、学习习惯教学，因此无论发音还是表达方式均属于中国本土化的语言学习，教师只是利用自己所学的知识帮助学生进行规范化的操作与练习，其学习效果仅是一种课堂上的呈现，而非真实地用于跨文化交流与交际的效果。对外汉语教师来到异国环境中后，面对的是来自四面八方的学生，这些学生虽然说同一种语言，但是口音多且杂，并与方言所交融，对外汉语教师在给学生上课时可能"听不懂"，导致教学无法继续。无论是哪一种语言障碍，均会对对外汉语教师心理产生一系列的消极影响，不利于对外汉语教师跨文化适应能力的提升。

（二）文化差异障碍

文化差异是对外汉语教师在课堂中面对的引发跨文化交流与交际障碍的

主要因素。对外汉语教师在赴任前，多参加过由高校、国家汉办或社会培训机构组织的跨文化交流与交际培训班，对赴任国的文化有了一定的了解。然而，这种培训班多为短期培训班，并且因为脱离真实的文化环境并不能让教师全面深入、地了解赴任国的文化。因此，在对外汉语课堂上易发生因文化不同而引发的跨文化交流与交际障碍。例如，有的对外汉语教师在课堂上出于对学生的关心，叮嘱学生多穿衣、注意保暖，这种行为在中国是十分常见的，学生常因此而对教师心怀感激。然而，西方国家十分注重隐私，教师这种对学生衣着薄厚的关心会被学生认为教师故意侵犯其个人隐私，引发教师与学生之间的跨文化交际障碍。

对于对外汉语教师来说，在教学中难免需要表达自己的观点，在传授知识的同时，传播中国文化，然而，文化差异引发的种种交流与交际障碍易引发对外汉语教师的思乡、紧张、排外等情绪，从而导致对外汉语教师的跨文化适应不良。

（三）教学模式障碍

教学模式是指在一定教学思想或教学理论指导下建立起来的较为稳定的教学活动结构框架和活动程序。[①] 中国的教育体系有严格的管理规范，对教师的教学模式有较为严格的要求，基本实行以教师讲授为中心的模式，对考勤、课时、作业、课程安排等要求较为严格。在西方国家，学生崇尚自由、民主、开放、充满弹性的教学模式，因此，在对外汉语教学中，常因为对外汉语教师的严格要求而引发学生与教师之间的交流与交际障碍。例如，有的对外汉语教师在西方国家或非洲国家上课时，一般多按照国内习惯，将早上的课程安排在 8：00 或 8：30 开始。在中国上课时，我国学生一般提前十几分钟或半小时到教室，教师也会提前几分钟到教室做好上课准备。然而，许多在国外上课的教师发现来到教室时只有零星几个学生在聊天，大部分学生多是在 9 点后才陆续来到教室。这一方面是由于国外教学与管理模式与国内不同，另一方面是由于中西方对上课时间的标准有差异。西方国家及非洲国家的上课时间一般为上午 9 点，教学管理方式较中国没有那么严格，这就导致教师与学生之间存在跨文化交流与交际障碍。除了教学时间安排外，许多对外汉语教师在教学时发现，中国的传统课堂秩序与国外有较大区别，中国

---

① 杨玉婷.“文化休克”现象及其在对外汉语教学中的案例分析 [D].长沙：湖南大学，2017: 17.

的课堂管理较为严格，实施以教师为中心的教学模式，因此学生在回答问题或有意见要表达时常常举手示意，在得到教师允许后才能回答问题，以保障课堂教学的有序进行。在国外教学时，有的国家的课堂管理较为松散，学生较为活跃，在参与讨论时随性而至，这使对外汉语教师常常感到难以控制。例如，一位对外汉语教师在非洲国家上课时，在解释"银行"一词时，说该词用英语表达即为"bank"，这引发了两位来自非洲不同地区学生就银行的英语发音是"bank"还是"benk"展开讨论。这一讨论又引发了全班更多学生的讨论。由于讨论偏离了课堂教学重点，因此这位对外汉语教师急忙叫停，但学生根本不听老师的话，发起了更大的争论，这位教师只好连续多次大声叫停才使这场争论停止下来。

在中国教育理念中，教师是"传道、授业、解惑"的人，也是传统课堂的主导者，而当对外汉语教师走出国门、面对陌生的异国教学环境时，种种不符合中国传统的教学习惯甚至挑战中国教学模式的行为容易引发对外汉语教师内心的焦虑，觉得课堂难以掌握，进而引发其教学的不适应。

综上所述，对外汉语教师的跨文化适应，受到对外汉语教师教学中的跨文化交际与交际障碍，以及多种内在和外在等客观或主观因素的影响，而且会在跨文化交际中遇到多种障碍，只有对这些因素和障碍进行详细了解才能对症下药，从根本上提高对外汉语教师的跨文化适应能力。

第三节　教学活动中跨文化交流与交际的课程实践

对外汉语教学的目的是提升学生的跨文化交流与交际能力，减少跨文化障碍和文化冲突，因此在具体教学中，口语教学和非语言教学十分重要。本书重点以口语教学和非语言教学活动中的跨文化交流与交际课程实践为例，对如何提高教师与学生的跨文化交流与交际能力、如何避免跨文化障碍和文化冲突进行分析。

一、口语教学活动中跨文化交流与交际的课程实践

对外汉语教学的最终目的是培养学生的跨文化交流与交际能力。口语教学的内容和具体方法应包括以下内容。

（一）对外汉语口语教学的内容

对外汉语口语教学的内容包括语言的规范能力、语用得体能力、表达方式选择能力、使用交际策略能力等多个方面。

首先，语言的规范能力。语言的规范能力包括掌握语言的基本知识（如发音准确、说出合乎语法规范的语句、使用不同的语法形式传递相同信息）和语言生成能力（如对语言的词汇和语法的熟悉程度、对语篇和语义的把握能力等），这能够帮助学生在跨文化交流和交际中准确地表达自己的意思，避免交际中产生误解。不同语言在发音、词语选择和语法上的规则不同，如果不进行规范训练，极有可能导致种种误解，引发跨文化交流和交际的障碍。例如，如果学生对汉语的语音、语调掌握不好，那么极易引发误解。

其次，语用得体能力。语言尤其是口语是用来交流和交际的，懂得了字词句的基本知识后，还应使语言符合语用环境，这样才能准确地表达自己的意思。语用得体能力包括明确交际目标的能力（也就是明确为什么说、和谁说、说什么的问题）、确定话语类型的能力和伴随语言配合的能力（也就是在特定的情景、语境中使用表情、手势或身势等非语言因素辅助完成目标表达的能力）。

再次，表达方式选择能力。即在特定语言环境下，选择合适的词汇、句式、语体等。中国语言文化博大精深，如果不根据特定的语言环境恰当地表达就会给人以别扭的感觉，甚至引发误解。例如，在口语中，我们经常使用"这个长得真漂亮"，如果将"漂亮"换成"美丽"，即"这个长得真美丽"，虽然不会引发歧义，但会使听的人感到别扭，因为"漂亮"多用于口语，而"美丽"多用于书面语表达。又如，同样是问别人的年龄，在不同的情境下，面对不同的对象，应该使用不同的表达方式，问老人年龄时应该用"您多大年纪""您高寿"，问小孩时则多用"你几岁了"。

最后，使用交际策略能力。它包括提出话题的能力、对别人的言语做出相应反应的能力、使用话语轮次的能力、使用"补白"手段的能力、自我矫正的能力、运用语境阐述语义的能力以及寻求帮助的能力等。

（二）对外汉语口语教学的策略

对外汉语口语教学中，教师多采用问答、游戏、表演等课堂技巧策略作为表达训练。

第一，问答技巧。教师在教学中可通过情景问答、卡片提示问答、交通图问答、照片问答、联想式问答、自由问答、查询问答等方式锻炼学生的口语。问答技巧的训练应注意本着从易到难的原则。例如，在初级阶段，当教师问学生"你是什么时候来的"时，一般学生会认为是问其到中国的时间，因此回答："我是去年来的。"当学生具备了汉语中级水平后，则会根据具体的情景作答。当学生具备了汉语高级水平后，则可列出多个与此问题相关的细节问题，与学生展开问答训练。

第二，游戏或表演技巧。即在口语训练中采用猜谜语、看动作说话、看图讲故事、描述两幅图的异同、看图说话、按说话内容做动作等方式，或给出一组特定的图画、动作，让学生据此做出反应和表达，创设和模拟真实的表达语境的方式，以供学生进行口语交流和交际训练。除此之外，在课堂上采用角色饰演、人物替换练习、即兴小品表演、为影片或图片配话等，也可创设或模拟不同的交际场景，让表演者沉浸于情景中进行有效的口语训练。

第三，课堂讨论技巧。在口语训练中，教师使用文字、照片、地图、图表、连环画等创设一个具体的话题，让学生据此进行表达训练。例如，创设"五一假期到了，你打算怎么过""你平时阅读哪些书籍""你愿不愿意和老板一起出差"等话题，让学生通过专门话题训练，学会选择词汇，表达自己的意愿。

第四，利用社会语境技巧。口语训练的目的在于创设真实的交流和交际环境，课堂中的口语训练也可通过设计与社会语境结合起来，让学生进行口语锻炼。例如，在听说训练中，教师可以让学生复述一段自己亲耳听到或说过的话，然后指出其中的失误之处，以便学生进行具体的训练。这一技巧也可以随着学生年级的增长而采用由易到难的训练。

第五，交际文化训练技巧。在口语训练中，教师可以通过具体的语境，引导学生进行交际文化训练，以帮助学生融入特定的中国文化中，跨越文化差异。例如，中国问候语中包含许多私人的问题，有"哪里人""多大了""父母做什么工作""你吃了吗""你去图书馆吗"等，教师可让学生就上述问题进行口语训练，并由此引出中国特定的文化背景。

综上所述，对外汉语口语教学课堂实践在对外汉语学习中十分重要，尤其是对外汉语口语交际训练应遵循注重实用和跨文化的原则，在了解民族文化和民族表达习惯差异的基础上，练习跨文化交际模式，增强语言交际的跨文化意识，以达到让学生准确使用汉语进行跨文化交流与交际的目的。

二、非语言教学活动中跨文化交流与交际的课程实践

非语言行为作为一种交际语言，能够为语言交际提供辅助，在跨文化交流与交际中起着不可替代的作用。我国传统的对外汉语教师对非语言交际不太重视，近年来，随着我国对外汉语教学实践的增多，以及对外汉语教学人群的多样化发展，越来越多的对外汉语教师意识到了非语言行为在对外汉语教学活动中的重要作用。

非语言行为在不同民族文化中的表现不同，前文中已对非语言行为的类型及其在跨文化交流与交际中的作用，以及非语言行为在提升跨文化适应能力中所起的作用进行了详细分析，这里重点对非语言行为在对外汉语教学中的应用进行分析。文化差异既体现在语言方面，又体现在非语言方面。文化差异在非语言行为上的体现主要包括以下两个方面。

其一，有些非语言行为在中国文化中存在，在他国文化中不存在，或在他国文化中存在，在中国文化中不存在。对外汉语教师在教学中要注意这些非语言行为的讲解和应用，避免引发学生误解。首先，有些非语言行为在中国文化中存在，在他国文化中不存在，易引发误会。例如，茶文化是中国的特色文化，其根植于中国数千年的历史，形成了独特的喝茶礼仪。我国对外汉语教材对茶文化进行了讲解。其中，有一部分内容涉及中国人待客时喝茶的礼仪："给客人送茶的时候，一只手端着杯子，一只手扶着杯子底，不能用一只手抓着杯子的口，这样的话是不想让客人喝的意思。"这里涉及非语言行为，即送茶给客人喝时的行为。而茶文化在西方国家并不存在，学生易对这一行为产生迷惑。此时，教师在教学实践中应进行良好的示范，并为学生讲述其中的文化内涵。为了加深学生的印象，教师在教学中还可以让学生拿起茶杯进行练习，以便学生真正掌握中国茶文化中的非语言交际方式。又如，中国餐桌文化中，中国人为了显示热情好客，常常会为朋友或客人斟酒、夹菜等，而这一动作常常引发文化中没有这一非语言行为的西方人的反感，他们认为这一动作侵犯了他们的隐私。在课堂上，教师可采用影视资料、现场示范等对餐桌文化中为朋友或客人斟酒、夹菜的非语言行为进行详细讲解。其次，有些非语言行为在他国文化中存在，在中国文化中不存在，在课堂上也易引发误会。例如，一位对外汉语教师在海外教学时，学生知道了他的生日，纷纷为其送上生日礼物，这位教师为了不耽误课程进度，在接受礼物后即放到桌角，开始上课，但学生的脸上出现了迷惑不解的神情，表

现出无心上课的情绪。原来按照西方国家的习俗，这位教师收到礼物后应拆开查看，并表示赞美和感谢。由于中国文化中并没有这一非语言行为，因此导致了学生的误解，产生了非语言交际障碍。

其二，中国文化和他国文化中均存在这种非语言行为，但含义并不相同。例如，中国和西方国家文化中均存在打响指的习惯。中国打响指是一种不庄重的行为，因此当中国儿童出现这一行为时，父母或教师通常都会进行制止。然而，在西方文化中，打响指有多种含义，如可以充当音乐的伴奏，可以表示时间，即"弹指之间"，可以表示恍然大悟，也可以表示想起了某件事情。在对外汉语课堂上，当西方学生做出这一动作，而教师不清楚其所代表的含义时，常常易引发误解，导致跨文化交际障碍。又如，有的对外汉语教师，在倾听学生发言时，会做出将双手手指交叉相握而两个大拇指互搓的动作，在中国文化中这一动作并没有特殊含义。然而，在西方国家，这一动作有"紧张不安""枯燥无趣""洋洋得意"等多种含义，因此常导致正在发言的西方国家学生感到迷茫、无措。除以上例子之外，诸如此类的例子还有许多。

中国文化中有的非语言行为代表的隐含意思与其他国家文化中的这一动作所表达的含义不同，如果不能站在对方的文化中理解这一行为，势必引发误解。例如，一位对外汉语教师在希腊上课时，在讲到汉字"五"时，这位教师为了说明这个字的意思是指阿拉伯数字5，因此向希腊学生做出了手心向外、五指分开的动作示范。这一动作在中国十分常见，人们在日常生活中也常常以这种方式来表达意思。然而，希腊学生在看到教师的这个动作后，脸上都呈现出愤慨和不悦的表情。原来，这一非语言行为在希腊文化中是一种侮辱人的手势。由此可见，中国文化和他国文化中意思不同的非语言行为是导致跨文化障碍的重要原因之一。

明确了非语言行为在对外汉语课程实践中的影响后，在教学实践中，教师即可使用多种教学方法对中国的非语言行为进行讲解。具体的非语言教学方法有如下几种。

首先，案例分析法。在对外汉语教学中，为了让学生详细了解中国的非语言行为，教师在讲解了有关的非语言行为后，可以将通过网络、影视、报刊等途径收集到的非语言行为和非语言交际资料在课堂上进行分析，以此引起学生的兴趣，以便达到帮助学生理解的目的。在教学活动中，还可以通过充分利用幻灯片、录音、电视节目、录像等现代化多媒体技术和教学设备，对非语言行为进行讲解，使学生在真实的交际环境下观察不同性别、不同年龄、不同职业的人在不同场合与不同人的谈话，从而直观地了解中国的非语言行为所隐含的意义。

其次，角色扮演法。角色扮演法是一种在对外汉语教学中经常使用的方法，教师在讲解完某一事件后，为了加深学生的理解，可以将学生进行分组，让他们对非语言行为进行练习。角色扮演法适用于多种文化教学。它既可以通过学生的正确示范，帮助学生加深印象，又可以通过学生的错误示范，引导学生对错误示范引发的交际障碍和文化冲突进行讨论。这种教学方法可以在课堂上创设出真实的交际环境，帮助学生正确掌握跨文化交际中的非语言行为。

再次，主题讲座法。主题讲座法是指对外汉语教师在进行非语言教学中，围绕某一主题进行非语言行为讲座。这些主题可以是朋友间的交往、中国餐桌文化、中国礼仪等内容。采用这种主题讲座的方法进行教学，由于围绕某一主题进行且时间较长，通常可以较为详细、系统、深入地讲解某一类非语言行为。

最后，阅读文学作品法。我国文学作品建立在我国文化基础之上，因此其中包含大量的非语言行为，而且涉及生活的方方面面，阅读我国经典文学作品，可以对非语言行为进行深入了解。另外，阅读文学作品还可以在一定程度上提升学生的汉语水平。阅读文学作品的方法多适用于已经拥有较高汉语水平的学生。

综上所述，教学活动中跨文化交流与交际的口语和非语言课程实践能够极大地提升教师和学生的跨文化交流与交际能力，避免跨文化交流与交际障碍，减少文化冲突。

结　语

　　当前，经济全球化已成为世界不可逆转的发展趋势。经济全球化在推动世界各个国家、地区紧密联系的同时，加速了人口在世界范围内的流动，越来越多的旅居者开始走出国门，在异国文化环境中生活、工作和学习，也因此不得不正视文化差异带来的种种冲击与震荡，努力适应异国文化环境。旅居者的跨文化流动推动着世界不同文化之间的接触、融合与冲突，促进了世界文化的流动与传播。从小处着眼，旅居者的跨文化适应对旅居者个人及其背后的经济组织、文化组织等具有重大影响，关系到经济活动的成败与文化传播的效果。从大处着眼，旅居者的跨文化适应对促进经济全球化、民族文化传播、世界文化全球化趋势起着十分关键的作用。

　　跨文化适应是跨文化交际中的重要组成部分。旅居者在跨文化交际中感受到文化差异带来的震荡，对其在异国的生活、学习与工作适应产生了较大影响。本书从驻外商务人士、中国留学生、来华留学生、跨国管理人员、外派对外汉语教师多视角对旅居者的跨文化适应进行了分析。从框架上看，先从旅居者跨文化适应共性出发，对跨文化适应理论、跨文化适应类型以及跨文化适应能力的影响因素进行了概括分析。之后，分别对驻外商务人士、中国留学生、来华留学生、跨国管理人员、外派对外汉语教师的跨文化适应的方式、特点、跨文化能力提升策略进行了分析。

　　驻外商务人士在东道国工作和生活时，由于受到繁重的工作压力、业绩考核压力等的影响，需要长时间投入工作，所进行的跨文化交际活动大多存在于同事之间、合作伙伴之间、客户之间，属于工作中的跨文化交际。在工作之外，驻外商务人士的跨文化交际则与其自身的性格、所在东道国的社会安全与安定、东道国与母国文化之间的差异及驻外商务人士是否带有文化偏见有直接关系。而驻外商务人士的跨文化适应状态与其跨文化交际中存在的适应问题直接相关。由于驻外商务人士承担着特殊的工作职能，一旦其出现跨文化适应不良现象，提前结束驻外工作回到国内，那么将对驻外商务人士所在的经济组织造成巨大损失，有时甚至直接影响到跨国公司在东道国经营的成败。培养和提高驻外商务人士跨文化的适应能力主要通过两种策略实现，即严格选拔与多元化培训。

中国留学生教育对中国的发展和建设起着极为重要的作用。中国留学生多为国内高等院校的本科毕业生、硕士毕业生和交换生等。近年来，中国留学生出现低龄化趋势。由于中国留学生出国的主要目的是完成学业，因此学业适应、心理适应、生活适应共同构成了影响中国留学生跨文化适应的主要因素。而培养和提高中国留学生的跨文化适应能力也应从这三个方面着手。

来华留学生教育是我国高等教育的重要组成部分。当前我国来华留学生教育经过数十年发展已经取得了一定成就，但与西方经济发达国家之间仍有一定差距。来华留学生的适应状况直接关系到来华留学生对中国高校、中国文化的印象及中国国际形象，因此我国教育部门十分重视来华留学生的跨文化适应。近年来，随着中国国际地位的逐步提高，来华留学生的规模越来越大，学习动机也呈现出多样化的趋势。来华留学生的跨文化适应与来华留学生的动机、个性因素、语言能力、社会支持因素、学业适应等有着直接关系。为了提升来华留学生的跨文化适应能力，本书从政府、高校、社团及高校教师等角度给出了策略与建议。

跨国公司是经济全球化的主要动力之一，跨文化管理是为了构建多元文化背景下的企业价值观，保障跨国公司内部建立不受文化障碍和文化冲突所影响的沟通渠道，以减少矛盾与冲突，增强跨国管理人员的跨文化适应能力。影响跨国管理人员的跨文化因素主要为跨文化管理沟通，而提升跨文化管理人员跨文化适应能力的主要策略为人员整合与跨文化适应培训。

近年来，随着中国改革开放及经济全球化的影响，汉语的学习人数越来越多，在全球范围内掀起了"汉语热"的现象。为了在全球范围内推广汉语，传播中国语言与文化，国家汉办与孔子学院在国内招募大量志愿者到海外进行对外汉语教学。这些外派对外汉语教师不仅承担着异域文化教学的职责，还是传播中国文化的使者。外派对外汉语教师的跨文化适应状态不仅关系到其个人的心理发展，还关系到中国的国家形象。外派对外汉语教师的跨文化适应能力与外派国的经济实力、政局和社会治安、社会支持因素、个体差异因素、文化敏感性、心理转换能力、语言水平等因素相关，培养和提高外派对外汉语教师跨文化适应能力的策略则需从高校、国家汉办、社会培训机构等组织入手，加强外派对外汉语教师跨文化交际、跨文化适应培训。

最后，由于自身理论功底、经验和能力的限制，本书仅为笔者对旅居者跨文化适应的粗浅思考，虽力图从多视角展现出旅居者跨文化适应的独特之处，但书中观点存在不够精练、分析略显粗浅、论证不够全面的情况。这些遗憾与不足也提醒笔者以此作为警醒，端正学术态度，持续关注不同旅居者的跨文化适应，以便做更深入的研究。

基金项目：2017年江西省高校人文社会科学研究规划项目"跨文化传播学视野下客家民俗文化特色词汇英译研究"（项目编号：YY17107）

参考文献

[1] 陈静，高文梅，陈昕 . 跨文化交际与翻译 [M]. 成都：电子科技大学出版社，2017.

[2] 董苇婷 . 吉尔吉斯斯坦中方汉语教师跨文化适应研究 [D]. 乌鲁木齐：新疆师范大学，2016.

[3] 董雅琪 . 在京高校日本留学生跨文化适应调查研究 [D]. 北京：北京外国语大学，2015.

[4] 樊葳葳，陈俊森，钟华 . 外国文化与跨文化交际（第 2 版）[M]. 武汉：华中科技大学出版社，2008.

[5] 冯克诚 . 认知发现学习理论与论著选读 [M]. 北京：人民武警出版社，2011.

[6] 高雅 . 论对外汉语教学中口语交际能力的培养 [D]. 苏州：苏州大学，2013.

[7] 关世杰 . 跨文化交流学 [M]. 北京：北京大学出版社，1995.

[8] 韩志华 . 中西文化交流程度研究 [M]. 北京：中国国际广播出版社，2017.

[9] 何明霞 . 文化维度理论视角下的文化差异性研究 [D]. 哈尔滨：黑龙江大学，2011.

[10] 贺显斌 . 语言与文化关系的多视角研究 [J]. 西安外国语学院学报，2002(3)：22-26.

[11] 胡荃荃 . 中国低龄留学生海外适应性及其影响因素 [D]. 南京：南京大学，2018.

[12] 胡文仲 . 跨文化交际学概论 [M]. 北京：外语教学与研究出版社，2005.

[13] 侯艳虹 . 外资企业跨文化管理沟通研究 [D]. 西安：西安电子科技大学，2005.

[14] 黄文虎 . 跨文化适应的影响因素与结果变量研究——以国家外派汉语教师的调查研究为例 [D]. 上海：华东师范大学，2011.

[15] 姜秀珍 . 中国跨国企业外派人员回任管理 [M]. 上海 : 华东理工大学出版社 ,2011.

[16] 焦健，魏耘 . 来华留学生教育面临的问题及对策 [J]. 科教导刊 (下旬), 2019(4): 9–11.

[17] 靳娟 . 国际企业外派人员管理 [M]. 北京 : 首都经济贸易大学出版社 , 2016.

[18] 李桂荣，莫莉莉 . 跨文化交际 [M]. 北京 : 国防工业出版社 .2013.

[19] 李加莉 . 文化适应研究的价值及问题 : 一种批评的视角 [D]. 武汉 : 武汉大学 , 2013.

[20] 李建军，李贵苍 . 跨文化交际 [M]. 武汉 : 武汉大学出版社 , 2011.

[21] 李萍 . 中国高中毕业出国留学生教育适应的现状与建议 [J]. 教育理论与实践 , 2011, 31(23): 35–36.

[22] 刘皓 . 浅析对外汉语教学中的跨文化非语言交际问题 [D]. 开封 : 河南大学 , 2012.

[23] 刘荣，廖思湄 . 跨文化交际 [M]. 重庆 : 重庆大学出版社 .2015.

[24] 罗正业 . 人力资源管理概论 [M]. 北京 : 北京邮电大学出版社 , 2015.

[25] 欧青 . 汉语教师志愿者跨文化适应问题及对策研究 [D].北京 : 北京外国语大学 , 2015.

[26] 潘亚玲 . 跨文化能力内涵与培养 : 以高校外语专业大学生为例 [M]. 北京 : 对外 经济贸易大学出版社 ,2016.

[27] 彭凯平，王伊兰 . 跨文化沟通心理学 [M]. 北京 : 北京师范大学出版社 , 2009.

[28] 彭术连 . 建国后来华留学生教育政策分析 [D]. 上海 : 上海交通大学 , 2009.

[29] 钱江 . 1978: 留学改变人生——中国改革开放首批赴美留学生纪实 [M]. 成都 : 四川人民出版社 , 2017.

[30] 邱立成，等 . 跨国公司人力资源管理 [M]. 天津 : 天津教育出版社 , 2006.

[31] 饶晓丽 . 英语教学与文化交流 [M]. 长春 : 吉林大学出版社 , 2018.

[32] 阮桂君 . 跨文化交际与实践 [M]. 武汉 : 武汉大学出版社 , 2017.

[33] 单波 . 跨文化传播的问题与可能性 [M]. 武汉 : 武汉大学出版社 , 2010.

[34] 石彤喆 . 传播与接受 : 跨文化传播视角下来华留学生教育研究 (1950—2015) [D]. 上海 : 上海外国语大学 , 2017.

[35] 史兴松 . 驻外商务人士跨文化适应研究 [M]. 北京 : 对外经济贸易大学出版社 , 2010.

[36] 史兴松，潘亚玲．我国驻外商务人员选拔标准及跨文化培训研究 [J]．国际商务（对外经济贸易大学学报），2012(5): 121–128.

[37] 宋婷婷．21 世纪以来来华留学生教育发展趋势研究 [D]．昆明：云南大学，2018.

[38] 孙淑女．范式视阈下的跨文化适应理论 [D]．杭州：浙江大学，2015.

[39] 孙伟平．论文化多样性与跨文化交流 [J]．山东社会科学，2011(11): 5–9.

[40] 谭自强．图解跨文化交流学 [M]．北京：世界图书出版公司，2010.

[41] 滕建姣，李丽平．从文化心态论培养文化宽容的途径 [J]．湖南科技学院学报，2006(4): 165–167.

[42] 王催春，朱冬碧，吕政．跨文化交际 [M]．北京：北京理工大学出版社．2008.

[43] 王菲．跨国企业跨文化管理的影响因素及对策研究 [D]．成都：西南财经大学，2010.

[44] 王辉耀，张学军．21 世纪中国留学人员状况蓝皮书 [M]．北京：华文出版社，2017.

[45] 王莉．意大利学生汉语习得文化障碍分析及对策 [D]．大连：辽宁师范大学，2011.

[46] 王琳．汉英思维的差异与跨文化交际 [J]．山西高等学校社会科学学报，2006(6): 40–42.

[47] 王晖．中国文化与跨文化交际 [M]．北京：商务印书馆，2017.

[48] 王倩．心理语言学与外语教学实践 [M]．北京：九州出版社，2018.

[49] 王晓音．对外汉语教师素质研究 [D]．西安：陕西师范大学，2013.

[50] 王寅．跨文化交际中的语用失误分析 [D]．开封：河南大学，2013.

[51] 王银花．对外汉语教师跨文化交际能力的培养策略研究 [D]．南昌：南昌大学，2013.

[52] 吴箫，肖芬，胡文涛．国际商务中的跨文化能力概念模型构建 [J]．英语广场（学术研究），2013(1): 29–34.

[53] 徐光兴．跨文化适应的留学生活：中国留学生的心理健康与援助 [M]．上海：上海辞书出版社，2000.

[54] 肖芬，张建民．文化智力：个体差异与跨文化适应关系研究新视角 [J]．中南财经政法大学学报，2012(4): 16–22, 142–143.

[55] 杨加印，张利满．中华文化与跨文化交际 [M]. 长春：东北师范大学出版社，2015.

[56] 杨可心．跨文化交际 [M]. 沈阳：东北财经大学出版社，2014.

[57] 杨恬．跨文化适应与对外汉语教学研究 [M]. 成都：四川大学出版社，2015.

[58] 杨洋．跨文化交际能力的界定与评价 [D]. 北京：北京语言大学，2009.

[59] 杨军红．来华留学生构成特点及影响因素分析 [J]. 中南民族大学学报（人文社会科学版），2006(S1): 103–107.

[60] 杨军红．来华留学生跨文化适应问题研究 [M]. 上海：上海社会科学院出版社，2009.

[61] 杨玉婷．"文化休克"现象及其在对外汉语教学中的案例分析 [D]. 长沙：湖南大学，2017.

[62] 于瑶．现代商务英语的跨文化交际与应用 [M]. 长春：吉林大学出版社，2018.

[63] 张劲梅．心理学视野下西南少数民族大学生的文化适应 [M]. 昆明：云南人民出版社，2013.

[64] 张雪莉，韩清，李松岩．跨文化交际与第二语言教学理论与实践研究 [M]. 长春：吉林大学出版社，2013.

[65] 张宇豪．《纽约时报》中国留学生媒介形象研究 [D]. 重庆：西南大学，2019.

[66] 张治英，邓颖．论跨文化交际中英汉民族的思维差异 [J]. 湖南第一师范学院学报，2010, 10(1): 104–106.

[67] 喻红莲，周平．试论当前跨国公司外派员工的培训开发 [J]. 全国商情（理论研究），2012(22): 18–19.

[68] 张炳达，陈婧，杨慧．商务与管理沟通 [M]. 上海：上海财经大学出版社，2010.

[69] 赵莉琴．组织行为学理论与案例 [M]. 北京：中国铁道出版社，2011.

[70] 郑向荣，陈昌贵．来华留学生教育及其发展 [J]. 湘潭师范学院学报（社会科学版），2004(3): 130–132.

[71] 郑兴星．1950 年以来湖南省来华留学生教育研究 [D]. 长沙：湖南师范大学，2015.

[72] 朱国辉．高校来华留学生跨文化适应问题研究 [D]. 上海：华东师范大学，2011.

[73] 朱佳妮．中国出国留学生教育适应状况的研究 [D]. 上海：上海交通大学，2008.

[74] 朱琪．在京西欧留学生跨文化适应研究 [D]. 北京：北京外国语大学，2015.